《华语研究与国际教育书系》

主编：朱　斌　副主编：伍依兰　万　莹

Chinese Ontology Study and Teaching of Chinese as a Foreign Language

汉语本体研究与对外汉语教学

伍依兰◎著

中国出版集团
世界图书出版公司
广州·上海·西安·北京

图书在版编目（CIP）数据

汉语本体研究与对外汉语教学 / 伍依兰著 . — 广州 : 世界图书出版广东有限公司 , 2015.4（2025.1重印）

ISBN 978-7-5100-9506-1

Ⅰ . ①汉… Ⅱ . ①伍… Ⅲ . ①汉语–对外汉语教学—教学研究 Ⅳ . ① H195.3

中国版本图书馆 CIP 数据核字（2015）第 057830 号

汉语本体研究与对外汉语教学

策划编辑 孔令钢
责任编辑 翁 晗
出版发行 世界图书出版广东有限公司
地 址 广州市新港西路大江冲 25 号
http:// www.gdst.com.cn
印 刷 悦读天下（山东）印务有限公司
规 格 710mm × 1000mm 1/16
印 张 17.75
字 数 336 千
版 次 2015 年 4 月第 1 版 2025 年 1 月第 3 次印刷
ISBN 978-7-5100-9506-1/H · 0912
定 价 88.00 元

目　录

第 1 章　俗语用字调查

俗语也叫俗话，是一种广泛流行在人民群众中的定型语句，是人们喜闻乐用的语言。为了了解俗语的用字情况，我们对徐宗才、应俊玲编著的《俗语词典(修订本)》(商务印书馆 2004 年版)做了调查。主要是统计了俗语的长短字数，俗语的字频，在此基础上，与《现代汉语常用字表》和《现代汉语通用字表》做了比较。然后，参考 2006 年国家语言文字工作委员会发布的《中国语言生活状况报告》(2005) 下编中的《报纸、广播电视、网络用字总表》，提出了《现代汉语常用字表》的调整意见。

1.1　俗语语长

俗语语长就是俗语的长短字数，比如“英雄出少年”是 5 字，“一年之计在于春，一日之计在于晨”是 14 字。《俗语词典》共收俗语 14 436 条，总字数是 124 139 个，俗语的平均语长大约是 8.6 字。

表 1　《俗语词典》俗语语长

字数	条数	俗语例
3	1	晨雾晴
4	177	一通百通 | 叶落归根 | 十聋九哑 | 马瘦毛长 | 因祸得福 | 和气生财 | 苦口良药 | 熟能生巧
5	1 518	一巧破千斤 | 民以食为天 | 久旱逢甘雨 | 天上掉馅饼 | 英雄出少年 | 虎头上搔痒
6	1 678	一不做，二不休 | 既来之，则安之 | 不费吹灰之力 | 风马牛不相及 | 米不够，水来凑
7	2 376	一寸光阴一寸金 | 上山容易下山难 | 竹竿虽高节节空 | 车到山前必有路 | 岁寒然后知松柏
8	3 029	一人得道，鸡犬升天 | 人家说风，你就说雨 | 种瓜得瓜，种豆得豆 | 肉锅里煮元宵，混蛋
9	729	一朵鲜花插在牛粪上 | 乌龟抬轿子，硬顶硬扛 | 王子犯法，与庶民同罪
10	2 242	一木不成林，一花不成春 | 人在矮檐下，怎敢不低头 | 在家靠父母，出门靠朋友
11	459	一头牛是牵，两头牛也是牵 | 三九天的柿子，净拣软的拿 | 海水不可斗量，人不可貌相
12	686	一个锅里做不出两样的饭来 | 宁吃鲜桃一口，不吃烂杏一筐

续表 1

字数	条数	俗语例
13	285	一日练一日功，一日不练十日空 | 人是铁，饭是钢，一顿不吃饿得慌
14	811	一年之计在于春，一日之计在于晨 | 你走你的阳关道，我走我的独木桥
15	112	什么树开什么花，什么种子结什么瓜 | 正月十五雪打灯，土坷拉也能变黄金
16	169	不当家不知柴米贵，不养儿不知父母恩 | 猎人进山只见禽兽，药农进山只见药草
17	28	锡匠的火，铁匠的烟，木匠的锛子，工匠的钳 | 金刚钻虽小，能钻瓷器；麦秸垛大，只能喂牛
18	44	一个馒头能叫狗打滚，一块洋钱能叫鬼推磨 | 山羊不跟豺狼作亲戚，老鼠不和猫儿打亲家
19	18	六月里发水淹不死蛤蟆，腊月下雪饿不死麻雀
20	43	不登高山挖不着人参宝，不下大海捞不到夜明珠
21	11	打鱼的人经得起狂风巨浪；打猎的人不怕虎豹豺狼
22	4	鸡孵鸡，二十一；鸡孵鸭，二十八；鸡孵鹅，三十四日不能挪
23	2	海里寻两条腿的鱼不容易，岸上找两条腿的人上笆子搂
24	6	一年之计，莫如树谷；十年之计，莫如树木；终身之计，莫如树人
26	3	富人妻，墙上皮，掉了一层再和泥；穷人妻，心肝肺，一时一刻不能离
27	1	读书人家的子弟熟悉笔墨，木匠的孩子会玩斧凿，兵家儿早识刀枪
30	2	一个皮鞋匠，难出好鞋样；两个皮鞋匠，有事好商量；三个皮鞋匠，胜过诸葛亮
31	1	种地的地边子不能让人，个人的老婆孩子不能让人，带兵的枪杆子不能让人
32	1	男的是搂钱的耙子，女的是盛钱的匣子，耙子不能没有齿儿，匣子不能没有底儿

由上表可知，俗语语长介乎 3 到 32 字之间，以 5 到 10 字为主，又以 8 字为最多，3 字、22—32 字很少见到，没有 25、28、29 字的。

1.2 俗语字频

《俗语词典》收录俗语共用汉字 3 270 个，它们的字频大体上可分四个等级。

一级俗语用字：在《俗语词典》中使用 50 次以上（包括 50 次），共 504 个。一级俗语用字的前 100 个依次是：不、人、一、有、子、的、了、头、上、是、大、里、吃、天、无、好、三、心、打、个、家、下、得、来、儿、水、出、难、老、在、要、怕、着、死、没、到、过、如、事、十、之、见、自、也、山、小、知、马、年、当、眼、成、说、就、能、地、多、看、千、生、风、门、手、两、长、钱、口、为、虎、狗、日、鸡、金、百、话、鱼、行、还、花、路、高、火、树、女、嘴、做、走、八、时、面、后、身、牛、把、亲、道、中、穷、开、可。

二级俗语用字：在《俗语词典》中使用50次以下，10次以上(包括10次)，共964个。二级俗语用字的前50个依次如下：唱、梁、练、毒、败、医、终、爬、敲、线、讨、饥、帮、几、忙、虫、争、假、南、凰、未、拔、狐、岁、实、结、轻、良、装、雷、让、须、枪、萝、朵、久、台、敢、义、雪、精、枝、汤、江、灵、屋、挑、郎、传、灾。

三级俗语用字:在《俗语词典》中使用10次以下,2次以上(包括2次),共1 204个。三级俗语用字的前50个依次如下：务、珍、革、族、匹、蚊、脾、悬、捻、豪、贩、划、饵、捡、乃、减、索、削、漂、阶、骏、拖、俗、渔、豁、掰、披、叭、貂、嫩、蒜、疯、缚、施、碎、致、慈、蜡、责、夸、暴、杂、棺、核、淡、刘、猬、娼、傅、扔。

四级俗语用字：在《俗语词典》中只使用1次的，共有598个。如：呲、哎、砌、儒、椿、骟、蛛、纯、娑、榛、苫、揍、舂、尼、宠、铳、馁、呐、辫、柘、钹、蝶、普、鳖、噬、嚷、棕、绕、捎、谦、杞、绱、铅、荞、征、丙、嗾、恁、嫫、茸、镇、奏、殊、熔、霓、褫、濡、俎、傈、汽。

1.3　与两个字表的比较

1.3.1　俗语用字与《现代汉语常用字表》的比较

俗语用字有3 270个，《现代汉语常用字表》共收汉字3 500个。俗语用字与《现代汉语常用字表》都有的字共有2 789个。

俗语用字独有的共481个，字频分布在二、三、四等级俗语用字，而且绝大部分是三、四等级。

第二等级俗语独有字共15个：槌(23)、屙(20)、丫(17)、禄(15)、鳅(15)、鸹(14)、蚱(13)、螂(12)、砣(12)、惺(12)、攮(12)、卯(11)、焉(11)、犊(10)、筵(10)。

第三等级俗语独有字共206个。其中，9次的有2个：娼、貂。8次的有3个：帛、蛟、蝼；7次的有8个：婊、跤、佬、嫖、鞘、陀、崽、獐；6次的有11个：稗、甭、矬、腚、剐、撅、橛、窠、瞌、辘、厮；5次的有18个：鹌、殡、杵、棰、鹁、擀、蛄、犄、嗑、愣、藜、搭、孬、鳝、驷、胭、寅、咋；4次的有24个：鳌、蓖、嘎、轱、呱、瓠、铧、蒺、犟、咎、妾、裘、筲、艄、仕、孰、煨、惟、幺、鹞、蛰、砧、礴、诛；3次的有51个：粑、鸨、婢、搽、嫦、瞅、踹、椽、戥、剁、娥、圪、鹄、獾、虮、谏、疥、噘、叩、鞑、麟、拎、鹭、銮、捋、笸、錾、噙、仨、膻、蟮、闩、孀、鸶、坍、螳、嚏、豚、剜、靰、霄、阉、贻、荫、莠、甑、笊、纣、拽、渍、粽；2次的有89个：扉、鲍、锛、嘣、饽、鹁、谗、蟾、忏、嗔、淙、羝、靛、蠹、炖、掇、俸、腑、虼、鲠、牯、蝈、薅、涸、蚵、鬟、鲩、隍、簧、桧、馄、麂、痂、耩、茭、疖、桀、骒、诳、箦、瘌、稂、痨、遛、砻、陇、轳、濛、慒、篾、螝、瑙、坭、鲇、黏、琶、辔、砒、琵、貔、鼙、麒、鸽、磬、仞、麝、螯、铄、蓑、榻、滕、饨、匙、呷、晏、曳、酉、鼬、瑜、鹬、蜇、褶、诤、咫、痔、炷、箸、斫、恣。

第四等级俗语独有字共260个：黯、獒、畚、屄、踪、陛、敝、箅、篦、躄、骠、裱、鳖、钹、恻、虿、禅、谄、阊、鲳、坼、丞、哧、褫、舂、铳、蜍、啜、呲、糍、猝、撺、爨、淬、萃、瘁、忖、垯、跶、鞑、疸、镫、籴、巅、钿、屌、疔、渎、碓、礅、蹾、峨、摁、迩、藩、蕃、妃、蜚、弗、蜉、驸、戬、枫、杲、藁、膈、哽、肱、蛊、臌、掼、鹳、鳜、衮、掴、骸、蚶、颔、貉、壑、猢、浒、肓、磺、晖、镬、錤、伎、穄、鞯、毽、僭、槛、豇、糨、嗟、孑、睫、妗、泾、粳、疽、掬、锔、犋、脍、逵、馗、阃、邋、鬎、鎯、蝲、羸、骊、蜊、婪、醴、戾、俪、猁、唳、笠、傈、鬣、鲢、廖、绫、羚、聆、鲮、珑、喽、撸、窬、猕、鳗、牤、蟒、牦、髦、冇、茆、嵋、焖、虻、蜢、蠓、泯、嫫、衲、攮、铙、霓、拈、廿、咛、佞、拏、沤、杷、耪、狍、疱、帔、蚍、牝、沏、恓、蹊、杞、戗、挈、衾、揿、泅、蛐、恁、濡、汝、蕤、啬、舢、煽、骟、绱、苕、韶、椹、噬、妁、朔、搠、俟、馊、嗾、夙、僳、绥、狲、榫、娑、唢、挞、遢、溏、腆、哇、崴、畹、圩、帏、帷、渭、倭、幄、吾、忤、蜥、阋、罅、饷、潇、偕、薤、馐、胥、勖、谑、薰、醺、伢、偃、彦、鞅、飏、尧、噎、黉、蜴、膺、痈、莸、禹、咂、簪、昃、吒、拃、辗、柘、卮、跖、龅、痣、诌、肫、龇、镃、俎。

《现代汉语常用字表》独有字共711个。2 500个一级常用字中独有的共242个：啊、昂、奥、版、鄙、滨、菠、泊、怖、惭、惨、灿、册、查、畅、倡、超、呈、驰、斥、崇、储、翠、怠、诞、档、悼、订、董、逗、杜、阀、繁、范、仿、吩、芬、奋、俘、抚、俯、辅、付、溉、纲、巩、贡、构、购、很、衡、烘、蝴、哗、煌、辉、汇、绘、贿、或、惑、肌、籍、剂、歼、检、简、舰、键、奖、郊、缴、洁、捷、介、届、茎、纠、具、倦、凯、垦、恳、酷、款、旷、矿、昆、扩、括、览、廊、励、链、辽、疗、列、陵、龄、虏、录、滤、旅、屡、率、掠、吗、贸、盟、孟、谜、敏、膜、漠、慕、您、凝、纽、欧、趴、叛、乓、佩、疲、僻、乒、苹、仆、朴、旗、启、迁、签、悄、乔、侨、芹、区、券、确、壤、仍、绒、融、锐、删、涉、摄、申、沈、婶、慎、释、售、述、肆、诵、颂、搜、艘、肃、塑、涛、滔、陶、特、亭、艇、突、妥、伟、伪、慰、纹、沃、呜、析、牺、熄、袭、隙、宪、携、屑、械、欣、序、绪、蓄、旬、询、呀、押、艳、氧、耀、冶、页、乙、忆、译、疫、谊、毅、映、佣、拥、咏、尤、邮、诱、愉、宇、屿、浴、域、阅、匀、允、孕、韵、暂、闸、崭、哲、浙、侦、振、职、植、殖、址、帜、秩、宙、驻、祝、著、姿、组、遵、昨。

1 000 个二级常用字中独有的共 469 个：埃、癌、蔼、艾、氨、俺、肮、澳、懊、捌、跋、靶、颁、磅、苞、狈、惫、焙、绷、泵、荸、匕、秕、庇、痹、蓖、璧、匾、彪、彬、缤、濒、鬓、勃、舶、渤、埠、糙、衩、阐、嘲、澈、忱、橙、嗤、侈、畴、橱、矗、淳、醇、绰、祠、簇、篡、崔、悴、粹、措、氮、邓、嘀、涤、嫡、缔、碘、佃、甸、玷、奠、碉、谍、蚪、痘、犊、兑、敦、踱、俄、扼、愕、遏、噩、鳄、贰、矾、肪、啡、菲、诽、氛、枫、芙、袱、辐、甫、丐、柑、橄、肛、镐、埂、耿、汞、苟、沽、硅、瑰、诡、刽、亥、骇、函、涵、悍、捍、焊、憾、翰、褐、赫、嘿、弧、沪、桦、徊、涣、焕、蝗、恍、徽、茴、诲、秽、霍、讥、唧、畸、辑、冀、颊、钾、柬、碱、溅、蒋、侥、剿、酵、诫、兢、鲸、阱、靖、窘、灸、玖、臼、疚、沮、炬、钧、竣、咖、楷、勘、拷、铐、苛、蝌、吭、盔、魁、廓、莱、澜、缆、榄、琅、唠、潦、酪、蕾、棱、哩、砾、敛、寥、嘹、撩、缭、镣、瞭、咧、琳、磷、凛、赁、躏、蛉、馏、胧、娄、陋、赂、侣、铝、缕、氯、峦、仑、啰、逻、裸、洛、曼、幔、玫、楣、朦、檬、锰、咪、靡、泌、冕、缅、瞄、渺、藐、皿、闽、悯、铭、螟、摹、陌、募、睦、娜、钠、拟、昵、匿、聂、镊、狞、柠、泞、钮、疟、虐、懦、殴、鸥、呕、徘、湃、畔、庞、螃、咆、胚、砰、硼、澎、啤、譬、翩、频、坪、屏、颇、圃、浦、瀑、柒、嘁、脐、崎、鳍、讫、泣、契、黔、谴、嵌、跷、峭、氢、琼、岖、痊、攘、韧、溶、蓉、榕、冗、蹂、蠕、褥、蕊、飒、叁、瑟、刹、珊、擅、膳、赡、芍、矢、恃、嗜、抒、淑、赎、署、曙、漱、蟀、栓、涮、吮、烁、硕、伺、耸、讼、溯、遂、隧、唆、琐、昙、谭、檀、袒、碳、搪、誊、恬、彤、颓、褪、鸵、椭、拓、娩、惋、偎、薇、巍、纬、尉、谓、蔚、魏、瘟、吻、紊、嗡、涡、芜、坞、晤、晰、熙、蟋、徙、铣、侠、暇、辖、舷、腺、厢、箫、嚣、淆、哮、啸、挟、谐、懈、锌、衅、猩、邢、匈、汹、旭、恤、酗、嗅、轩、喧、漩、癣、炫、薛、勋、逊、殉、蚜、讶、蜒、奄、衍、砚、唁、谚、堰、漾、肴、姚、椰、伊、壹、屹、抑、绎、奕、婴、荧、莹、颖、蛹、迂、逾、舆、吁、寓、豫、袁、粤、陨、酝、蕴、噪、憎、瞻、绽、樟、沼、斟、疹、怔、狰、拯、挚、窒、稚、衷、撰、幢、椎、缀、赘、谆、卓、灼、茁、酌、咨、滓、综、诅。

1.3.2　俗语用字与《现代汉通用字表》的比较

俗语用字有 3 270 个，《现代汉语通用字表》共收汉字 7 000 个。俗语用字与《现代汉语通用字表》都有的字共 3 247 个。《现代汉语通用字表》独有的字共 3 753 个。

俗语用字独有的字共 23 个：**㞎**、屄、躄、戤、㭎、蚵、锳、㗂、鬍、**鄉**、鬎、猕、牤、冇、濛、乸、炟、恓、绱、椹、飏、吒、镃。这二十几个字属于罕用字。

1.4 对《现代汉语常用字表》的调整建议

常用字量和字形的确定主要有四个原则：频度、使用度、构词能力、常识，其中频度是第一原则。

由于俗语的来源很广，大量俗语是人民群众口头创作的，还有的是来自诗文名句、格言警句、历史典故等，因此，俗语用字既能反映口语用字，又能体现书面语用字，对规范汉语用字具有重要价值。

2006 年国家语言文字工作委员会发布了《中国语言生活状况报告》(2005)，下编中的《报纸、广播电视、网络用字总表》按照字频收录了 8 128 个汉字，这个字表对规范现代汉语用字具有重要价值。

综合“用字总表”3 500 个高频字和俗语用字，可对《现代汉语常用字表》作适当的调整。

“用字总表”3 500 个高频字和俗语用字都有而《现代汉语常用字表》没有的字，可以调入《现代汉语常用字表》，共 81 个：黯、獒、鳌、鲍、殡、饽、禅、娼、猝、萃、巅、渎、炖、娥、峨、妃、弗、嘎、骸、簧、晖、伎、槛、跤、睫、咎、佬、愣、廖、麟、拎、羚、聆、陇、禄、鹭、髦、黏、琶、嫖、蹊、麒、杞、衾、汝、煽、韶、仕、噬、孰、绥、朔、厮、榻、坍、滕、豚、陀、哇、帷、惟、渭、吾、潇、霄、薰、丫、焉、彦、晏、尧、贻、荫、寅、膺、瑜、禹、咋、辗、拽、粽。

“用字总表”3 500 个高频字和俗语用字都没有而《现代汉语常用字表》独有的字，可以调出《现代汉语常用字表》。2 500 个常用字独有的共 8 个：鄙、菠、惭、吩、茎、虏、婶、呜。这 8 个字至少应该调出 2 500 个常用字表。1 000 次常用字独有的共 139 个：蔼、肮、懊、捌、苞、狈、焙、荸、匕、秕、痹、蓖、鬓、嗤、矗、篡、粹、嘀、嫡、佃、玷、碉、蚪、痘、犊、踱、愕、贰、矾、诽、柑、肛、埂、汞、剑、亥、骇、涣、蝗、茴、诲、讥、唧、颊、玖、臼、蝌、吭、唠、潦、酪、哩、砾、嘹、撩、镣、瞭、躏、蛉、馏、胧、峦、啰、幔、楣、朦、檬、锰、藐、皿、悯、螟、摹、昵、镊、狞、柠、泞、疟、懦、鸥、湃、咆、砰、硼、柒、喊、鳍、峭、岖、冗、蹂、蠕、褥、飒、叁、芍、恃、漱、蟀、涮、吮、唆、昙、袒、搪、誊、恬、鸵、椭、偎、瘟、嗡、蟋、铣、舷、箫、酗、漩、癣、蚜、蜒、奄、砚、唁、谚、壹、蛹、迂、陨、憎、斟、怔、狰、赘、谆、茁、滓、诅。为了保持 3500 个字，也可从 139 个次常用字独有字中调出字频较低的 73 个。

1.5 小　结

《俗语词典》收录的俗语语长介乎 3 到 32 字之间，以 5 到 10 字为主，又以 8 字为最多，3 字、22—32 字很少见到，没有 25、28、29 字的。

《俗语词典》收录俗语共用汉字 3 270 个，它们的字频大体上可分四个等级。一级俗语用字使用 50 次以上（包括 50 次），共 504 个；二级俗语用字使用 50 次以下，10 次以上（包括 10 次），共 964 个；三级俗语用字使用 10 次以下，2 次以上（包括 2 次），共 1 204 个；四级俗语用字只使用 1 次的，共有 598 个。

俗语用字与《现代汉语常用字表》都有的字共有 2 789 个。俗语用字独有的共 481 个，字频分布在二、三、四等级俗语用字，而且绝大部分是三、四等级。俗语用字与《现代汉语通用字表》都有的字共 3 247 个。《现代汉语通用字表》独有的字共 3 753 个，俗语用字独有的字共 23 个。

综合俗语用字与《报纸、广播电视、网络用字总表》(2006)3 500 个高频字，可对《现代汉语常用字表》作适当的调整。《报纸、广播电视、网络用字总表》3 500 个高频字和俗语用字都有而《现代汉语常用字表》没有的字，可以调入《现代汉语常用字表》，共 81 个。《报纸、广播电视、网络用字总表》3 500 个高频字和俗语用字都没有而《现代汉语常用字表》独有的字，可以调出《现代汉语常用字表》。

第 2 章　兼类词系统分析

兼类词指兼属两个或更多词类的词。这是狭义的兼类词。我们参照《现代汉语词典》(第 5 版)(以下简称《现汉》)，对现代汉语的兼类词进行定量考察。《现汉》把词类划分为名词(名)、动词(动)、形容词(形)、数词(数)、量词(量)、代词(代)、副词(副)、介词(介)、连词(连)、助词(助)、叹词(叹)、拟声词(拟)12 类，再加上词典释文中用到的数量词("数量")，共计 13 类。本书在考察兼类词的兼类类型的基础上，从五个方面比较了单音节词和多音节词的兼类现象。

2.1　兼类类型

从兼类词兼属词类的多少来看，《现汉》兼类词共有四类 83 种 2 928 个。[1]

2.1.1　兼两类

有的兼类词兼属两个词类，共 41 种，2 724 个。单音节词 33 种 569 个；多音节词 28 种 2 155 个。兼类词词数由多到少分列如下：

(1) 兼名动。共有 1 250 个，包括 165 个单音节词和 1 085 个多音节词，如：表、电、奖、犁、梦、拍、锁、网、印、罩、编辑、代表、发明、工作、建议、领导、命令、通知、指挥。

(2) 兼动形。共有 461 个，包括 81 个单音节词和 380 个多音节词，如：低、饿、静、困、冷、闹、破、疼、稳、喜、端正、繁荣、高兴、开放、明白、讨厌、完善、小心、镇定。

(3) 兼名形。共有 426 个，包括 42 个单音节词和 384 个多音节词，如：棒、高、黑、母、皮、神、土、晚、必然、长途、典型、光荣、科学、偏心眼儿、全面、土气、卫生、先进。

(4) 兼名量。共有 105 个，包括 89 个单音节词和 16 个多音节词，如：本、袋、根、口、路、门、手、天、席、眼、把子、方寸、开间、立方、门子、平方。

(5) 兼动副。共有 100 个，包括 33 个单音节词和 67 个多音节词，如：备、定、活、

[1]　本书的统计没有把姓氏义计算在内。

尽、立、怕、算、偷、现、不由得、到底、跟着、好像、恐怕、难怪、情愿、说不定、依然。

(6) 兼形副。共有 89 个，包括 21 个单音节词和 68 个多音节词，如：独、空、良、猛、全、小、硬、真、本来、非常、活生生、绝对、临时、偶然、实在、特别、完全、真正。

(7) 兼名副。共有 80 个，包括 6 个单音节词和 74 个多音节词，如：边、差、初、先、本能、大体、方才、高低、好歹、究竟、批量、前脚、始终、下意识、重点。

(8) 兼动量。共有 42 个单音节词，如：编、滴、发 (fā)、挂、截、开、列、抹、贴、张。

(9) 兼动介。共有 34 个，包括 28 个单音节词和 6 个多音节词，如：按、比、朝 (cháo)、当、拿、让、替[1]、望、向[1]、由、除去、通过、依照、至于。

(10) 兼副连。共有 25 个，包括 11 个单音节词和 14 个多音节词，如：便 (biàn)、但、固、既、可[2]、不过、诚然、果真、还是、或者、尽管、可是、首先、只是。

(11) 兼动连。共有 15 个，包括 6 个单音节词和 9 个多音节词，如：任[2]、使[1]、不论、加以、再说。

(12) 兼形拟。共有 10 个多音节词，如：霍霍、珑玲、瑟瑟、簌簌、稀里哗啦、萧瑟。

(13) 兼介连。共有 9 个，包括 4 个单音节词和 5 个多音节词，如：因、与[2]、除非、因为、由于。

(14) 兼代副。共有 8 个，单音节词和多音节词各 4 个，如：各、另、每、各个、有些。

(15) 兼动拟。共有 6 个，单音节词和多音节词各 3 个：吧[1](bā)、梆、轰、呱唧、吭哧、喁喁 (yúyú)。

(16) 兼“数量”副。共有 6 个多音节词：八成、百般、万般、一度、一会儿、一下。

(17) 兼代连。共有 5 个，包括 3 个单音节词和 2 个多音节词：然、斯、爰、何如、那么。

(18) 兼数副。共有 5 个，包括 2 个单音节词和 3 个多音节词：半、万、大半、多数、万万。

(19) 兼叹拟。共有 5 个单音节词：嚯、嗽、嘻、呀、喳。

(20) 兼名数。共有 4 个单音节词：洞、九、数 (shù)、七。

(21) 兼名连。共有 4 个多音节词：结果[1]、所以、同时、万一。

(22) 兼名“数量”。共有 3 个多音节词：两下子、一溜儿、一天。

(23) 兼动助。共有 3 个，包括 1 个单音节词和 2 个多音节词：看、不可、得了。

(24) 兼动叹。共有 3 个，包括 2 个单音节词和 1 个多音节词：啐、嘘、呜呼。

(25) 兼形量。共有 3 个单音节词：双、次、寸。

(26) 兼名代。共有 2 个，单音节词和多音节词各 1 个：旁、几何。

(27) 兼名拟。共有 2 个多音节词：锒铛、乒乓。

(28) 兼动代。共有 2 个，单音节词和多音节词各 1 个：卬 (áng)、奈何。

(29) 兼形连。共有 2 个多音节词：不然、相反。

(30) 兼代助。共有 2 个单音节词：尔、夫 (fū)。

(31) 兼副介。共有 2 个单音节词：从、较[1]。

(32) 兼副助。共有 2 个，单音节词和多音节词各 1 个：否 (fǒu)、就是[1]。

(33) 兼动数。只有 1 个单音节词：余[2]。

(34) 兼形“数量”。只有 1 个多音节词：一般。

(35) 兼数助。只有 1 个单音节词：一[1]。

(36) 兼数代。只有 1 个多音节词：好多。

(37) 兼量助。只有 1 个单音节词：般[1]。

(38) 兼代叹。只有 1 个单音节词：恶 (wū)。

(39) 兼介助。只有 1 个单音节词：被[3]。

(40) 兼连助。只有 1 个单音节词：则[2]。

(41) 兼助叹。只有 1 个单音节词：猗。

2.1.2 兼三类

有的兼类词兼属三个词类，共 28 种，187 个。单音节词 25 种 130 个；多音节词 13 种 57 个。兼类词词数由多到少分列如下：

(1) 兼名动形。共有 48 个，单音节词和多音节词各 24 个，如：板、肥、鼓、坏、宽、热、铁、弯、香、保险、规范、活动、经济、麻烦、便宜、热闹、稀罕、影响。

(2) 兼名动量。共有 45 个，包括 44 个单音节词和 1 个多音节词，如：包、堆、卷、捆、排、套、组、嘟噜。

(3) 兼动形副。共有 21 个，包括 16 个单音节词和 5 个多音节词，如：白、反、好 (hǎo)、老、死、脚跟、肯定、相当。

(4) 兼名形副。共有 17 个，包括 7 个单音节词和 10 个多音节词，如：精、快、深、早、大概、根本、基本、可能、一边、原来。

(5) 兼名动副。共有 10 个，包括 3 个单音节词和 7 个多音节词，如：会、像、定准、反复、来回、一面、左右。

(6) 兼动副介。共有 6 个，包括 5 个单音节词和 1 个多音节词：尽[1]、可[1]、似、在、坐、比较。

(7) 兼名动介。共有5个，包括3个单音节词和2个多音节词：沿、掌、照、根据、依据。

(8) 兼名形量。共有5个，包括4个单音节词和1个单音节词：斗(dǒu)、方[1]、家、圆、疙瘩。

(9) 兼名动连。共有3个，包括1个单音节词和2个多音节词：用、比方、譬方。

(10) 兼代副连。共有3个，包括2个单音节词和1个多音节词：或、乃、另外。

(11) 兼动形量。共有3个单音节词：堵、通、壮[1]。

(12) 兼名动数。共有2个单音节词：钩、拐[1]。

(13) 兼名量副。共有2个单音节词：毫、时。

(14) 兼动量副。共有2个单音节词：重(chóng)、顿[1]。

(15) 兼动副连。共有2个单音节词：脱、无。

(16) 兼名动助。只有1个单音节词：来[1]。

(17) 兼名形数。只有1个单音节词：零[1]。

(18) 兼名介连。只有1个单音节词：和[2](hé)。

(19) 兼动形数。只有1个单音节词：多[1]。

(20) 兼动形介。只有1个单音节词：趁。

(21) 兼动形连。只有1个多音节词：随便。

(22) 兼动“数量”副。只有1个多音节词：一气。

(23) 兼动介连。只有1个单音节词：管[2]。

(24) 兼动介助。只有1个单音节词：给(gěi)。

(25) 兼动叹拟。只有1个单音节词：哈[1]。

(26) 兼形副介。只有1个单音节词：准[2]。

(27) 兼代连助。只有1个单音节词：焉。

(28) 兼动形助。只有1个多音节词：不成。

2.1.3 兼四类

有的兼类词兼属四个词类，共9种，12个。单音节词8种11个；多音节词1种1个。分列如下：①兼名动形副：干[2]、光、横(héng)、直。②兼名动形量：派[1]。③兼名动副介：连[1]。④兼名形量介：头。⑤兼名动介连：跟。⑥兼动形副介：齐[1]。⑦兼动副介连：并。⑧兼动副介助：将(jiāng)。⑨兼名形副连：自然。

2.1.4 兼五类

有的兼类词兼属五个词类，共5种，每种各有1个，且都是单音节词。分列如下：

①兼名动形量副：火。②兼名动形量介：对。③兼名动量副介：顶。④兼名量代副介：本[1]。⑤兼动形副介连：同。

2.2 单音节词和多音节词的兼类比较

2.2.1 兼类类型及其词数

单音节词和多音节词的兼类类型及其词数并不完全一致，比较起来大体有三种情况：

(1) 单有多无。有的兼类类型都是单音节词，没有多音节词。兼两类的有 13 种都是单音节词，包括兼名数、兼动数、兼动量、兼形量、兼数助、兼量助、兼代助、兼代叹、兼副介、兼介助、兼连助、兼助叹、兼叹拟。兼三类的有 15 种都是单音节词，包括兼名动数、兼名动助、兼名介连、兼名量副、兼名形数、兼动形数、兼动形量、兼动形介、兼动量副、兼动副连、兼动介连、兼动介助、兼动叹拟、兼形副介、兼代连助。兼四类的有 8 种都是单音节词，包括兼名动形量、兼名动形副、兼名动副介、兼名动介连、兼名形量介、兼动形副介、兼动副介连、兼动副介助。兼五类的都是单音节词，共 5 种。

(2) 单无多有。有的兼类类型都是多音节词，没有单音节词。兼两类的有 8 种都是多音节词，包括兼名“数量”、兼名连、兼名拟、兼形“数量”、兼形连、兼形拟、兼数代、兼“数量”副。兼三类的有 3 种都是多音节词，包括兼动形连、兼动形助、兼动“数量”副。兼四类的有 1 种只能是多音节词：兼名形副连。

(3) 单多都有。有的兼类类型在单音节词和多音节词中都有，又分三种：

A. 单音节词多于多音节词。兼两类的有 4 种：兼名量、兼动介、兼动叹、兼代连。兼三类的有 6 种：兼名动量、兼名动介、兼名形量、兼动形副、兼动副介、兼代副连。

B. 单音节词少于多音节词。兼两类的有 11 种：兼名动、兼名形、兼名副、兼动形、兼动副、兼动连、兼动助、兼形副、兼数副、兼副连、兼介连。兼三类的有 3 种：兼名动副、兼名动连、兼名形副。

C. 单音节词和多音节词相等。兼两类的有 5 种：兼名代、兼动代、兼动拟、兼代副、兼副助。兼三类的有 1 种：兼名动形。

2.2.2　各词类的兼类类型和词数

表 2　各词类的兼类类型和词数

兼类 词类	兼两类		兼三类		兼四类		兼五类		合计	
	单音节	多音节	单音节	多音节	单音节	多音节	单音节	多音节	单音节	多音节
名	307	1 569	93	47	8	1	4	0	412	1 617
动	363	1 554	111	45	10	0	4	0	488	1 599
形	147	845	58	42	7	1	3	0	215	888
数	8	4	4	0	0	0	0	0	12	4
量	135	16	55	2	2	0	4	0	196	18
代	12	9	3	1	0	0	1	0	16	10
副	80	237	40	25	8	1	4	0	132	263
介	35	11	13	3	6	0	4	0	58	14
连	25	36	8	4	2	1	1	0	36	41
助	9	3	3	1	1	0	0	0	13	4
叹	9	1	1	0	0	0	0	0	10	1
拟	8	15	1	0	0	0	0	0	9	15
数量	0	10	0	1	0	0	0	0	0	11
合计	1 138	4 310	390	171	44	4	25	0	715[1]	2 213[2]

2.2.2.1　各兼类类型的词类和词数排行榜

(1) 兼两类各词类的词数排行榜。单音节词 12 类：动＞名＞形＞量＞副＞介＞连＞代＞助 / 叹＞数 / 拟。多音节词 13 类：名＞动＞形＞副＞连＞量＞拟＞介＞“数量”＞代＞数＞助＞叹。

(2) 兼三类各词类的词数排行榜。单音节词 12 类：动＞名＞形＞量＞副＞介＞连＞数＞代 / 助＞叹 / 拟。多音节词 10 类：名＞动＞形＞副＞连＞介＞量＞代 / 助 / “数量”。

(3) 兼四类各词类的词数排行榜。单音节词 8 类：动＞名 / 副＞形＞介＞量 / 连＞助。多音节词 4 类：名、形、副、连各 1 个。

---

[1]　这是《现代汉语词典》(第 5 版) 单音节词的兼类词总数。单音节词的各词类兼两类词数 1 138 除以 2，加上兼三类词数 390 除以 3，加上兼四类词数 44 除以 4，再加上兼五类词数 25 除以 5 的和等于这个数目。

[2]　这是《现代汉语词典》(第 5 版) 多音节词的兼类词总数。多音节词的各词类兼两类词数 4 310 除以 2，加上兼三类词数 171 除以 3，再加上兼四类词数 4 除以 4 的和等于这个数目。

(4) 兼五类的都是单音节词，8 个词类的词数排行榜：名 / 动 / 量 / 副 / 介＞形＞代 / 连。

(5) 各词类的兼类总词数排行榜。单音节词 12 类：动＞名＞形＞量＞副＞介＞连＞代＞助＞数＞叹＞拟。多音节词 13 类：名＞动＞形＞副＞连＞量＞拟＞介＞“数量”＞代＞数 / 助＞叹。

2.2.2.2　单音节词和多音节词在各兼类类型里的词类词数比较

(1)“数、量、代、介、助、叹”6 种词类在各种兼类类型中都是单音节词多于多音节词。

(2)“名、动、形、副、连、拟”6 种词类在兼两类中多音节词多于单音节词，但在兼三类、兼四类中单音节词多于多音节词。

(3) 单音节词没有与数量词有关的兼类词。

2.2.3　兼类率

表 3　兼类率

		名	动	形	数	量	代	副	介	连	助	叹	拟	数量	合计
兼类词	单	412	488	215	12	196	16	132	58	36	13	10	9	0	715
	多	1 617	1 599	888	4	18	10	263	14	41	4	1	15	11	2 213
	总	2 029	2 087	1 103	16	214	26	395	72	77	17	11	24	11	2 928
单类多义词	单	207	378	41	3	10	19	23	2	5	25	6	1	0	720
	多	3 597	2 154	731	3	2	20	61	4	4	0	1	8	4	6 589
	总	3 804	2 532	772	6	12	39	84	6	9	25	7	9	4	7 309
词汇	单	2 107	1 749	562	44	334	66	247	65	53	64	45	94	2	5 431
	多	26 327	16 088	4909	18	103	98	851	29	157	19	8	110	38	48 755
	总	28 434	17 837	5471	62	437	164	1 098	94	210	83	53	204	40	54 186
多义词兼类率(%)	单	66.6	56.4	84	80	95.1	45.7	85.2	96.7	87.8	34.2	62.5	90	0	49.8
	多	31	42.6	54.9	57.1	90	33.3	81.2	77.8	91.1	100	50	65.2	73.3	25.1
	均	34.8	45.2	58.8	72.7	94.7	40	82.5	92.3	89.5	40.5	61.1	72.7	73.3	28.6
词汇兼类率(%)	单	19.6	27.9	38.3	27.3	58.7	24.2	53.4	89.2	67.9	20.3	22.2	9.6	0	13.2
	多	6.1	9.9	18.1	22.2	17.5	10.2	30.9	48.3	26.1	21.1	12.5	13.6	28.9	4.5
	均	7.1	11.7	20.2	25.8	49	15.9	36	76.6	36.7	20.5	20.8	11.8	27.5	5.4

2.2.3.1　多义词兼类率

兼类词在多义词中所占比例就是多义词兼类率。从统计数据可得出以下五点：

(1) 单音节词的多义词兼类率几乎达到了50%，约是多音节词的一倍。

(2) 单音节词各词类的多义词兼类率由高到低依次是：介＞量＞拟＞连＞副＞形＞数＞名＞叹＞动＞代＞助。

(3) 多音节词各词类的多义词兼类率由高到低依次是：助＞连＞量＞副＞介＞数量＞拟＞数＞形＞叹＞动＞代＞名。

(4) 各词类的平均多义词兼类率由高到低依次是：量＞介＞连＞副＞数量＞数/拟＞叹＞形＞动＞助＞代＞名。

(5) 单音节词和多音节词各词类的多义词兼类率相比可分两种：A. 单音节词多义词兼类率＞多音节词多义词兼类率：名、动、形、数、量、代、副、介、叹、拟。B. 单音节词多义词兼类率＜多音节词多义词兼类率：连、助、数量。

2.2.3.2　词汇兼类率

兼类词在词汇中所占比例就是词汇兼类率。从统计数据可得出以下四点：

(1) 各词类的单音节词汇兼类率由高到低依次是：介＞连＞量＞副＞形＞动＞数＞代＞叹＞助＞名＞拟。

(2) 各词类的多音节词汇兼类率由高到低依次是：介＞副＞数量＞连＞数＞助＞形＞量＞拟＞叹＞代＞动＞名。

(3) 各词类的平均词汇兼类率由高到低依次是：介＞量＞连＞副＞数量＞数＞叹＞助＞形＞代＞拟＞动＞名。

(4) 单音节词和多音节词各词类的词汇兼类率相比较可分两种：A. 单音节词汇兼类率＞多音节词汇兼类率：名、动、形、数、量、代、副、介、连、叹。B. 单音节词汇兼类率＜多音节词汇兼类率：助、拟、数量。

2.2.4　兼类对

兼类对指的是兼类词的两个不同词类配成的对，兼两类的都是兼类对，兼三类、兼四类、兼五类的都包含着兼类对，可以换算出兼类对来，比如兼名动形可换算成名动、名形、动形三个兼类对。表3中，在兼两类、兼三类、兼四类里，单音节词和多音节词都有的兼类对分别用A、B、C标示，仅单音节词有的兼类对分别用A_1、B_1、C_1标示，仅多音节词有的兼类对分别用A_2、B_2、C_2标示；兼五类的兼类对都是单音节词，用D标示。

表 4　兼类对 [1]

动	$1374ABC_1D$ 253:1121											
形	506ABCD 86:420	$546ABC_1D$ 135:411										
数	$7A_1B_1$ 7:0	$4A_1B_1$ 4:0	$2B_1$ 2:0									
量	$163ABC_1D$ 145:18	$96A_1BC_1D$ 95:1	$15A_1BC_1D$ 14:1									
代	3AD 2:1	2A 1:1		$1A_2$ 0:1	1D 1:0							
副	118ABCD 26:92	$153ABC_1D$ 72:81	136ABCD 52:84	5A 2:3	$7B_1D$ 7:0	12ABD 7:5						
介	$12BC_1D$ 10:2	$56ABC_1D$ 47:9	$6B_1C_1D$ 6:0		$4C_1D$ 4:0	1D 1:0	$16A_1BC_1D$ 15:1					
连	$10A_2BC$ 3:7	$25ABC_1D$ 13:12	$5A_2B_2C_2D$ 1:4			9AB 6:3	33ABCD 17:16	$14AB_1C_1D$ 9:5				
助	$1B_1$ 1:0	$7ABC_1$ 4:3	$1B_2$ 0:1	$1A_1$ 1:0	$1A_1$ 1:0	$3A_1B_1$ 3:0	$3AC_1$ 2:1	$3A_1B_1C_1$ 3:0	$2A_1B_1$ 2:0			
叹		$4AB_1$ 3:1				$1A_1$ 1:0				$1A_1$ 1:0		
拟	$2A_2$ 0:2	$7AB_1$ 4:3	$10A_2$ 0:10								$6A_1B_1$ 6:0	
数量	$3A_2$ 0:3	$1B_2$ 0:1	$1A_2$ 0:1				$7A_2B_2$ 0:7					
	名	动	形	数	量	代	副	介	连	助	叹	拟

表 4 显示，A 有 20 个，A_1 有 13 个，A_2 有 8 个，B 有 18 个，B_1 有 13 个，B_2 有 4 个，C 有 5 个，C_1 有 16 个，C_2 有 1 个，D 有 23 个。“AA_1A_2”、“BB_1B_2”、“CC_1C_2”、“D”的组配比较复杂，共有 25 种 51 个：① 2 个 A：动代、数副；② 4 个 A_1：数助、量助、代叹、助叹；③ 5 个 A_2：名拟、名“数量”、形拟、形“数量”、数代；④ 2 个 B_1：名助、形数；⑤ 2 个 B_2：动“数量”、形助；⑥ 2 个 D：量代、代介；⑦ 1 个 AB：代连；⑧ 2 个 AB_1：动叹、动拟；⑨ 5 个 A_1B_1：名数、动数、代助、连助、叹拟；⑩ 1 个 A_2B_2：副“数量”；⑪ 1 个 AC_1：副助；⑫ 1 个 AD：名代；⑬ 1 个 B_1D：量副；⑭ 1 个 C_1D：量介；⑮ 1 个 ABC_1：动助；⑯ 1 个 $A_1B_1C_1$：介助；⑰ 1 个 A_2BC：名连；⑱ 1 个 ABD：代副；⑲ 1 个 BC_1D：名介；⑳ 1 个 B_1C_1D：形介；㉑ 4 个 ABCD：名形、名副、形副、副连；㉒ 6 个 ABC_1D：名动、名量、动形、动副、

[1]　表中字母前面的数字表示这个兼类对的词数，其下方是这个兼类对的单音节词和多音节词的词数之比。

动介、动连；㉓ 1 个 AB_1C_1D：介连；㉔ 3 个 A_1BC_1D：动量、形量、副介；㉕ 1 个 $A_2B_2C_2D$：形连。可见，兼两类、兼三类、兼四类、兼五类的兼类对并不能互相涵盖，单音节词和多音节词的兼类对也不能互相涵盖。

下面再把单音节词和多音节词的兼类对综合起来比较一下，大致有三种情况：①单多都有的共 25 个，分别是：名动、名形、名量、名代、名副、名介、名连、动形、动量、动代、动副、动介、动连、动助、动叹、动拟、形量、形副、形连、数副、代副、代连、副介、副连、副助、介连。②单有多无的共 18 个，分别是：名数、名助、动数、形数、形介、数助、量代、量副、量介、量助、代介、代助、代叹、介助、连助、助叹、叹拟。③单无多有的共 8 个，分别是：名拟、名“数量”、动“数量”、形助、形拟、形“数量”、数代、“数量”副。

表 4 还能反映出单音节词和多音节词各词类所兼词类的情况：

(1) 名词能和 11 类词兼类，词数排序：动＞形＞量＞副＞介＞连＞数＞代 / 数量＞拟＞助。单音节名词能和 9 类词兼类，词数排序：动＞量＞形＞副＞介＞数＞连＞代＞助。多音节名词能和 9 类词兼类，词数排序：动＞形＞副＞量＞连＞数量＞介 / 拟＞代。

(2) 动词能和 12 类词兼类，词数排序：名＞形＞副＞量＞介＞连＞助 / 拟＞数 / 叹＞代＞数量。单音节动词和 11 类词兼类，词数排序：名＞形＞量＞副＞介＞连＞数 / 助 / 拟＞叹＞代。多音节动词能和 11 类词兼类，词数排序：名＞形＞副＞连＞介＞助 / 拟＞量 / 数量 / 代 / 叹。

(3) 形容词能和 10 类词兼类，词数排序：动＞名＞副＞量＞拟＞介＞连＞数＞助 / 数量。单音节形容词能和 7 类词兼类，词数排序：动＞名＞副＞量＞介＞数＞连。多音节形容词能和 8 类词兼类，词数排序：名＞动＞副＞拟＞连＞量 / 助 / 数量。

(4) 数词能和 6 类词兼类，词数排序：名＞副＞动＞形＞代 / 助。单音节数词能和 5 类词兼类，词数排序：名＞动＞形 / 副＞助。多音节数词能和 2 类词兼类，词数排序：副＞代。

(5) 量词能和 7 类词兼类，词数排序：名＞动＞形＞副＞介＞代 / 助。单音节量词能和 7 类词兼类，词数排序：名＞动＞形＞副＞介＞代 / 助。多音节量词能和 3 类词兼类，词数排序：名＞动 / 形。

(6) 代词能和 9 类词兼类，词数排序：副＞连＞名 / 助＞动＞数 / 量 / 介 / 叹。单音节代词能和 8 类词兼类，词数排序：副＞连＞助＞名＞动 / 量 / 介 / 叹。多音节代词能和 5 类词兼类，词数排序：副＞连＞名 / 动 / 数。

(7) 副词能和 10 类词兼类，词数排序：动＞形＞名＞连＞介＞代＞量 / 数量＞数＞助。单音节副词能和9类词兼类，词数排序：动＞形＞名＞连＞介＞量/代＞数/助。多音节副词能和 9 类词兼类，词数排序：名＞形＞动＞连＞数量＞代＞数＞介 / 助。

(8) 介词能和 8 类词兼类，词数排序：动＞副＞连＞名＞形＞量＞助＞代。单音节介词能和 8 类词兼类，词数排序：动＞副＞名＞连＞形＞量＞助＞代。多音节介词能和 4 类词兼类，词数排序：动＞连＞名＞副。

(9) 连词能和 7 类词兼类，词数排序：副＞动＞介＞名＞代＞形＞助。单音节连词能和 7 类词兼类，词数排序：副＞动＞介＞代＞名＞助＞形。多音节连词能和 6 类词兼类，词数排序：副＞动＞名＞介＞形＞代。

(10) 助词能和 10 类词兼类，词数排序：动＞代 / 副 / 介＞连＞名 / 形 / 数 / 量 / 叹。单音节助词能和 9 类词兼类，词数排序：动＞代 / 介＞副 / 连＞名 / 数 / 量 / 叹。多音节助词能和 3 类词兼类，词数排序：动＞形 / 副。

(11) 叹词能和 4 类词兼类，词数排序：拟＞动＞代 / 助。单音节叹词能和 4 类词兼类，词数排序：拟＞动＞代 / 助。多音节叹词只能和动词兼类。

(12) 拟声词能和 4 类词兼类，词数排序：形＞动＞叹＞名。单音节拟声词能和 2 类词兼类，词数排序：叹＞动。多音节拟声词能和 3 类词兼类，词数排序：形＞动＞名。

(13) 数量词能和 4 类词兼类，都是多音节词，词数排序：副＞名＞动 / 形。

表 5　各词类兼类的词类数汇总

	名	动	形	数	量	代	副	介	连	助	叹	拟	数量
单音节词兼类词类数	9	11	7	5	7	8	9	8	7	9	4	2	0
多音节词兼类词类数	9	11	8	2	3	5	9	4	6	3	1	3	4
总兼类数	11	12	10	6	7	9	10	8	7	10	4	4	4

13 个词类所兼词类数排序：动＞名＞形 / 副 / 助＞代＞介＞量 / 连＞数＞叹 / 拟 / “数量”。单音节词 12 个词类所兼词类数排序：动＞名 / 副 / 助＞代 / 介＞形 / 量 / 连＞数＞叹＞拟。多音节词 13 个词类所兼词类数排序：动＞名 / 副＞形＞连＞代＞介 / “数量”＞量 / 助 / 拟＞数＞叹。单音节词和多音节词各词类所兼类数比较，有三种情况：①单音节词＞多音节词：数、量、代、介、连、助、叹。②单音节词＜多音节词：形、拟、“数量”。③单音节词＝多音节词：名、动、副。

2.2.5　兼类序

兼类序指的是《现代汉语词典》(第 5 版) 中兼类词所兼词类的顺序，如“成就”的兼类序是“名+动”，“报告”的兼类序是“动+名”。有的兼类词所兼词类在义项中出现不止一次，兼类序取其最前面的一次，如“包装”有三个义项，所属词类分别是动词、名词、动词，“包装”是兼名动，兼类序是“名+动”。下面用“类$_1$”、“类$_2$”、“类$_3$”、“类$_4$”等表示兼类序的词类，分析各种兼类类型的兼类序。

2.2.5.1　兼两类的兼类序

表 6　单音节词兼两类的兼类序 [1]

类$_1$ \ 类$_2$		4	7	4	2	3	1	7	1	4	7	3	2	类$_1$数
		名	动	形	数	量	代	副	介	连	助	叹	拟	
6	名		98	28	2	78	1	6						213
10	动	67		26	1	41	○	28	26	6	1	2	1	199
4	形	14	55			2		19						90
3	数	2	○					2			1			5
4	量	11	1	1							1			14
5	代	○	1					4		3	2	1		11
4	副	○	5	2	○		○		○	8	1			16
4	介		2					2		4	1			9
2	连		○				○	3	○		1			4
1	助		○		○	○	○	○	○	○		1		1
1	叹		○				○				○		5	5
1	拟		2									○		2
类$_2$数		94	164	57	3	121	1	64	26	21	8	4	6	569

[1]　表中“○”标示不具有同类异序，如单音节词兼动代只有“代+动”，没有“动+代”。

表 7　多音节词兼两类的兼类序

类$_1$ \ 类$_2$		8	6	4	0	1	2	8	2	6	1	0	3	2	类$_1$
		名	动	形	数	量	代	副	介	连	助	叹	拟	数量	数
6	名		229	217		15	○	51		3			1	○	516
8	动	856		198			1	48	6	8	2	○	1		1 120
6	形	167	182					45		2			1	1	398
2	数						1	3							4
1	量	1													1
3	代	1	○		○			4		2					7
5	副	23	19	23	○		○			12	○			1	78
1	介		○							4					4
4	连	1	1	○			○	2	1						5
1	助		○					1							1
1	叹		1												1
3	拟	1	2	9											12
2	数量	3		○				5							8
类$_2$数		1 053	434	447	0	15	2	159	7	31	2	0	3	2	2155

2.2.5.1.1　兼两类的兼类序分布

单音节词的 33 种兼两类共有 45 列兼类序，多音节词的 28 种兼两类共有 43 列兼类序，比较起来有五种情况：①单有多无：共 21 列。有的兼类序属于单有多无的兼两类，包括 14 种 16 列，如："名＋数"、"数＋名"、"介＋副"、"连＋助"等。还有 5 列属于单多都有的兼两类，但是多音节词没有这样的兼类序，如："名＋代"、"动＋叹"等。②单无多有：共 19 列。有的兼类序属于单无多有的兼两类，包括 8 种 12 列，如："名＋连"、"连＋名"、"数量＋副"等。还有 7 列属于单多都有的兼两类，但是单音节词没有这样的兼类序，如："动＋代"、"代＋名"、"副＋名"等。③单多都有，单＞多：共有 5 列，如："名＋量"、"量＋名"等。④单多都有，单＜多：共有 15 列，如："名＋动"、"动＋名"、"名＋形"、"形＋名"等。⑤单多都有，单＝多：共有 4 列，如："动＋拟"、"代＋副"等。

2.2.5.1.2　兼两类的同类异序

有些兼类类型所兼词类相同，兼类序不同，可叫作同类异序，比如兼名动可能是"名＋动"或"动＋名"。单音节词的兼两类有 12 种同类异序，多音节词的兼两类有 15 种同类异序。比较起来大体有三种情况：①单多都有。从词数对比来看，有 6 种是一致的，包括兼名形、兼名量、兼动副、兼形副、兼动拟、兼副连，有 2 种不一致，包括兼名动、兼动形。②单有多无。共 4 种：兼名数、兼动量、兼动介、兼形量。③单无多有。共 7 种：兼名副、兼名连、兼名拟、兼动连、兼介连、兼形拟、兼“数量”副。

2.2.5.1.3　兼两类的类$_1$

(一) 兼两类的类$_1$和词数。单音节词兼两类的类$_1$有 12 类，词数由多到少依次是：名＞动＞形＞副＞量＞代＞介＞数 / 叹＞连＞拟＞助。多音节词兼两类的类$_1$有 13 类，词数由多到少依次是：动＞名＞形＞副＞拟＞数量＞代＞连＞数 / 介＞量 / 助 / 叹。

(二) 兼两类的类$_1$后加类$_2$。单音节词兼两类的类$_1$后加类$_2$可分七等：①动能后加 10 类；②名能后加 6 类；③代能后加 5 类；④形、量、副、介都能后加 4 类；⑤数能后加 3 类；⑥连能后加 2 类；⑦助、叹、拟都能后加 1 类。多音节词兼两类的类$_1$后加类$_2$可分七等：①动能后加 8 类；②名、形都能后加 6 类；③副能后加 5 类；④连能后加 4 类；⑤代、拟都能后加 3 类；⑥数、“数量”都能后加 2 类；⑦量、介、助、叹都能后加 1 类。

2.2.5.1.4　兼两类的类$_2$

(一) 兼两类的类$_2$和词数。单音节词兼两类的类$_2$有 12 类，词数由多到少依次是：动＞量＞名＞副＞形＞介＞连＞助＞拟＞叹＞数＞代。多音节词兼两类的类$_2$有 11 类，词数由多到少依次是：名＞形＞动＞副＞连＞量＞介＞拟＞代 / “数量” / 助。

(二) 兼两类的类$_2$前加类$_1$。单音节词兼两类的类$_2$前加类$_1$可分五等：①动、副、助都能前加 7 类；②名、形、连都能前加 4 类；③量、叹都能前加 3 类；④数、拟都能前加 2 类；⑤代、介都能前加 1 类。多音节词兼两类的类 2 前加类$_1$可分六等：①名、副都能前加 8 类；②动、连都能前加 6 类；③形能前加 4 类；④拟能前加 3 类；⑤代、介、“数量”都能前加 2 类；⑥量、助都能前加 1 类。

2.2.5.2　兼三类的兼类序

表 8　单音节词兼三类的兼类序

序数	6						5					4				4				3			3		
类$_1$	名	名	动	动	形	形	名	名	动	动	量	动	动	形	形	名	名	形	形	名	动	动	名	动	介
类$_2$	动	形	名	形	动	名	动	量	名	量	名	形	副	动	副	形	副	名	副	动	名	副	动	名	动
类$_3$	形	动	形	名	名	动	量	动	量	名	动	副	形	副	动	副	形	副	名	副	副	名	介	介	名
词数	6	7	1	2	6	2	11	11	18	2	2	3	1	11	1	1	1	4	1	1	1	1	1	1	1

（续表 8）

序数	3			2		2		2		2		2		1	1	1	1	1	1	1	1	1	1	1	1	1
类 $_1$	名	形	量	名	名	动	形	名	动	动	动	动	动	动	动	动	动	动	动	形	形	代	副	介	介	介
类 $_2$	形	名	名	副	量	形	动	动	数	副	介	副	连	名	副	介	介	助	拟	名	动	连	连	动	形	连
类 $_3$	量	量	形	量	副	量	量	数	名	介	副	连	副	连	量	连	助	名	叹	数	数	助	代	形	副	名
词数	2	1	1	1	1	2	1	1	1	2	3	1	1	1	2	1	1	1	1	1	1	1	2	1	1	1

表 9　多音节词兼三类的兼类序

序数	5					5					5					3			1	1	1	1	1	1	1	1	1
类 $_1$	名	动	动	形	形	名	名	形	形	副	名	名	动	动	副	动	动	形	名	动	动	动	量	动	代	介	副
类 $_2$	形	名	形	动	名	形	副	名	副	名	动	副	名	副	动	形	副	副	量	形	介	名	动	形	副	名	动
类 $_3$	动	形	名	名	动	副	形	副	名	形	副	动	副	名	名	副	形	动	形	助	副	连	名	连	连	动	数量
词数	6	3	7	5	3	4	2	2	1	1	2	1	1	2	1	3	1	1	1	1	1	2	1	1	1	2	1

2.2.5.2.1　兼三类的兼类序分布

单音节词的 25 种兼三类共有 51 列兼类序，多音节词的 13 种兼三类共有 27 列兼类序，比较起来有五种情况：①单有多无：共 34 列。有的兼类序属于单有多无的兼三类，包括 15 种 19 列，如：“名＋量＋副”、“名＋副＋量”、“动＋副＋连”等。还有 7 种 15 列是单多都有的兼三类，但是多音节词没有这样的兼类序，如“名＋动＋形”，“名＋动＋量”，“名＋量＋动”等。②单无多有：共 10 列。有的兼类序属于单无多有的兼三类，包括 3 种 3 列：“动＋形＋助”，“动＋形＋连”，“副＋动＋数量”。还有 6 种 7 列是单多都有的兼三类，但是多音节词没有这样的兼类序，如：“副＋名＋形”，“名＋副＋动”，“副＋动＋名”等。③单多都有，单＞多：共 4 列，如：“名＋形＋动”，“形＋动＋名”等。④单多都有，单＜多：共 8 列，如：“动＋名＋形”，“动＋形＋名”，“形＋名＋动”等。⑤单多都有，单＝多：共 5 列，如：“动＋形＋副”，“动＋副＋形”等。

2.2.5.2.2　兼三类的同类异序

单音节词的兼三类有 12 种同类异序，多音节词的兼三类有 4 种同类异序，比较起来大体有三种情况：①单有多无。共 8 种。其中 4 种是多音节词没有的兼三类，包括兼名动数、兼名量副、兼动形量、兼动副连，还有 4 种是多音节词有的兼三类，但是没有异序现象，包括兼名动量、兼名动介、兼名形量、兼动副介。②单多都有，单音节词的异序多。共 2 种：一种是兼名动形，单音节词多出“名＋动＋形”；一种是兼动形副，单音节词多出“形＋动＋副”。③单多都有，多音节词的异序多。共 2 种：一种是兼名形副，多音节词多出“副＋名＋形”；一种是兼名动副，多音节词多出“名＋副＋动”、“副＋动＋名”。

2.2.5.2.3　兼三类的类 $_1$

(一) 兼三类的类 $_1$ 和词数。单音节词兼三类的类 $_1$ 有 7 类，词数由多到少依次是：动＞名＞形＞介＞量＞副＞代。多音节词兼三类的类 $_1$ 有 7 类，词数由多到少依次是：动＞名＞形＞副＞介＞量 / 代。

(二) 兼三类的类 $_1$ 后加类 $_2$ 类 $_3$。单音节词兼三类的类 $_1$ 后加类 $_2$ 类 $_3$ 可分六等：①动能后加 21 类；②名能后加 12 类；③形能后加 10 类；④介能后加 4 类；⑤量能后加 2 类；⑥代和副都能后加 1 类。多音节词兼三类的类 $_1$ 后加类 $_2$ 类 $_3$ 可分五等：①动能后加 10 类；②名能后加 6 类；③形能后加 5 类；④副能后加 3 类；⑤量、代、介都能后加 1 类。

2.2.5.2.4　兼三类的类 $_2$

(一) 兼三类类 $_2$ 的词类和词数。单音节词兼三类的类 $_2$ 共有 10 类，词数由多到少依次是：动＞名＞形＞量＞副＞介 / 连＞数 / 助 / 拟。多音节词兼三类的类 $_2$ 共有 6 类，词数由多到少依次是：形＞名＞动＞副＞量 / 介。

(二) 兼三类的类 $_2$ 加类 $_1$ 和类 $_3$。单音节词兼三类的类 $_2$ 加类 $_1$ 和类 $_3$ 可分六等：①名、动都能加 11 类；②副能加 9 类；③形能加 7 类；④连能加 4 类；⑤量、介都能加 3 类；⑥数、助、拟都能加 1 类。多音节词兼三类的类 $_2$ 加类 $_1$ 和类 $_3$ 可分四等：①名、副都能加 7 类；②形能加 6 类；③动能加 5 类；④量、介都能加 1 类。

2.2.5.2.5　兼三类的类 $_3$

(一) 兼三类类 $_3$ 的词类和词数。单音节词兼三类的类 $_3$ 共有 11 类，词数由多到少依次是：量＞副＞动＞名＞形＞介＞数 / 连＞代 / 助＞叹。多音节词兼三类的类 $_3$ 共有 7 类，词数由多到少依次是：名＞动 / 副＞形＞连＞“数量” / 助。

(二) 兼三类的类 $_3$ 加类 $_1$ 和类 $_2$。单音节词兼三类的类 $_3$ 加类 $_1$ 和类 $_2$ 可分八等：①副能加 10 类；②名能加 9 类；③量能加 8 类；④形能加 6 类；⑤动能加 5 类；⑥数、介、连都能加 3 类；⑦助能加 2 类；⑧叹、代都能加 1 类。多音节词兼三类的类 $_3$ 加类 $_1$ 和类 $_2$ 可分四等：①名、副都能加 6 类；②动、形都能加 5 类；③连能加 3 类；④助、“数量”都能加 1 类。

2.2.5.3　兼四类和兼五类的兼类序

单音节词的兼四类共有 8 种 10 列兼类序，多音节词的兼四类只有 1 种 1 列兼类序：

“名＋形＋副＋连”。

表 10　单音节词兼四类的兼类序

序数	3			1	1	1	1	1	1	1
类$_1$	名	形	形	名	名	名	动	动	动	形
类$_2$	形	名	动	形	形	动	副	副	介	动
类$_3$	动	副	名	量	介	介	介	连	副	副
类$_4$	副	动	副	动	量	连	名	介	助	介
词数	1	1	2	1	1	1	1	1	1	1

兼五类都是单音节词，共有 5 种 5 列兼类序：“名＋动＋形＋量＋副”，“名＋动＋介＋量＋副”，“动＋形＋名＋量＋介”，“形＋动＋副＋介＋连”，“量＋名＋副＋代＋介”。

2.3　小　结

对《现代汉语词典》(第 5 版) 的统计分析表明，现代汉语各类词在兼属词类上共有四类 83 种，其中兼两类 41 种，兼三类 28 种，兼四类 9 种，兼五类 5 种，总体上兼属词类越多，兼类的种类和词数越少。

单音节词和多音节词在兼类上是不平衡的，主要表现在五个方面：①兼类类型及其词数不完全一致；②各词类的兼类类型和词数不对称；③兼类率不相等；④兼类对不能互相涵盖；⑤兼类序不平行。

(本章与朱斌、陈蓓合作，曾在 2010 年香港“第十六次现代汉语语法学术讨论会”上宣读，有修改。)

第 3 章　词语入句辨察

汉语中一个个的词语，能说不能说，在什么场合下说，怎么说，这些都要入句后，在具体的语境下，在句法、语义的互证下，在表达功能的驱动下，才能有比较准确和全面的认识和掌握。

3.1　副词“白白”

“白白跑了一趟”，“白白等了半天”里边的“白白”表示“付出代价而无所获；徒劳”。一些较有影响的辞书也是这样解释的，比如《现代汉语虚词例释》(北京大学中文系 1955、1957 级语言班编，商务印书馆 1982 年版)，《现代汉语虚词词典》(侯学超编，北京大学出版社 1998 年版)，李晓琪《现代汉语虚词讲义》(北京大学出版社 2005 年版) 等。但是这些辞书或论著只标注这个义项，“白白”有没有其他的意思呢？请看下面的句子：

(1) 福建省轮船公司在一条优惠政策扶持下，大胆向中外银行贷款二千八百万美元买船，六年创汇五千四百万美元，等于不花国家一分钱投资，就白白赚得一支运力达七万吨的海运船队。(翁新辉、周俊祥《福建省一条好政策　赚得一支海运船队》，载《人民日报》1986 年 10 月 14 日)

显然，上例的“白白”不是“徒然”的意思，而是表示“不付出代价而有所获；无报偿”的意思，这可以从上下文得到证实。再看两例：

(2) 几乎所有押了钱的人都有强大的幸福感，觉得今天多么好运，在大街上可以白白地得钱。(池莉《你以为你是谁》)

(3) 说时迟那时快，王集成的“诈城队”蜂似的涌进城门洞，拄棍子的俘虏兵伤号不想白白多拿那块光洋，还在喊着“哎哟哎哟”地配合。(伍近先《山水狂飙》)

以上二例中的“白白”也是表示“不付出代价而有所获；无报偿”的意思。进一步观察可以知道，“白白”表示“不付出代价而有所获；无报偿”的意思时，视角虽然在动作行为的前提，但是实际结果往往是直接或间接获得某些益处或实现某种效果，因此，这时“白白”所修饰的词语一般具有“获得”义。与之比较，“白白”表示“徒然”时，视角在动作行为的结果，但前提往往是付出代价的，因此这时“白白”所修饰的词语一般具有“给予”义或“失去”义。例如：

(4) 戏票绝大部分白白给了“关系户”，收入还不够付场租费。(赵学文《这样浪费钱财的音乐会还是不办为好》，载《人民日报》1983年1月8日)

(5) 为了你的女儿出风头唱戏，白白的牺牲了小文夫妇。(老舍《四世同堂》)

“白白”可以表示“不付出代价而有所获；无报偿”的意思，这在近代白话文作品中已经出现了。例如：

(6) 莫稽见玉奴才貌，喜出望外，不费一钱，白白的得了个美妻，又且丰衣足食，事事称怀。(冯梦龙《喻世明言》)

(7) 凤姐道：“不是这么说。你手里窄，我狠知道，我何苦白白儿使你的？你要我收下这个东西，须先和我说明白了。要是这么含着骨头露着肉的，我倒不收。”(曹雪芹《红楼梦》)

3.2 说“是否是”

我们注意到，现代汉语出现了“是否是”的用法，意思相当于“是否”、“是不是”。例如：

(1) 有的说，他曾经被巡捕带到明日书店里，问是否是编辑；有的说，他曾经被巡捕带往北新书局去，问是否是柔石，手上上了铐，可见案情是重的。(鲁迅《为了忘却的记念》)

(2) 尽管历史学家对吴三桂降清的动机是否是为了“红颜”这一事实还有争议，但雄关被出卖而不攻自破却是事实，也是教训。(峻青《雄关赋》)

《为了忘却的记念》是鲁迅于1933年写的，所用“是否是”后面都是带的名词性成分，“是否是编辑”表示正反选择判断类属关系，“是否是柔石”表示正反选择判断等同关系。例(2)中的“是否是”后面带的是介词结构“为了‘红颜’”，表示正反选择判断“原因或目的”。

对于“是否是”的这种用法有必要作一番考察。“是否是”后面可以带名词性成分、谓词性成分、主谓结构、复句形式等。例如：

(3) 我想，二百多年前，这小花园很有点像一百年前鲁迅童年的百草园的味道，这个小花园是否是童年歌德的小乐园呢？歌德的诗情是否从这一草一木中有所启迪呢？(钟桂松《谒歌德故居》，载《人民日报》1997年10月21日)

(4) 研究人员说，现在还不知道出血的原因是否是在剖腹产时伤及了牛犊。(乐绍延《日本胎儿细胞克隆牛夭折》，载《人民日报》1998年7月27日)

(5) 记者曾几次问这位副站长在建工程表是否是真实的，他红着脸说："应该是真实的。"(赵蓓蓓《是真，是假？》，载《人民日报》1999年12月2日)

(6) 问：我们注意到大众汽车目前已经在中国众多媒体进行广告宣传，使人感到大众汽车正在加大对华市场开拓的力度，是否是这样？(薛飞《我们的承诺：让用户满意——访德国大众汽车集团董事、亚太区总裁罗伯特·比希霍夫博士》，载《人民日报》1999年11月4日)

(7) 在介绍了中国当前长江流域的洪灾后，文章提出，这是否是厄尔尼诺现象造成的呢？有专家认为不是，因为这次厄尔尼诺现象已经过去。(马为民《气候紊乱天灾频仍法媒体探缘由》，载《人民日报》1998年8月7日)

(8) 即使这些成功是真实的，但是否是建立在一种非常脆弱的经济体系之上，因而经济无法持续增长，并难免会出现逆转吗？([美]斯蒂格利茨《中国第二步改革战略》，载《人民日报》1998年11月13日)

例(3)"是否是"后带名词性成分"童年歌德的小乐园"，整个结构出现在"想"的宾语中，句子是问句；例(4)"是否是"后的"在剖腹产时伤及了牛犊"是状中型动词性成分，整个结构作为直接成分出现在谓语位置，然后作为间接成分出现在"不知道"的宾语中，最后再作为间接成分出现在"说"的宾语中，句子不是问句；例(5)中的"是否是"后带形容词性成分"真实的"，整个结构作为直接成分出现在谓语位置，然后作为间接成分出现在"问"的远宾语之中，句子不是问句；例(6)中的"是否是"后带谓词性代词"这样"，整个结构出现在"问"的宾语之中，句子是问句；例(7)"是否是"后带主谓结构"厄尔尼诺现象造成的"，它们作为直接成分充当谓语，句子是问句；例(8)"是否是"后带因果复句形式，句子是问句，不过该句句末应去掉"吗"或者换成"呢"，因为"吗"不能用于正反问。

汉语中既然有了"是否"和"是不是"，为什么又出现了"是否是"呢？可能有两种解释：①"是否是"结构是由"是否"后带"是"字结构组合而成的；②"是否是"的用法是"是否"受"是不是"的诱化而衍生出来的。下面简要分析一下。

先看第一种解释。"是否是……"是"是否"和"是……"结构搭配的结果。理由是"是否"后面可以带动词性成分，"是"字结构是动词性结构，按组合规则"是否"和"是"字结构是有可能搭配在一起的。再者，"是否"可以表示正反选择判断，对"是……"进行正反选择判断时，直接插入"是否"也是可能的。这样使用"是否"

正是突现了它表示正反选择判断的作用和价值。旁证之一是“是否”和“是”之间可以出现某些句法成分。例如：

(9) 这是个句子，因为有真假，所以也是一个命题。那么它是否同时也是个判断呢？这就要看人们是否断定了这个命题，（陆宗明《逻辑与语言表达》）

(10) 这些成功是否是人们的虚构；是否更多地是幻觉而不是现实？（［美］斯蒂格利茨《中国第二步改革战略》，载《人民日报》1998 年 11 月 13 日）

例 (9)、(10) 都可以看作“是否”与“是”字结构的组合。例 (9)“是否”与“是”之间有副词性成分“同时”、“也”；例 (10)“是否”与并列关系的两个“是”字结构组合，“是”前分别有副词性成分“更多地”和“不”。

再说第二种解释。“是否是”是由“是不是”类推诱化而衍生出来的。汉语中有“是否”，也有“是不是”，“是否”一般用于书面语，“是不是”常见于口语。“是不是”可能影响“是否”，诱使它成为同类格式“是否是”，而意思还是相当于“是否”、“是不是”，只不过在用法上丰富和填补了在某些方面已经衰退的“是否”。“是否是”能比较自由灵活地正反选择判断事物。不过，“是否是”的有些用法还处于萌发阶段，如正反选择判断性状、情状等比起“是否”和“是不是”来还显得比较少、比较单一。

这两种解释哪一种有道理？还是都有道理或都没道理？还是“是否是”的用法本身就有问题？我们认为首先要尊重“是否是”这种用法，不能一棍子打死；其次要密切注意它的发展动向，对它的使用做一番梳理，特别是和“是否”“是不是”比较，同异在哪里？在此基础上再给以充分的解释，而且也只有充分的解释才能揭示它的内在本质和发展规律。

3.3 说“有 X 于”

“有 X 于”指的是“有利于”、“有损于”、“有志于”、“有别于”等词语形式。有的“有 X”形式在一些辞书中有所收录，如《现代汉语词典》收录了“有赖”、“有利”、“有益”，这些词要么在注释中注明常跟“于”，要么在例证中加“于”。因此有必要把“有 X 于”作为一种格式提出来加以考察。

3.3.1 构成

“有 X 于”由三部分构成：“有”＋“X”＋“于”。“有”表示“领有；具有”，后面不能加“着、了、过”。“有”跟“无”相对，也有“无 X 于”的形式，如“无益于”、“无济于”、“无损于”、“无愧于”、“无异于”等。“X”经常由单音节的名词性成分或动词性成分充当，有的“有 X”已经比较凝固，基本成词了，不能扩展或替换，如“有赖”、“有利”、“有益”、“有损”等；有的“有X”比较松散，“X”可以进行扩展，如“有贡献”可以扩展成“有较大贡献”。例如：

(1) 所以在抗敌卫国的大目标下，大将和小卒在与敌作战的军队里虽各有其机能，但是同有贡献于国家民族是一样的，在本质上，工作的大与小，贡献的大与小，原来就没有什么分别的。

(2) 我们当然希望社会上人人都有较大的贡献，于是对于能够有较大贡献于社会的人们，特别欢迎。

大部分“有X”可以自由成词或短语，如“有利”、“有益”、“有损”、“有伤”、“有志”、“有意”、“有别”、“有背”等。

3.3.2 语义类型

“有X于”有三种语义类型。

3.3.2.1 表示客观影响

请看例子：

(3) 我要做一个有利于人民、有利于国家的人。

“有利于人民、有利于国家”的意思是“对人民有利、对国家有利”。“有利于”一类“有X于”重在表达对事物具有怎样的客观影响。客观影响可以是积极的，也可以是消极的。像“有利于”、“有益于”、“有助于”、“有贡献于”等都是积极的客观影响；像“有碍于”、“有损于”、“有伤于”等就是消极的客观影响。

这类“有X于”后续的影响对象或涉及事物往往可以用“对”、“对于”引带提到“有X”的前面，格式转换成“对/对于……有X”。如：有益于人民→对/对于人民有益 | 有利于国家→对/对于国家有利 | 有贡献于社会→对/对于社会有贡献。例如：

(4) 但是有的人要想做大事，不满意于做小事，不一定出于个人的虚荣心，也许是出于很好的动机，希望由此对于社会有较大的贡献。

例(4)中的“对于社会有较大的贡献”是“对/对于……有X”的形式，所表达的意思与“有较大贡献于社会”基本相同。有的“有X于”转换成“对/对于……有X”时，“X”要作适当的变化，或者扩展成复音节词，或者换成另外一个同义词语。例如：

(5) 豌豆是豆科植物，根上长有根瘤，它能固定空气中的游离氮，补充土壤中的氮素，对小麦的发育生长有好处。

(6) 这对于教学改革和指导青年学习都是有帮助的。

(7) 因为这种吓人战术，对敌人是毫无用处，对同志只有损害。

“对小麦的发育生长有好处”与“有益于小麦的发育生长”相当；“对于教学

改革和指导青年学习都是有帮助”与“有助于教学改革和指导青年学习”相当；“对同志只有损害”与“有损于同志”相当。

3.3.2.2 表示主观意愿或主观反应

请看例子：

(8) 不过学术界的许多朋友已开始重视这个萌芽，有关的一些著作也将陆续翻译出版，这对有志于汉学研究的青年朋友们，将会有一定的帮助。

(9) 如若怕这怕那，以致玩忽职守，那就有愧于党，有愧于人民，有愧于自己的天职。

(10) 年轻的管理干部在各自的岗位上，一定要有一种干不好工作、完不成任务有负于党、有负于人民，有负于广大职工的忧患意识。

“有志于汉学研究”的意思是“具有研究汉学的志向”；“有愧于党”的意思是“对于党有愧疚”或“对党感到愧疚”；“有负于党”的意思是“辜负了党”。“有志于”一类“有X于”重在表达在某方面具有怎样的主观意愿或主观反应。这类“有X于”的“于”介引的是意愿范围或引起反应的对象，有的可以转换成“对/对于……有X”格式，有的也可以转换成“在……(方面)有X”。如：有意于从事教育事业→对/对于从事教育事业有意向→在从事教育事业方面有意向。类似的词语还有“有求于”等。

3.3.2.3 表示关联

请看例子：

(11) 字面上的简不等于精练，艺术表现上的繁笔，也有别于通常所说的啰唆。

“有别于通常所说的啰唆”的意思是“与通常所说的啰唆有区别”。“有别于”一类“有X于”重在表达与事物具有怎样的关联，带有比较的意味。这类“有X于”不能转换成“对/对于……有X”或“在……(方面)有X”，只能转换成“与……有X”格式。例如：

(12) 副刊有别于新闻版面。

→★副刊对/对于新闻版面有区别。

→★副刊在新闻版面方面有区别。

→副刊与新闻版面有区别。

3.3.3 语用价值

现代汉语的修饰语倾向于前置，如定语、状语等。“有X于”所表达的意义，现代汉语有“对/对于/与……有X”的常规形式。那么“有X于”还活跃在现代汉语中，肯定有它的语用价值。从信息结构的角度来看，新信息和常规焦点往往在后，出现在句末。“对 / 对于 / 与……有 X”强调的是“有 X”，即所具有的影响、意愿、反应、关联，“有 X 于”强调的是“于”的介引成分，即影响对象、意愿范围、引起反应的对象、关联事物等。试比较：

(13) 笑对 / 对于健康有益。

(14) 笑有益于健康。

以上二例，前一例强调“有益”，回答的是“笑对 (于) 健康怎样？”；后一例强调“健康”，回答的是“笑有益于什么？”。

为了特别强调“对 / 对于 / 与……有 X”中的“有 X”，可以使用有标记焦点模式“是有 X 的”，例如：

(15) 笑，是人们心情愉快的表现，对于健康是有益的。

也可以使用有标记焦点模式“是……的”强调“于……”，格式是“是有 X 于……的”，例如：

(16) 笑是有益于健康的。

由于“是……的”的强调焦点可以是“是”后的任何成分，“笑是有益于健康的。”既可以强调影响对象“健康”，也可以强调影响活动“有益”。

3.3.4　“于”的缺省

“有 X 于”里的“于”缺省的可能性大小顺序与“有 X 于”的语义类型有关，大体顺序是：

客观影响＞主观意愿或主观反应＞关联

从左向右，及物性由强变弱，“于”省略的可能性由大到小。比较：

(17) 运动有益健康

(18) ？ 有愧人民

(19)* 电影有别电视剧

以上三例，前一例，搭配很自然，中间一例不怎么能说，后一例肯定是不能说的。

3.4　能问“多小”吗

张斌先生的《汉语语法学》[1]，讲到语言单位的不对称现象时，举了对立形容词的例子。有一条是这样说的：“受不对称规律的限制。例如可以问‘多大？’，不能问‘多小？’；可以问‘多深？’；不能问‘多浅？’，等等”。这代表了一种看法。那么，

[1]　张斌：《汉语语法学》，上海世纪出版集团，上海教育出版社 2003 年版，第 102 页。

到底能不能问“多小？”呢？有什么条件或规律？先看下面一个例子：

(1)“你住哪儿？”“市郊一家小旅馆，个体开的。”“小旅馆？多小？”“有十来个房间吧？”(梁晓声《泯灭》)

诚然，问小旅馆的大小可以用“多大？”，但是这里用了“多小？”，不能算错。再看几个例子：

(2)入口是一道长约一公里的光滑笔直地道……周围壁面安装了数千座的小型雷射，进去的人恐怕难有生机。”程似成接着说。“小型雷射？”陈信没听说过，接着问：“多小？”(莫仁《星战英雄》)

(3)分子发动机极其微小，但在自然界中很常见……那么分子发动机到底有多小，在极微小的自然环境中，它又是怎样工作并发挥作用的呢？(《新华网》2001年5月25日)

(4)秦湘萍阖上卷宗……便说：“一个名不见经传的小业务员。”心思细腻的王惠宣，从这句话中听出个端倪了，故意凑上脸以更小的声音问：“小业务员？多小？”“小了我五岁。”(冷月《谁说不喜欢你》)

(5)秦湘琪却突然转脸，睁大一双美目。“你知道吗？老姊交了个‘小’男朋友耶！”想数落娇妻的言词从他脑中消失，取而代之的是她说的话，尤其是那个“小”字。“姊姊交个小男朋友，多小？”“像个高中生的大男孩。”(冷月《谁说不喜欢你》)

(6)小，是小额信贷的一个“核儿”。那么，小额信贷究竟有多小？(《人民日报》2002年2月25日)

观察可知：

第一，现代汉语里边确实有“多小？”的问法。“多小？”用来问小的量度，有的是问物体小的量度，如(1)(2)(3)，有的是问年龄小的量度，如(4)(5)，有的是问数量小的量度，如(6)。而“多大？”既可以问人或事物的大小，记为“多大$_1$？”，又可以问大的量度，记为“多大$_2$？”。比较：

(7a)甲：我买了一套房子。乙：多大？

(7b)甲：我买了一套大房子。乙：多大？

(7c)甲：我买了一套小房子。乙：多大？/多小？

(7a)乙是问房子的大小，用“多大$_1$？”。(7b)乙可能是问大房子的大小，用“多大$_1$？”，也可能是问大房子大的量度，用“多大$_2$？”。(7c)乙若问小房子的大小，用“多大$_1$？”，若问小房子小的量度，用“多小？”。可见，在不知道事物大小的情况下或者知道事物大的情况下，只能问“多大？”，在知道事物小的前提下，可以问“多大？”，也可以问“多小？”。再看几个问“多大？”的实例：

(8) 一位年龄挺大的男大夫问妻子：“多大年龄了？”妻子告诉他：“三十三了。”（肖复兴《远在天边》）

(9) 你想想这空中花园有多大？整整八十平方。（张宇《软弱》）

例 (8)(9) 是未知大小的情况下发问，用的是“多大$_1$？”。

(10)“老大爷，您多大年纪啦？”“七十三啦，快到阎王爷那儿去啦。”（魏巍《地球的红飘带》）

(11) 侯老太爷回答说：“回复袁大人的示问，这个小犬是我的大孙子。”“多大年纪？”袁大人继续问着。“一十八岁。”侯老太爷回答。（林希《小的儿》）

(12) 装这道菜的盘子最大号的有多大呢？我曾经亲临过一次，那个圆盘子的直径有80厘米（相当于一个桌面儿那么大）。（阿城《哈尔滨人》之《酸菜炖肉与德墨利鱼》）

例 (10)—(12) 是已知大的情况下发问，用的也是“多大$_1$？”。

(13)“年龄太大。”“多大？”“四十五了。”（王海鸰《牵手》）

(14) 他的权利很大，至于有多大？连州长都来拜托过他，对他唯唯喏喏的。（简瓔《地狱来的情人》）

以上二例，问的是大的量度，似乎是“多大$_2$？”。

(15) 张护士说：“这小孩长得真漂亮，多大了？”单梅说：“两周岁多一点。”（把裔《小城宝贝》）

(16)“你们这座小楼多大呀？”总书记问。“290多平方米。”主人答。

(17) 这小客店地方能有多大？（梁羽生《联剑风云录》）

以上三例是在已知人或事物小的情况下发问，(15) 问的是小孩的大小年龄，(16) 问的是小楼的大小面积，(17) 问小客店的大小，都是用“多大$_1$？”发问。

第二，从前提上来看，问“多小？”就意味着人或事物的量度是小的。也就是说，“量度小”是已知信息，有的是对方告知的，如例 (1)(2)(4)(5)，有的是自己已经知道的，如例 (3)(6)。

第三，从语义偏向上来讲，“多小？”是偏向问小的量度。如果不是偏向问小的量度，即使已经知道量度小，也可能用“多大$_1$？”发问，如 (15)(16)(17)，又如：

(18) 您和两个小孩子一起生活，不知孩子年龄多大？（冰心《致宫玺》）

(19) 小师父今年多大？（楚良《天地皇皇》）

(20) 小兄弟，你才多大年纪？（从维熙《风泪眼》）

第四，问“多小？”之前，往往把焦点聚在“小”上。比如在对话中，先来个回声问，目的就是把焦点集中到“小”上来，接着再发问“多小？”，如(1)(2)(4)(5)；有的是通过先述话题或述题的方式把焦点放在“小”上，如(3)(6)，又如：

(21) 分子发动机很小有多小？（《新华网》2001年5月25日）

第五，回答“多小？”，可以直接用数值来说明小的量度，如(1)；也可以通过比较来表现小的量度，如(4)(5)，又如：

(22) 索尼(Sony)公司的D-EJ01CD播放机有多小？只比CSD盘略大一圈。(《计算机应用文摘》2000年第5期)

第六，“多小？”可以用来单独发问，这种用法比较常见，如(1)(2)(4)(5)；也可以用作句子成分，有的充当“有”的宾语，这种用法也比较常见，如(3)(6)，又如：

(23) 计算机芯片能有多小？（《科技日报》2002年6月6日）

有的用作定语，往往出现在“有”带的宾语位置。例如：

(24) 知县点名，从东边点至西边，一齐站立，点到花有怜不到。孙知县道：“花有怜却是谁人？”家丁道：“是主人书童。”知县道：“有多小年纪。为何不到？”家丁禀道：“十六岁了，不知躲在那块睡觉去了。”(寄生氏《五美缘》)

有的直接用作谓语或谓语中心，例如：

(25) 你那时候才多小？（杨晓静《织》）

(26) 笔记本还能多小(《北京娱乐报》2003年10月30日)

有的用作补语。例如：

(27) 文祥说：“不是隐身术，只是能量陷缩，是缩小法。”衣红问：“能缩多小呢？”文祥说：“……大约可以缩小一万倍。”(朱邦复《宇宙浪子》)

第七，“多小？”和“多大？”可以共现，有的直接共现，有的间隔共现。例如：

(28)“就一些困难？”小陈冷冷一笑，说，“你们都有切身体会，请告诉我，这一些困难究竟有多大？多小？像我们这样无权、无势、无钱的人，又有什么办法去解决？”(苏应元《小河静静流》)

(29) 雨滴到底有多轻／落在桃树上／轻轻为桃树抹了一点点口红／雨滴到底有多重／落在大海里／大海就波浪翻腾／雨滴到底有多小／落在土地上／再也看不见它的身影／雨滴到底有多大／落在森林里／所有的绿叶都睁开了春天的眼睛(张俊以《雨滴有时轻有时重》，载《人民日报》2000年4月21日)

例(28)，“多大？”和“多小？”直接共现，是面向大、小两种量度的询问，不同于直接问实际量度。例(29)，“多大？”和“多小？”间隔共现，分别面向大、小两种量度询问，显然也不同于直接问实际量度。

值得注意的是，例(29)还出现了“多轻？”的问法，事实上，像“多浅？”、“多短？”、“多细？”、“多低？”等都是可以问的，问的条件和规律与“多小？”大体相同。

3.5 小　　结

副词“白白”不仅可以表示“付出代价而无所获；徒劳”，还能表示“不付出代价而有所获；无报偿”。

现代汉语出现了“是否是”的用法，意思相当于“是否”、“是不是”。“是否是”后面可以带名词性成分、谓词性成分、主谓结构、复句形式等。“是否是”的出现可能有两种解释：①“是否是”结构是由“是否”后带“是”字结构组合而成的；②“是否是”的用法是“是否”受“是不是”的诱化而衍生出来的。

“有X于”指的是“有利于”、“有损于”、“有志于”、“有别于”等形式，“有”表示“领有；具有”，后面不能加“着、了、过”，“X”经常由单音节的名词性成分或动词性成分充当，有的“有X”已经比较凝固，基本成词了，不能扩展或替换。“有X于”有三种语义类型：①表示客观影响；②表示主观意愿或主观反应；③表示关联。“有X于”的语用价值在于强调“于”的介引成分，即影响对象、意愿范围、引起反应的对象、关联事物等。“有X于”里的“于”缺省的可能性大小顺序与“有X于”的语义类型有关，大体顺序是：客观影响＞主观意愿或主观反应＞关联。

有学者认为只能问“多大”，不能问“多小”。汉语事实证明，确实有“多小？”的问法。从前提上来看，问“多小？”就意味着人或事物的量度是小的。从语义偏向上来讲，“多小？”是偏向问小的量度。问“多小？”之前，往往把焦点聚在“小”上。回答“多小？”，可以直接用数值来说明小的量度，也可以通过比较来表现小的量度。“多小？”可以用来单独发问，也可以用作句子成分。“多小？”和“多大？”可以共现。

第 4 章　谓宾动词带谓宾的认知解释

4.1　谓宾动词和距离象似性

谓宾动词可以三分为真谓宾动词、准谓宾动词和真准谓宾动词。真谓宾动词的宾语可以是主谓、动宾、状中、中补、连谓、兼语等词组，在复句形式里，有的还可以是谓词、体词性词语等，但不能是以谓词性词语为中心语的定中词组。准谓宾动词的宾语不能是主谓、动宾、状中、中补、连谓、兼语等词组，也不能是复句形式，只能是谓词，或者是以谓词性词语为中心语的定中词组，有的还可以是谓词或以谓词性词语为中心语的定中词组等构成的联合词组、体词性词语等。真准谓宾动词兼有真谓宾动词和准谓宾动词的部分语法特点，真准谓宾动词的宾语可以是主谓、动宾、状中、中补、连谓、兼语词组，在复句形式里，也可以是以谓词性词语为中心语的定中词组，有的还可以是谓词、体词性词语等。

距离象似性最早是由传统语言学家对个别语言作细致考察时发现的。Jesperson(1924) 提出过“粘合原则”，Behaghel(1932) 在探讨德语语序时提出了“概念接近原则”，后人称之为“Behaghel 第一定律”。当代功能语言学家解释人类语言的共性时又重新发现并发展了这条规律。Haiman(1983) 指出，语言成分之间的距离反映了它们所表达的概念成分之间的距离。Givón(1990) 把距离象似动因归结为“相邻原则”(the proximity principle)：在功能上、概念上或认知上更接近的实体在语码的层面也放得更近。Givón(1990) 考察了多种语言动词带补足语的结构，发现不同约束尺度上的动词和不同“约束层级”(binding hierarchy) 的补足语搭配。约束尺度上位置较高的主句动词和“约束层级”较高的补足语搭配，它们之间的语义距离较近，反映在句法层面上，它们之间的句法距离较近。下列补足语的“约束层级”由低到高：直接引语，间接引语，表示相信、懂得、怀疑的动词的补足语，感情动词的补足语，表示企图或操纵的动词 (如命令、请求等) 的补足语，使役动词或导致成功结果的动词的补足语。

4.2　谓宾动词和谓宾之间的语义距离

谓宾动词和谓宾之间的语义距离与谓宾动词和谓宾的约束层级有关，约束层级越高，语义距离越近。

4.2.1　谓宾动词的约束层级

动词在约束尺度上的位置高低与动词的语义特征密切相关。一般地，动词具有的高及物特征越多，动词在约束尺度上的位置就越高。王惠 (1997) 总结出了 [＋动作][＋完成][＋瞬时][＋自主][＋肯定] 等五个动词的高及物特征，并按及物性高低划分了五类动词。V0(如：是、等于、像、能、值得、企图等) ＜ V1(如：喜欢、知道、相信、希望等) ＜ V2(如：关心、进行、找等) ＜ V3(如：回答、买、写等) ＜ V4(如：增加、消除、完成等)。真谓宾动词主要表示心理活动，如“打算、料想、以为”等；言语活动，如“断言、试问、宣称”等。它们一般至少具有 [－动作][－完成][－瞬时] 等低及物特征，在约束尺度上的位置较低。真准谓宾动词主要表示心理活动，如“关心、回忆、了解、明白、重视”等；联系，如“表示、标志着、象征、意味着”等；存在，如“包含保持、发生”等；影响，多为消极影响，如“达到、导致、接受、控制、影响”等；社会活动，如“承认、回答、解释、祝贺”等。它们中有的具有 [－动作][－完成][－瞬时][－自主] 的低及物特征，如“等于、属于、是”等；有的能具有两个高及物特征，如“达到、结束”等具有 [＋完成][＋瞬时] 的高及物特征等。真准谓宾动词在约束尺度上的位置要比真谓宾动词高。准谓真动词主要表示施加、处置，从事、处置，致使、变化，去除、破除，发生、呈现、显现等；大部分至少具有 [＋完成][＋瞬时][＋自主] 的高及物特征。从动词的语义特征看，三类谓宾动词的约束层级由低到高依次是：真谓宾动词＜真准谓宾动词＜准谓宾动词。

4.2.2　谓宾的约束层级

谓宾的约束层级可以通过表述功能和语义格来观察。

4.2.2.1　谓宾的表述功能

指称性谓宾表示的动作、行为、活动、性状等已经事物化，在某种程度上时间性减弱，空间性增强，比较容易成为动作、行为等直接施及的对象或施控的内容，因此，在约束层级上一般要高于陈述性谓宾。据我们考察，只能带谓宾不能带体宾的真谓宾动词的谓宾基本上都是陈述性谓宾，能带体宾的真谓宾动词的谓宾约有 40％是陈述性谓宾；真准谓宾动词的谓宾约有 10％是陈述性谓宾；准谓宾动词的谓宾除少数是陈述性谓宾外，绝大部分是指称性谓宾。从谓宾的表述功能来看，三类谓宾动词的谓宾的约束层级由低到高依次是：真谓宾动词谓宾＜真准谓宾动词的谓宾＜准谓宾动词的谓宾。

4.2.2.2 谓宾的语义格

指称性谓宾的语义格类型与体宾的语义格类型大体相同。陈平(1994)根据受事性强弱提出了宾语的语义角色的优先序列：受事＞对象＞地点＞系事＞工具＞感事＞施事。张国宪(1997)提出的典型宾语的优选过程是：受事＞对象＞结果＞处所＞时间＞施事。本书参考了《动词用法词典》采纳的语义格系统，我们测定的部分语义格的受事性强弱序列是：方式＞结果＞受事＞致使＞对象＞目的＞原因＞处所＞时间＞同源＞工具＞等同＞施事。方法有二：第一，参照一般主谓句的及物性确定充任宾语的词语的语义格的受事性。及物性高的一般主谓句中宾语的受事性强。我们选取不同的语义格宾语的单系体宾动词构成的一般主谓句，运用王惠(1997)提出的11项测定句子及物性的及物特征拟测出各类一般主谓句的及物性，相应地，也就得出了各类宾语的语义格的受事性强度。例如："教育"能带对象体宾，它构成的一般主谓句满足11项及物特征的情况是：谓语动词，(－动作)(±完成)(±瞬时)(＋自主)(±肯定)；宾语，[±有指](±有定)(±完全受作用)；主语，[＋施动力]；句子，[＋2个参与者](±直陈语气)。这样，"教育"构成的一般主谓句的及物性在3到10之间，及物度是6.5。"对象"的受事性强度也就记作6.5。再如："处所"的受事性强度是5等。第二，根据不同语义格成分在一般主谓句中的配位情况测定不同语义格的受事性强度。"施事性或受事性很强的语义成分，一般固定地充任主语或宾语。另外，同时出现的两个名词性成分，如果在施事性或受事性方面强弱程度相差过大，也就是说在序列一上较远，它们在同句子成分的配位上，一般也只能有固定的格局。"(陈平 1997)在一般主谓句中，如果两个或两个以上语义成分在句中共现，受事性强的语义成分往往优先占据宾语位置，受事性较弱的语义成分则被排挤到主语、状语等位置。

真谓宾动词所能带的指称性谓宾主要表示受事(约占54%)、对象(约占14%)、目的(约占7%)、等同(约占6%)、杂类(约占6%)；另外，有的指称性谓宾表示原因、结果、致使、工具等。真准谓宾动词的指称性谓宾主要表示受事(约占50%)、对象(约占31%)、致使(约占7%)、目的(约占3%)；另外，有的指称性谓宾表示结果、杂类、原因、等同、处所、当事、方式、施事等。准谓宾动词所带的指称性谓宾主要表示受事(约占58%)、致使(约占21%)、结果(约占9%)、处所(约占5%)等。从谓宾动词带指称性谓宾的情况看，谓宾的约束层级由低到高依次是：真谓宾动词的谓宾＜真准谓宾动词的谓宾＜准谓宾动词的谓宾。

关于陈述性谓宾的语义格有两种情况：①只能带谓宾的真谓宾动词，陈述性谓宾主要表示内容、情况、补充等。有的陈述性谓宾表示内容，包括心理活动内容、言语活动内容等，如“料想、企图、试问”等带的陈述性谓宾。有的陈述性谓宾表示情况，如“敢于、羞于、勇于”等带的陈述性谓宾。②能带体宾的真谓宾动词，陈述性谓宾主要表示内容，包括心理活动内容、言语活动内容、社会活动内容，如“舍得、声明、假装”等带的陈述性谓宾。真准谓宾动词带的陈述性谓宾主要表示心理活动内容、社会活动内容，如“继续、需要、准备”等带的陈述性谓宾。准谓宾动词所能带的陈述性谓宾主要表示处置、结果。它们往往表示谓语动词的主体发出的动作、行为或主体自身呈现的性状、发生的性状变化等。因此，从谓宾动词带陈述性谓宾的情况看，谓宾的约束层级由低到高依次是：真谓宾动词的谓宾＜真准谓宾动词的谓宾＜准谓宾动词的谓宾。

4.3　谓宾动词和谓宾之间的句法距离

真谓宾动词、真准谓宾动词的谓宾可以是主谓、动宾、状中、中补、连谓、兼语词组，复句形式，谓语动词和谓宾中心之间的句法空间比较宽松，这就使得它们相对有较大的句法自由。比如，有时它们之间可以停顿。有时，真谓宾动词或真准谓宾动词与宾语可以句化。

准谓宾动词的谓宾不能是主谓、动宾、状中、中补、连谓、兼语词组，也不能是复句形式，只能是谓词或以谓词性词语为中心语的定中词组等。这说明准谓宾动词和谓宾之间的句法空间非常狭窄，它们之间的句法距离比较近。单音节的准谓宾动词基本都能和谓宾构成“离合词”，两个构成成分经常结合在一起使用，功能近于一个谓词。有的准谓宾动词和谓宾在词典中往往作为词条收录。如“打赌”、“献丑”等。单音节的准谓宾动词大部分都能构成“离合词”，约占准谓宾动词的一半。“给以”、“加以”、“予以”等准谓宾动词不能独立作谓语，必须和宾语构成复合语义体共同充任谓语，有时它们所表达的语义内容需要另加补充才能完整、充实。

可见，在句法距离上，三类谓宾动词和谓宾的句法距离由小到大是：准谓宾动词和谓宾＜真准谓宾动词和谓宾＜真谓宾动词和谓宾。

4.4　小　　结

谓宾动词和谓宾之间的搭配，存在着认知动因，其中很重要的一种就是距离象似动因。

谓宾动词一般可分为真谓宾动词、真准谓宾动词和准谓宾动词，它们和谓宾之间的语义距离是由大到小的。这主要与谓宾动词和谓宾的约束层级有关，约束层级越高，语义距离越小。谓宾动词的约束层级主要表现在高及物性特征的多少上，谓宾的约束层级主要表现在谓宾的表述功能和语义格上。

谓宾动词和谓宾的句法距离与语义距离有象似性。真谓宾动词、真准谓宾动词和准谓宾动词与它们的谓宾之间的句法距离也是由大到小的。真谓宾动词、真准谓宾动词和与它们的谓宾之间的句法距离相对宽松，它们有更大的句法自由，比如停顿、倒置、句化等，而准谓宾动词和谓宾之间的句法距离相对狭小，一般不能停顿、倒置、句化，但好多可以形成离合词。

第 5 章　汉英复句关系标记对比

复句关系标记，主要指复句关系词语，能够联结小句，标明复句关系，构成特定的复句格式。[1] 复句系统的构建，也往往是通过复句关系标记实现的。下面我们先看汉语复句关系标记的情况，再看英语复句关系标记的情况，对比两种语言的复句关系标记类型、功能和关联特点，并从中发掘两种语言的一些共性和差异。

5.1　汉语复句关系标记

5.1.1　实体类型及其句法功能

汉语复句的关系标记大体包括四种语法实体：句间连词、关联副词、助词和超词形式。[2] 按照句法功能，可分三种：

第一，非句成分。包括连词和助词。像“如果”、“虽然”、“无论”、“因此”、“但是”等连词不是句成分，助词“的话”也不是句成分。

第二，句成分。关联副词在小句里都是句成分，充当状语，比如“就”、“也”、“还”、“又”、“却”等关联副词，既有标示关系的作用，同时在小句中也有一定的句法语义功能。还有一些复句格式，是由小句成分构成，比如“是……还是……”里的“是”是动词，在小句中可作动语，“不……不……”里的“不”是否定副词，在小句中可作状语。

第三，跨句成分形式。有的关系标记，既含有非句成分，又含有句成分，组合在一起标示复句关系。比如“他不但不责怪孩子，反而表扬鼓励他”中的“不但不”是反递句式的关系标记，其中“不但”是连词，非句成分，“不”是副词，作状语。“他不是站在高处训，而是平坐在一起谈心”中的“而是”是对照句式的关系标记，其中“而”是连词，非句成分，“是”是动词，作动语。

汉语复句的关系标记与小句有怎样的联系呢？首先，第二种和第三种复句关系标记都有句成分：要么完全是小句成分，是小句的构件，要么含有小句成分，部分

[1]　邢福义：《汉语复句研究》，商务印书馆 2001 年版，第 26—28 页。

[2]　邢福义：《汉语复句研究》，商务印书馆 2001 年版，第 28—31 页。

是小句构件。这两种复句关系标记离不开小句，不能缺省。其次，第一种复句关系标记不是小句成分，但依附于小句。这可从四方面来看：

A．成句。有的复句关系标记与小句在一起，可以单独成句，例如：

(1) 世界上计算速度最快的，当然是电子计算机。然而，有一些人的计算速度，毫不逊色于电脑。而且他们并不是数学家。

(2) 为什么老头来找我借钱？因为我和父亲不同。

(3) 如果没有这条马路呢？那时一切将是另外一副样子。

B．韵律群。复句关系标记与小句属于同一韵律群。无论是小句首附关系标记，还是小句尾附关系标记，定然是和小句存在于同一个韵律群。比较：

(4) 要说真话，而且 (，) 要言行一致。

(5) 要说真话。而且 (，) 要言行一致。

(6)★ 要说真话而且，要言行一致。

“而且”前后都可停顿，但是“而且”属于后面承递小句的韵律群，后面的停顿可有可无，但不能前无停顿后有停顿。

(7) 你参加选秀的话，我们选你。

(8)★ 你参加选秀，的话，我们选你。

(9)★ 你参加选秀，的话我们选你。

“的话”是假设小句尾附关系标记，后面往往有停顿，前面不能有停顿。

C．复句关系标记移动。句间连词一般在小句句首，但是有的句间连词也可以置于小句句中。例如：

(10) 这不但是杀害，简直是虐杀。

(11) 一个人如果在 14 岁时不是理想主义者，他一定庸俗得可怕。

(12) 她既然爱好音乐，那么就从音乐方面去打动她的心。

D．小句移动。有的小句的句序位置比较灵活，可以前后位移，关系标记必须跟小句一起移动。例如：

(13) 虽然销路非常好，庄光明断然决定不再加工此种产品。

(14) 庄光明断然决定不再加工此种产品，虽然销路非常好。

(15) 如果条件允许的话，今后，我仍愿用较多的精力，从事这方面的调查研究工作。

(16) 今后，我仍愿用较多的精力，从事这方面的调查研究工作，如果条件允许的话。

5.1.2　语义功能

汉语复句关系标记不仅能静态地标明语义关系，而且能够根据表达需要，显示、

选示、强化、复现或转化复句关系。[1] 复句关系的这些动态作用是在小句完成的。例如:

(17) 她需要钱，需要一个精神支柱。

(18) 她需要钱，也需要一个精神支柱。

(19) 她既需要钱，也需要一个精神支柱。

例 (17) 没有使用关系标记，只是罗列说明了她需要什么；例 (18) 在后小句使用了表示类比的关联副词“也”，增补说明需要什么；例 (19) 前小句用并列连词“既”，后小句用类比副词“也”，表示平列关系。这三例突出的是她的两种需要，而这两种需要之间有无轻重并不在意，因此前后小句基本可以互换而不影响句子的意思。要想突出某种需要的高下，可以用递进句，预递小句和承递小句的关系标记可单用，也可复用：

(20) 她不仅需要钱，也需要一个精神支柱。

(21) 她需要钱，更需要一个精神支柱。

(22) 她不仅需要钱，而且更需要一个精神支柱。

例 (20) 前小句用预递连词“不仅”，预示着后文有承递内容，表示递进关系；例 (21)，后小句用层进副词“更”，表示递进关系；例 (22) 前小句用预递连词“不仅”，后小句用承递连词“而且”和层进副词“更”，强化了递进关系。

(23) 虽然安徒生的父母很穷，但他接受教育的时间却很早。

(24)(如果她承袭了这笔财产，) 即使是合法的，但也不光彩。

“虽然”、“即使”之类的词语标示的是让步关系，“但”、“却”等标示的是转折关系，由于让步含有转折的意味，所以把这两类关系标记配合起来，能够强化容认让步的转折性。

汉语复句关系有单一关系，也有复合关系，怎么形成复合关系呢？让小句来解决。不同的小句承担不同的语义关系角色，联结起来能够形成复合的语义关系。例如：

(25) 粮菜价钱不光不降，反而升高了。

上面这例，前小句用预递连词“不光”，标示递进关系，后小句用转折连词“反而”，标示转折关系，前后小句联结起来，既有递进的意思，又有转折的意思，是反转性递进，这种复合语义关系要靠前后小句的关系标记共现配列才能实现。

(26) 既然是义演，为什么却高价聘请演员呢?

上面这例，前小句用“既然”标示推断性因果关系，后小句用“却”标示转折关系，两个小句联结起来表示推断兼转折的复合关系。

复句有事实根据和逻辑基础，说话人可以顺应性地反映这些事实和逻辑关系，

[1]　邢福义：《汉语复句研究》，商务印书馆 2001 年版，第 31—37 页。

但是也可以从语用需要出发，反映自己的主观视角，因此会利用一定的复句格式转化复句语义关系。这需要复句关系标记进驻小句，发挥关联作用。比较：

(27) 小马别过河，会淹死的。

(28) 小马别过河，因为会淹死的。

(29) 小马别过河，否则会淹死的。

例 (27) 没有复句关系标记，含有因果关系，前小句劝小马不要过河，后小句补充说明劝阻的理由，担心和警告小马，过河会淹死的。例 (28) 后小句用“因为”标示原因，句子的因果关系明示出来。例 (29) 后小句用“否则”标示否定性假设，逆反前小句的祈使内容，得到反面的结果，形成对比和转折，“否则”的加入使句子由因果关系转化成了转折关系。[1]

5.1.3 关联特点

汉语复句是“从关系出发，用标志控制”[2]，汉语复句关系标记对语义敏感。汉语复句以复句语义关系的有效表达为首务，汉语的复句系统基本是以复句语义关系为绳纲而建立的。复句关系的动态表达，复句格式的特定组构，主要依靠复句关系标记来实现。复句关系标记植入小句，赋予小句一定的语义关系角色，语义指派后的小句相互联结，形成整体的复句语义框架和句法格局。比较：

(30) 与其死在斗技场，我宁可死在战场上。

(31) 我宁可死在战场上，也不死在斗技场。

这两例都是说，在“死在斗技场”和“死在战场上”两种死法上，我优先选择“死在战场上”。“宁可”小句标明优选项，由于与其联结的小句不同，从而形成了不同的复句语义关系和句法格局。前一例是“与其……宁可……”格式，表示绝决性选择，是选择关系，后一例是“宁可……也不……”格式，表示忍让性选择，是让步关系。

5.2 英语复句关系标记

5.2.1 类型和功能

英语复句关系标记大体包括句间连词、关联副词、关系词、连接性语句等语法实体。英语的复句关系标记，也是在小句发挥关联作用的。英语的复句关系词语不仅标示复句的语义关系，而且能标明小句的结构、句法功能，因此它们与小句的联

[1] 朱斌、伍依兰：《现代汉语小句类型联结研究》，华中师范大学出版社 2009 年版，第 378—379 页。

[2] 这是邢福义先生提出的划分复句语义系统的原则，我们认为这一原则正反映了汉语复句的特点。

系非常紧密。比如，“for”和“because”都能标示原因小句，但是，前者是并列连词，构成并列小句，小句只能后置，联结成并列复句；而后者是从属连词，构成状语从句，从句可前置也可后置，联结成主从复句。例如：

(1)We must start early, for we have a long way to go.

(2)*For we have a long way to go, we must start early.

(3)We must start early, because we have a long way to go.

(4)Because we have a long way to go, we must start early.

再如，“but”和“yet”都能标示转折关系，但是前者是转折连词，只能构成并列小句，联结成并列复句；而后者是转折副词，联结的是一般小句，既可以构成并列复句，也可以与让步从句联结成主从复句。例如：

(5)We have won great victories, but more serious struggles are ahead of us.

(6)We have won great victories, yet more serious struggles are ahead of us.

(7)We have won great victories, and yet more serious struggles are ahead of us.

(8)Although we have won great victories, yet more serious struggles are ahead of us.

英语的句间连词置于小句句首，连词所在的小句要么位置固定，要么整体移动。有时，连词所在小句可以嵌入句中[1]，例如：

(9)Such things, whether you like it or not, do happen from time to time.

(10)This thing, if continued, is going to do him irreparable damage.

英语关联副词的位置比汉语灵活，有的可以在小句中移动位置，位于句首、句中或句尾。无论在小句中的哪个位置，它们都是小句的状语，都是在小句中发挥关联作用。例如：

(11)The child was sick; therefore, he didn't go to school.

(12)The child was sick; he, therefore, didn't go to school.

(13)The child was sick; he didn't go to school, therefore.

关联副词所在小句还可以单独成句，例如：

(14)It's hard work. I enjoyed it, though.

英语的关系词，包括关系代词、关系副词和关系限定词，能够引导关系小句，一般充当名词后的修饰语（定语从句），也可以起状语从句或者并列小句的作用。[2]

---

[1]　张道真编：《实用英语语法》(第三版)，外语教学与研究出版社 2007 年版，第 573—574 页。

[2]　章振邦编：《新编英语语法》，上海译文出版社 1989 年版，第 1116 页，第 1297 页。张道真编：《实用英语语法》(第三版)，外语教学与研究出版社 2007 年版，第 528—537 页。

关系词在关系小句中身兼三职：第一，有关联作用，用来引导小句，把所在小句与所修饰的词语联系起来；第二，作句法成分，充任小句的主语、宾语、定语、状语、介引成分等；第三，与所关联小句的整体或部分有指代关系。例如：

(15)I met someone who said he knew you.

(16)The noise that he made woke everybody up.

(17)I know a boy whose father is an acrobat.

(18)They set up a state of their own, where they would be free to keep Negroes as slaves.

(19)Mr. Smith, for whom I was working, was very generous about overtime payments.

(20)I told John, who told his brother, and he told his wife.

英语中有些副词词组、介词词组、限定小句以及非限定小句，能够连接句子或小句，充当主句的状语，称之为连接性状语，可以标示列举，顺序，总结，等同，递进，转折或对比，让步、因果或推理，转换话题等。[1] 例如：

(21)I've shown him the photographs but even now he won't believe me.

(22)There was too much rain in summer; in consequence, a lot of crops were damaged.

(23)You've come late for school, and what's more, you have lost your books.

(24)This plan won't work: to start with, it's not realistic, and secondly, it'll cost too much.

有时，两个或两个以上的复句关系标记结合在一起使用，形成复合形式连接语，比如“even if”标示虚拟让步，是关联副词“even”和句间连词“if”的混合形式。再 如“even when”、“ever since”、“if only”、“only if”、“just as”、“not unless”、“what though”、“if so”、“so as not to”等。

5.2.2 关联特点

英语复句是“从结构出发，用标志控制”，英语复句关系标记对结构敏感。英语复句有比较严格的结构分野，首先分并列结构和主从结构，从属句在结构上分限定从句和非限定从句，在句法功能上分为定语从句、主语从句、宾语从句、状语从句等。英语复句的结构分野体现在复句关系标记的使用上，并列复句可以不用复句关系标记或用并列关系标记，主从复句主要靠从句关系标记来实现。英语复句的语义关系是在特定的复句结构框架内形成的，复句关系标记必须在确定小句的句法功能的基础上标示关系。这就造成了英语的复句结构关系与复句语义关系的错杂性。一方面，同一种复句结构可以表达不同的复句语义关系。比如“and”联结的是并列

[1] 章振邦编：《新编英语语法》，上海译文出版社 1989 年版，第 885—889 页。

小句，可以表示平列、解注、连贯、因果、假设 / 条件、让步等关系。[1] 例如：

(25)The sky was cloudless and the sun was shining brightly.(平列)

(26)He is a little proud, and I don't like that.(解注)

(27)She drew the curtain back and the room was flooded with gold.(连贯)

(28)He heard an explosion and he phoned the police.(因果)

(29)Let him go and he will be in trouble.(假设 / 条件)

(30)He was unhappy about it, and he did what he was told.(让步)

另一方面，同一种复句语义关系可以使用不同的复句结构来表达。比如条件关系，既可以用状语从句表达，也可以用定语从句或并列小句等表达。[2] 例如：

(31)If you demand his presence, warn him in advance.(状语从句)

(32)Anyone who comes here is welcome.(定语从句)

(33)Persevere, and you will succeed.(并列小句)

5.3 小　　结

5.3.1 复句关系标记建构复句系统

汉语和英语的复句关系标记的实体类型有同有异，它们的句法功能和语义功能也有同有异，但是它们都能建构复句语义系统和结构系统。复句的语义关系反映的是语言的逻辑语义关系，不同的语言或方言会使用不一样的关系标记类型与组配模式，建构自身语言或方言的复句语义关系系统。汉语是语义敏感型语言，汉语复句的分句承担语义角色，联结之后形成复句的语义关系。复句的结构系统，也可以由复句关系标记组构。英语是结构敏感型语言，并列关系与主从关系是对立性结构关系，它们是由复句关系标记来区分，比如“and”、“but”、“or”、“for”等连词只能构成并列复句，“because”、“if”、“although”等连词只能构成主从复句。

5.3.2 复句关系标记依存于小句

复句关系标记在复句中联结小句，标明复句关系，构成特定的复句格式，其关联作用相当大，那么，关系标记是在什么地方发挥这样重要的关联作用的呢？有的复句关系标记的整体或部分就是小句的句法成分，有的复句关系标记虽然不是小句成分，但也是依附于小句，而不是脱离小句。是小句为复句关系标记提供了关联效

[1]　杨元兴、何桂金、徐继旺编：《英语句型大全》，上海外语教育出版社 2007 年版，第 1109—1113 页。章振邦编：《新编英语语法》，上海译文出版社 1989 年版，第 926—933 页。

[2]　杨元兴、何桂金、徐继旺编：《英语句型大全》，上海外语教育出版社等 2007 年版，第 1023—1038 页。

用场，把小句联结成表达一定复句关系的复句格式。

5.3.3 复句以小句为基点

复句是小句分句化的联结体，小句不但为复句提供了构件实体，而且还通过依存于小句的复句关系标记为复句建构语义关系和结构关系系统。不同语言的复句，在结构上和语义上存在着这样那样的差异，但从总体上，各种语言的复句，无不是以小句为基点建构起来的。复句的各种结构类型、语义类型，是以小句的各种结构类型、语义类型为基础的。

第 6 章　句序研究说略

6.1　语序与句序

关于汉语语序的研究，从马建忠先生《马氏文通》(1898) 以来，无论在语言事实描写上，还是在语言理论解释上，都有大量的研究成果，但是这些研究主要集中在词、短语和单句范围内。结构主义语序研究是在对句法成分的结构、意义详细分类的基础上，对句法成分序列进行详尽的描写，归纳出一些成分排列规则；功能主义主要从语言外部，运用认知策略、信息结构、论元结构等解释语序的制约原则、规律和动因及其竞争机制，如“时间原则”、“空间原则”、“信息新旧、信息量、话题—焦点结构”原则、“预想度序列”、“原型论元优先序列”、“语义接近、语序范围、信息量多原则竞争”等，其中“象似性原则”是核心原则，认为句法结构是人的经验世界在语言世界的投射。语言类型学中的语序研究从 Greenberg(1963) 以来，长期以主动宾 (S、V、O) 的语序为类型参项，汉语的语序类型属于 SVO 还是 SOV，一直存有争议，目前一般认为汉语是一种不典型的 SVO 型语言。有学者借鉴认知语法、语法化、生成语法等理论提出了介词、动宾语序的类型参项来解释语序的共性原则，也有学者运用事件结构理论和标记理论来解释汉语基本语序和标记度的关系，近来更有学者提出“可别度领前原理”对语序共性进行解释。

汉语复句句序的研究相对比较薄弱，也有一些研究成果。对于汉语复句的倒置句序，赵元任先生、王力先生都认为是“外来结构”。赵元任先生 (1961) 指出：“除非说了一句话以后要补充一点意思，汉语的状语分句一般总是放在主句前面。现在在主句后面也可以读到预先设想好的以‘如果’‘既然’之类的连词带领的修饰句。在我看来，这种句子肯定是外来结构。”王力先生 (1989) 也认为分句后置是新兴复句，他指出：“‘五四’以后，汉语受西洋语法的影响，复句中的分句的位置有了一些变化。从前汉语的条件句和让步句，都是从属分句在前，主要分句在后的。在西洋语言里，条件式和让步式的从属分句前置后置均可。‘五四’以后，这种从属分句也有了后置的可能。”

较早对复句句序进行研究的是修辞学家，自陈望道先生《修辞学发凡》(1932)以来的修辞学论著，都把复句句序纳入句式修辞中，认为复句倒置句序是一种变式，并结合语境对其修辞效果做了说明，如强调补充、协调衔接等。也有学者结合逻辑、信息结构、语篇衔接连贯、认知原则等考察汉语的句序问题。

从语法的角度研究汉语的复句句序问题，开始也是针对倒置复句的，特别是从20世纪八九十年代以来，倒置复句逐步取得独立的语法结构和表达功能地位，陆续有部分汉语句序研究成果问世，主要涉及四个方面：①偏句后置的制约条件研究；②复句关系的包孕研究；③结合关联词语的复句句序研究；④以分句类型为基点的复句句序研究。下面来具体看看邢福义先生《汉语复句研究》中的句序研究。该书没有用专门的章节来谈句序问题，而是在一些复句问题研究当中进行了必要的句序分析。纵观全书，关于“句序”的研究可以归纳为两个方面：①句序与关系词语；②句序与特定结构分句。

6.2 句序与关系词语

句序是重要的复句联结手段，关系词语也是重要的复句联结手段，它们之间相互制约，可以配置成种种复句格式。主要表现在以下五个方面。

第一，能倒置与不能倒置。表示同一种复句关系的关系词语，有的能倒置，有的则不能倒置，这关系到复句格式的句序配置。比如，“因为”和“因”都能标示因果关系的原因，前者能倒置，但后者不能；“既然”和“既”都能标示推断性因果的推断依据，前者能倒置，但后者不能；“虽然”和“虽”都能标示容认性让步的让步前提，前者能倒置，但后者不能；“除非”和“只有”都能标示条件，前者能倒置，但后者不能。

第二，有的关系词语可以倒置，但需调配。比如“由于”，可以后置，但不能直接后置，必须在“由于”前加上“是 / 不是”等，例如：

(1) 由于好奇，我接过她的身份证。

(2)* 我接过她的身份证，由于好奇。

(3) 我接过她的身份证，(那) 是由于好奇。

第三，同一种复句关系的不同关系词语，虽能倒置，但倒置前后的语里同中有异。比如，“因为”和“由于”都能倒置，但是“因为”倒置后可表示解释原因和补充说明原因，因此有“析因式”和“补因式”两种倒置句序格式，而“由于”倒置后只能表示解释原因，只有“析因式”。例如：

(4) 我抽烟，是因为想念孩子们。(析因式)

(5) 我抽烟，因为想念孩子们。(补因式)

(6) 我抽烟，是由于想念孩子们。(析因式)

第四，句序不同，关系词语形成的复句格式的语里、语表同中有异。比较：

(7) 别说是嫁妆，连一双草鞋都没穿出来。

(8) 连一双草鞋都没穿出来，别说是嫁妆！

首先，从语里来看，“别说……，连……都/也”和“连……都/也，别说……”都能表示递进关系，但是两种句序配置格式的递进类型不同，前者表示顺递，相当于“不但……，连……都/也”，后者表示反逼递进，相当于“尚且……，何况……”。上例可分别说成：

(9) 不但没有什么嫁妆，连一双草鞋都没穿出来！

(10) 草鞋尚且没穿出来，何况是嫁妆！

其次，从语表来看，“别说”后置，属于递进内容，可加上标示递进的关联副词“更”，又由于“别说”分句处于句末，从而能加上句末煞尾助词“了”，例(8)可说成：

(11) 连一双草鞋都没穿出来，更别说是嫁妆了！

第五，配对关系词语的单用影响句序配置。成双配对的关系词语有时只单用一个，可前可后，这从句序上看，是有关系词语分句和无关系词语分句的不同排列次序。

例证一：

Ⅰ　一边p，q。

Ⅱ　p，一边q。

“一边”经常配对使用，说成“一边……一边……”，同时也有单用状况，造成两种句序配置。首先，它们的语表、语里有同有异。两种格式都能使用“在续式”、“过程式”和“说引式”。例如：

A. 在续式：

(12) 大娘一边笑着，连连点头。

(13) 大娘连连点头，一边不停地笑/一边仍然笑着。

例(13)的后分句不能直接说“大娘笑着”，必须加上“不停”或“仍然”等。

B. 过程式：

(14) 一边挥着鲜花，他们飞也似的冲了过去。

(15) 他们飞也似的冲了过去，一边挥着鲜花。

C. 说引式：

(16) 她一边采取措施止血，顺口问了句：“怎么伤成这样？”

(17) 她问道：“怎么伤成这样？”，一边采取措施止血。

例 (17) 中“她问道……”在前分句，显然不能使用“顺口”之类的接续词语来修饰。不同的是，“一边”前置式还可使用“已”字式、“突然”式和“内心”式。例如：

(18) 一边吆喝，他已采取了守势。(“已”字式)

(19) 一边表演，他突然变了花样。(“突然”式)

(20) 一边朝里走，我内心越来越不安。(“内心”式)

其次，“一边”前置式和“一边”后置式的选用有语用原因。选用“一边”前置式，既能显示关系，又满足了句法变化的需要；选用“一边”后置式，前分句便于顺势叙述，后分句的“一边”又能显示与前分句的关系。例如：

(21) 周用诚几步到门口，扶着哭得泪人似的七十四进来，一边让他坐了，说道：“你先别伤心……”

(22)……林则从抽屉里取出现金，交给了她，一边庄重地说：“夫人，愿我们不断发展我们两国之间的贸易关系。”

例证二：

Ⅰ　要么 p，q(要 / 既然 VP 就 VP)。

Ⅱ　p，要么 q。

“要么”经常配对使用，说成“要么……要么……”，同时，也有单用状况，造成两种句序配置，其中“p”和“q”都不能置换。“要么”前置式的后分句往往是“要 VP 就 VP”或“既然 VP 就 VP”结构，“要么”后置式可以表示并立式对立或者条件与结果的对立，例如：

(23) 要么不来，既然来到长沙做官就一定要把旧游之地岳麓书院振兴起来……

(24) 我想回油田去，要么就提前退休，回老家，放放牛。

(25) 公社能看上叫我去迎接，咱便要知趣，要么，就失礼了。

6.3　句序与特定结构分句

复句是由小句分句化联结而成的，分句在语表、语里和语值上有不同的特性和类型，这些特性和类型相同或不同的分句相互联结，会形成种种配置格局，这里边自然包括句序的安排，以及句序框架下复句关系的表现和表述意旨的凸显。

例证一：定名结构充当分句

定名结构 (AN) 充当分句，与谓词性分句 (VP) 联结，句序有两种：

Ⅰ　AN，VP。

Ⅱ　VP，AN。

定名结构有不同的结构类型和表意功能，它们在与谓词性分句联结的时候，句序不尽相同。其中，“数量名”具有叙述性，“指代形(的)名”指明事实根据，“形名，形名”或“数量名，数量名”用于描写，这三种定名结构与谓词性分句联结时是前置的，在句序配置上是Ⅰ式；“程度形(的)名”具有咏叹性，“(好)数量形(的)名”表示申论，这两种定名结构与谓词性分句联结时是后置的，在句序配置上是Ⅱ式。

这六种定名结构与谓词性分句联结时的复句关系也不太一样。“数量名”前分句和谓词性后分句联结，可构成连贯关系和因果关系，例如：

(1) 一阵汽笛，一队航船又沿着虎口滩的航标灯驶过来了。(连贯关系)

(2) 半月春风，草绿了，桃花打苞了。(连贯兼因果关系)

“指代形(的)名”前分句和谓词性后分句联结，可以构成平列关系、因果关系和转折关系，例如：

(3) 这么黑的天，又下着雨，也不带个手电筒。(平列关系)

(4) 这么贵的票，咱们别看了吧。(因果关系)

(5) 方伯伯，这么大的雪，您怎么出来了？(转折关系)

“形名，形名”或“数量名，数量名”前分句和谓词性后分句联结，可构成平列或分合关系，例如：

(6) 黑沉沉的夜，黑沉沉的山、山……周围不断传来野兽的吼叫。(平列关系)

(7) 蔚蓝的晴空，火红的彩霞，雪白的大地，苍绿的山林，炊烟袅袅的小燕村，山坡上蠕动的牛羊群，江山秀丽多姿。(分合关系)

“程度形(的)名”后分句和谓词性前分句联结，可构成申说关系，例如：

(8) 我接过茶，喝了一口，多么香甜的罗汉茶啊！

“(好)数量形(的)名”后分句和谓词性前分句联结，可构成归总关系，例如：

(9) 朝霞满山，泉流潺潺，好一个山区之晨！

例证二：“NP了”充当分句

“NP了”是名词性结构加助词“了”，与其他分句联结，句序配置有两种：

Ⅰ　NP了，S。

Ⅱ　S，NP了。

这两种句序配置的复句关系同中有异。“NP了”充当前分句，可以和后分句构成因果式和转折式；“NP了”充当后分句，可以和前分句构成倒置因果式、倒置转折式和归结按注式。例如：

(10) 大姑娘了，要注意整洁！（因果式）

(11) 大姑娘了，一件像样的衣服都没有。（转折式）

(12) 要注意整洁，大姑娘了！（倒置因果式）

(13) 一件像样的衣服都没有，大姑娘了！（倒置转折式）

(14) 渐渐到了市中心，十字大路了！（归结按注式）

6.4 小　结

“句序”研究表明：第一，小句的排列次序不单单是语用表达的需要，在小句联结关系上、逻辑基础上，在关系词语的使用上都有条件限制；第二，句序和分句特性协调统一，这表现在小句的次序与小句的表、里、值特点是相互制约、相互协调的，是统一的；第三，小句的类型和小句的次序有联系，小句在结构、语气、功能等方面都有不同的类型，这些小句类型与句序配置是互动的。小句结构类型与句序的联系在邢福义先生《汉语复句研究》中已有所证明，分句语气类型与句序也有联系，比如祈使语气和陈述语气的小句相互组合可以表示因果关系，但是句序配置和因果式的类型有对应规律，“陈述＋祈使”型因果句是“因—果”式，而“祈使＋陈述”型因果句是“果—因”式；小句的表意功能与句序同样有联系，比如，肯定“是”字句和否定“是”字句联结，会产生“然—否”式和“否—然”式两种句序配置，但是它们表现出一系列的不对称性。

“句序”研究充分证明，不能机械地套用短语规则来解释句子，汉语的语序是重要的语法手段，但是短语的语序规律并不能完全解释复句的句序规律，复句作为小句分句化的联结实体，其分句基点是不容忽视的。

第 7 章 “祈使 + 陈述”型因果复句

7.1 语气组合

“祈使＋陈述”型因果复句，指祈使前分句和陈述后分句组成的因果复句。祈使有肯定和否定之分，陈述也有肯定和否定之分，因此一个祈使前分句和一个陈述后分句组成的因果复句有四种情况：①肯定祈使＋肯定陈述；②肯定祈使＋否定陈述；③否定祈使＋肯定陈述；④否定祈使＋否定陈述。例如：

(1) 请您原谅我的直率吧，因为我只能说出自己的心里话。(张炜《柏慧》)

(2) 你俩都去租别人家的地吧，我地不够种了。(周立波《暴风骤雨》)

(3) 不要再邮寄拐杖了，因为父亲身边有我。(得林《不要再邮寄拐杖》，载《读者》2002 年第 13 期)

(4) 请不要打开果酱瓶，因为那里没有防腐剂。(温宪《津巴布韦产供销一条龙》，载《人民日报》1995 年 3 月 15 日)

“祈使＋陈述”型因果复句里边的“祈使”部分可以不止一个分句，“陈述”部分也可以不止一个分句。例如：

(5) 你叫大嫂陪你去吧；因为我星期六有点事，不能够陪你去四姐那儿。(北京大学汉语语言学研究中心现代汉语语料库，以下简称“北”)

(6) 九泉之下的妈妈呀，您放心吧，您安息吧，因为我有了一位好妈妈。(冰心《意外的收获》)

(7) 不要浪费精力，要爱惜身体，“因为人民需要你”。(北)

(8) 不要再写那些信和日记了，更不要在黑暗中边听音乐边胡思乱想了，因为你目前所经历的不是爱，只是一个傻孩子对异性的过分关注。(余秋雨《霜冷长河》之《灯下回信》)

例 (5)，“陈述”部分由一个肯定分句和一个否定分句组成，表示因果关系。例 (6)，“祈使”部分由两个肯定分句组成，表示平列关系。例 (7)，“祈使”部分由一个否定分句和一个肯定分句组成，表示对照关系。例 (8)，“祈使”部分由两个否定分句组成，表示递进关系；“陈述”部分由一个否定分句和一个肯定分句组成，表示对照关系。

7.2 因和果的配置

因果复句由原因分句和结果分句组成，在语序上有两种：先因后果和先果后因。那么，“祈使＋陈述”型因果复句的因和果是怎样配置的？据考察发现，“祈使＋陈述”型因果复句是先果后因，也就是说，祈使前分句表示果，陈述后分句表示因。

7.2.1 祈使表果

祈使前分句表果，可以是肯定式，也可以是否定式。肯定祈使主要用来表示命令、请求、劝告、敦促、商议、许可、提醒等，语表形式上句末有时用“吧”，句首用呼语或主语，有时也用“请”。

否定祈使主要用来表示禁止，劝阻等，主要标志是用否定性词语“不要”、“别”、“不能”等，句末一般不用“吧”，句首少用呼语或主语。

祈使前分句的谓语以自主性动词语为主，祈使的内容一般表示动作行为、言语活动、心理活动等。例如：

(1) 滚一边去，这儿没你的事。(刘庆邦《少年的月夜》，载《小说月报》2004 年 12 期)

(2) 不要这样说，因为人活着必要有一个最美的梦想。(北)

(3) 你放宽心吧，那个市的市委书记是我的同学。(张廷竹《盛世危情》，载《小说月报》2005 年增刊)

有时谓语也用形容词性词语，祈使的内容表示某种程度的性状。例如：

(4) 菜肴口味不要太咸，因为过多的摄入盐分容易造成水盐潴留而增加体重。(北)

(5) 你声音轻一点，你不去喊叫就没有人会知道。(余华《许三观卖血记》)

值得注意的是，由于祈使是“以言行事”，因此祈使可以直白，也可以转述。直白祈使的对话双方是默认的，往往省略，但有时为了表明祈使行为及其发出者和对象，也用完整句。例如：

(6) 我劝你还是莫要降魔的好，因为你绝不是我的对手！(北)

(7) 我希望你不要焦躁，因为任何事都会好起来的。(北)

转述祈使，一般要表明祈使行为及其发出者和对象，要求用完整句，而且语气转化成了陈述。例如：

(8) 小阮到这儿来请求我们不要处分他，因为他精神不正常不能控制自己的行为。

(王朔《痴人》)

(9) 警方重点吁请吸烟者不要乱扔烟头，因为每年的火警中有 30% 以上是由未熄灭的烟头引起的。(北)

(10) 佐佐木敦子劝他不要抽烟，因为抽烟有害健康。(北)

7.2.2　陈述表因

比较：

快睡吧，天已经不早了。

快睡吧，睡觉可以养神。

这两例的前分句都是敦促“快睡吧”，后分句都表示原因，前一例的原因是“天已经不早了”，后一例的原因是“睡觉养神”。在事态的相继性上应该是“天已经不早了”→“睡”→“养神”。前一例使用祈使动作的前提作原因，可称为“前提式”，后一例用祈使内容动作的结果作原因，可称为“结果式”。

7.2.2.1　前提式

前提式主要使用下面几种句式：

第一，直陈式。直陈句表示已然、将然、固然的事实或者目前的状况，用来表明祈使的原因。例如：

(11) 走吧，饭都打好了。(周克芹《许茂和他的女儿们》)

(12) 我们回去吧，电视剧要开始了。(周宛润《五妹妹的女儿房》，载《小说月报·原创版》2005 年第 2 期)

(13) 把隐藏其中最崇高的精神因素写出来吧，因为最崇高的东西往往隐藏在自然界最偏远最微末的地方。(北)

(14) 你可不要蒙我们，我爸爸就在金港工作。(张廷竹《盛世危情》，载《小说月报》2005 年增刊)

第二，判断式。判断句表示事物的特征或性状，用来表明祈使的原因。例如：

(15) 不要怪他，因为他是直肠子。(北)

(16) 不要自认倒霉而匆匆放弃，因为你的票据并不是废纸一张。(北)

(17) 你说吧，我有思想准备。(戴来《一、二、一》，载《人民文学》1999 年第 5 期)

(18) 你别急，又没有什么大的事情。(范小青《女同志》，载《小说月报·原创版》2005 年第 3 期)

(19) 调到金港来吧，金港的好单位不少呢。(张廷竹《盛世危情》，载《小说月报》2005 年增刊)

(20) 不要购买那三家咖啡馆销售的咖啡，因为他们的咖啡不合格。(北)

第三，能愿式。能愿句表示可能或意愿，用来表明祈使的原因。

(21) 永远不要从你的通讯录中删除人名或地址，很可能你什么时候就会再需要他们。(《收发 E-mail 十准则》，载《读者》2002 年第 9 期)

(22) 小刘老师，你放开讲，你能震得住场子。(王新军《俗世》，载《小说月报》2004 年增刊)

(23) 不要让别人注意到，因为现在连自己都不能接受自己。(北)

(24) 别害怕，我不会干坏事。(申赋渔、刘辉《二月兰 63 年传奇》，载《读者》2002 年第 14 期)

7.2.2.2　结果式

看下例：

要谦虚，因为谦虚使人进步。

要谦虚，因为骄傲使人落后。

以上二例，前分句都是肯定祈使，后分句都是用结果作因，前一例是顺祈使的结果作原因，后一例是逆祈使的结果作原因。再看下例：

不要骄傲，因为骄傲使人落后。

不要骄傲，因为谦虚使人进步。

以上二例，前分句都是否定祈使，后分句也是用结果作因，前一例是逆祈使的结果作原因，后一例是顺祈使的结果作原因。结果式常常使用下面几种句式：

第一，致使式。往往用致使句说明逆祈使带来的结果。例如：

(25) 不要把我当做别人的榜样，因为那样使我难堪。(北)

(26) 陶妮，你别这样，你这样会吓着孩子的。(顾伟丽《香樟树》)

(27) 不要太显眼，因为那样会引人攻击。(佚名《美军作战守则》，载《读者》2003 年第 23 期)

第二，判断式。用判断句说明顺祈使或逆祈使带来的结果。例如：

(28) 心疼别人吧，因为那就是心疼你自己。(魏不不《很久不心疼》，载《读者》2002 年第 13 期)

(29) 不要解释下面怎么做，因为解释怎么做常常是和程序本身重复的，并且对于阅读者理解程序没有什么帮助。(北)

第三，假设式。用假设句说明顺祈使或逆祈使带来的结果。例如：

(30) 你回去穿上吧，你妈看见你穿着新衣裳会很高兴。(刘照如《风中的沙粒》，

载《读者》2003年第20期)

(31) 快睡吧，睡着了就不饿了。(余华《许三观卖血记》)

以上二例的陈述部分是顺祈使的假设句。

(32) 不要睡觉，因为睡了会醒。(北)

(33) 不要进入意义联想，因为一旦进入了“意阅”，便很容易把个别与原稿不同的铅字，放任过去。(北)

(34) 不要大发牢骚，因为牢骚发得太多了，不是对我有什么不好，而是会影响你的身体。(北)

以上三例的陈述部分是逆祈使的假设句。有时，假设句只说假设的结果。例如：

(35) 把东西放下，丢不了。(老舍《龙须沟》)

上面这例的意思是：把东西放下，因为放下丢不了。

第四，条件式。往往用条件句说明顺祈使带来的结果，表明祈使的必要性。例如：

(36) 你学会先人后己、多想别人，因为这样才显示出你是个“好”人。(北)

(37) 不要忘记战争和暴行，因为只有记住这些罪行才能避免犯新的错误。(北)

说话人总是认为自己做出的祈使是合情合理的、适宜的，肯定祈使的内容是听话人应该接受并做出积极反应的，否定祈使的内容是听话人应该避免的。因此，不管前分句是肯定祈使还是否定祈使，顺祈使的结果是积极有益的，而逆祈使的结果是消极无益的。有时，结果式同时使用顺祈使和逆祈使，从正反两方面佐证祈使。例如：

(38) 骑自行车的同志，请“往外侧骑”，因为“靠边儿”给人的感觉是轰他，“往外”使人感觉是请他。(北)

7.3 关联手段

复句的关联手段主要有三种：语序、词语、句式。“祈使+陈述”型因果复句都使用了哪些关联手段呢？

语序在复句中主要体现为句序，也就是分句在复句中所占据的前后位置。语序是“祈使+陈述”型因果复句的基本关联手段。祈使分句在前，陈述分句在后，先果后因。

词语，包括一般关系词语和其他词语。在“祈使+陈述”型因果复句中，常用的一般关系词语是标示原因的“因为”，不用“由于”，而且表果分句不用“之所以”。

其他词语，包括复用词语、指代词语、义场词语等。这些词语也是“祈使+陈述”

型因果复句常用的关联手段。例如：

(1) 我陪您到山上转转吧，山上的空气特别新鲜。(张廷竹《盛世危情》，载《小说月报》2005 年增刊)

(2) 把这钱拿去吧，它是你应得的！(黎宇译《施舍》，载《读者》2002 年第 24 期)

(3) 让你弟弟先来吧，他是弟弟。(澜涛《舍弃》，载《读者》2002 年第 10 期)

(4) 那你还是叫我小姐吧，我已经不是好女孩了。(凡一平《博士彰文联的道德情操》，载《小说月报·原创版》2005 年第 2 期)

例 (1)，“山上”复用；例 (2)，“它”指代“钱”；例 (3)，“弟弟”复用，“他”指代“你弟弟”；例 (4)，“我”复用，“小姐”和“女孩”是义场词语。有时，既用一般关系词语，也用其他词语。例如：

(5) 不要电烫，因为我想电烫终是太贵了点。(北)

(6) 不要盲目地跑到某一个房子，因为它可能是空的。(北)

(7) 不要不愉快，因为忧愁从来没有用处。(张炜《柏慧》)

以上三例都用了一般关系词语“因为”。例 (5)，“电烫”复用；例 (6)，“它”指代“某一个房子”；例 (7)，“愉快”和“忧愁”是义场词语。

句式，一般指某些修辞格形成的句式，比如排比式、对偶式、顶针式、回环式、反复式、对照式等。这种关联手段在“祈使＋陈述”型因果复句中不怎么使用。

除了上述关联手段，“祈使＋陈述”型因果复句还有没有其他的关联手段？我们认为，语气也是一种重要的关联手段。“祈使＋陈述”型因果复句使用了两种语气，这两种语气各司其能，那就是“祈使”表果，“陈述”表因，而没有相反的情况，“祈使”表因，“陈述”表果。即使“祈使”和“陈述”的语序倒过来，也不能改变两种语气的功能，“祈使”依然表果，“陈述”依然表因。也就是说，只要是祈使语气和陈述语气组成的因果复句，不管祈使语气和陈述语气的语序如何，祈使语气总表果，陈述语气总表因。

可见，“陈述”、“疑问”、“祈使”、“感叹”四种基本语气在小句联结中具有一定的关联作用。比如，“陈述＋陈述”在并列类、因果类、转折类三大类联结关系中有广泛的分布，而“疑问＋陈述”往往表示问答关系。肯定语气和否定语气在小句联结中也有关联作用。拿“是”字句来说，肯定“是”字句联结几乎能表示各种联结关系，尤其是并列类关系，肯定“是”字句和否定“是”字句联结常用来表示对照关系，否定“是”字句联结常用来表示平列关系。再比如，“肯定祈使＋陈述”型因果复句往往不用关系词语配标，而“否定祈使＋陈述”型因果复句常常使用关系词语配标。

7.4 与相关句式的比较

7.4.1 与“陈述＋祈使”型因果复句的比较

比较：

睡吧，不早了。

不早了，睡吧。

以上二例，前一个例子是“祈使＋陈述”型因果复句，后一个例子是“陈述＋祈使”型因果复句。这两句都包含祈使语气和陈述语气，都表示因果关系。两者也有一些差异。

第一，句序不同，因和果的位置不同。前者是祈使分句在前，陈述分句在后，先果后因；后者是陈述分句在前，祈使分句在后，先因后果。

第二，句末语气不同。前者陈述分句在后，句末语气是陈述语气。后者祈使分句在后，句末语气是祈使语气。

第三，关系配标有差异。“祈使＋陈述”型因果复句里的祈使前分句不用“之所以”标示结果，因为“之所以”不适用祈使语气；陈述后分句可用“因为”标示原因。“陈述＋祈使”型因果复句里的陈述前分句可用“因为”标示原因，“祈使”后分句可用“所以”标示结果。例如：

(1) 而在大陆，许多人到30岁才真正开始自己的工作，所以不要因为缺乏一些东西而自卑。(北)

(2) 因为是调侃所以别当真。

第三，两种复句中的陈述分句的类型有所不同，前者的陈述分句可以是前提式、结果式，后者的陈述分句往往是前提式。

第四，上述差异说明，前者是凸显祈使，侧重解释，为了说明祈使的适宜性，用陈述来解释。后者是侧重因果的顺承性，在陈述的基础上引发、导出祈使。

7.4.2 与“祈使＋否则＋陈述”的比较

“祈使＋陈述”型因果复句和“祈使＋否则＋陈述”型复句都是由祈使语气和陈述语气组合而成的，两种句式里边的陈述都有论证祈使的作用，因此，两种句式有时可以相互变换。有的“祈使＋陈述”型复句可添加“因为”，也可添加“否则”，比较：

(3)a. 他不能马上痛痛快快的告诉大家实话，那会引起全家的不安，或者还会使

老人们因关切而闹点病。(老舍《四世同堂》)

b. 他不能马上痛痛快快的告诉大家实话，因为那会引起全家的不安，或者还会使老人们因关切而闹点病。

c. 他不能马上痛痛快快的告诉大家实话，否则那会引起全家的不安，或者还会使老人们因关切而闹点病。

有的“祈使＋因为＋陈述”型因果复句里的“因为”可以换成“否则”，例如：

(4)a. 我们把他们赶走吧，因为他们会把嘴里叼的种子吐到地上。(冰心《石榴女王》)

b. 我们把他们赶走吧，否则他们会把嘴里叼的种子吐到地上。

有的“祈使＋否则＋陈述”复句里的“否则”可以换成“因为”，例如：

(5)a. 你们快走吧，不然我冷静下来会后悔的。(谈歌《天下荒年》)

b. 你们快走吧，因为我冷静下来会后悔的。

经考察发现，“祈使＋否则＋陈述”型复句里的“否则”几乎都能换成“因为”，但是“祈使＋陈述”型因果复句要变换成“否则”句式，受条件限制：陈述必须是逆祈使的结果式，而且不能出现“如果不”之类的说法。比较：

(6)a. 你应该首先杀掉这个病毒，因为如果不这样你杀掉的其他病毒会被它复活。

b. 你应该首先杀掉这个病毒，否则你杀掉的其他病毒会被它复活。

另外，“祈使＋陈述”型因果复句表示的是因果关系，里边的陈述是用来解释祈使的缘由的，“祈使＋否则＋陈述”型复句表示的是假言逆转关系，里边的陈述是用来表明逆祈求的结果的，是反证祈使。

7.5 小　结

句子都有语气，单句有语气，复句也不例外。单句的语气一般分为四种：陈述、疑问、祈使、感叹。复句的语气一般根据句末语气来划分，也分四种：陈述、疑问、祈使、感叹。这样划分是否符合语言事实呢？

首先，单句的语气也有复杂的一面。比如，“你能不能帮我个忙？”是个疑问句，但也有祈使的语气，“你猜这件衣服多少钱？”也是兼有祈使和疑问两种语气。再比如，“你怎么就喜欢上她了？！”兼有疑问语气和感叹语气，而“有什么办法吗？”则是特指性是非问。

关于复句的语气，邢福义先生指出：“如果把前后分句联系起来进行考察，那么就可以发现，一个复句不一定只有一种语气，有时，前分句可以是甲语气，后分句可以是乙语气。这表明，包含两个或多个分句的复句，跟单句比较起来，在语气上也存在差异。”[1]

我们认为，句子从语气数量上来说，可分单纯语气句和复合语气句。只有一种语气的句子是单纯语气句，具有两种或两种以上语气的句子是复合语气句。单纯语气句包括单纯语气单句和单纯语气复句（同质语气复句），复合语气句包括复合语气单句（兼容语气单句）和复合语气复句（异质或兼容语气复句）。

- 单纯语气句
  - 单纯语气单句
  - 单纯语气复句（同质语气复句）
- 复合语气句
  - 复合语气单句（兼容语气单句）
  - 复合语气复句（异质或兼容语气复句）

[1]　邢福义：《汉语复句研究》，商务印书馆 2001 年版，第 23 页。

第 8 章　并列类句联的句类配置

并列类句联，包括并列关系、解注关系、选择关系、递进关系和连贯关系，它们的句类配置包括单纯句类配置和复合句类配置，不过具体的句类配置类型存在种种差异，下面分别加以考察。

8.1　并列关系的句类配置

8.1.1　平列关系的句类配置

平列关系的句类配置有两种：一种是单纯句类配置，一种是复合句类配置。

8.1.1.1　平列关系的单纯句类配置

平列关系可以由同一种语气类型的小句联结，形成单纯句类，共有四种。

8.1.1.1.1　陈述句联表示平列关系

陈述小句相互联结可以表示平列关系。由于平列关系的小句之间一般是类同的，因此对于陈述小句来说，然否性相同的更容易构成平列。主要有下面三种情况：

(一) 肯定陈述句联表示平列关系。前后小句的结构一般相同，常用表示平列关系的关系词语。例如：

(1) 人比鱼高级，也比鱼复杂。(邓刚《光天化日海蓝蓝》，载《小说月报·原创版》2005 年第 5 期)

(2) 这样的称呼既保持了他们在影视圈坚不可摧的背景，又维护了他们作为艺人的自尊和道德。(凡一平《撒谎的村庄》，载《小说月报·原创版》2005 年第 5 期)

(3) 老人给我让座，一边说没事，一边坐下来给自己点烟。(俞敏洪《我的岳父》，载《读者》2005 年第 17 期)

(4) 他一面揉着那叫人心疼的圆眼睛，一面吃东西。(欧阳山《三家巷》)

(5) 她一方面苦苦练琴，一方面也选修中国古典诗词。(姜滇《蔚蓝的海峡》，载《长城》1982 年第 1 期)

有时不用关系词语，而用其他词语关联。例如：

(6) 毛泽东来了，他依然坐着那辆黑色的吉普车，依然穿着那身灰色的中山装。(董保存《走进怀仁堂》)

(7) 一个老干部就是一个单位的见证人，就是一个故事的叙述者，就是一个单位的评判员。(祁智《陈宗辉的故事》，载《收获》1999 年第 3 期)

(二) 否定陈述句联表示平列关系。前后小句的结构一般相同，常用“也 / 又”、“既……也 / 又……”等关系词语表示平列关系。例如：

(8) 我不能蒙别人，也不能蒙自个儿。(霍达《穆斯林的葬礼》)

(9) 他不敢站住，又有点舍不得走。(老舍《骆驼祥子》)

(10) 一个干部在某个位子上时间太长，既不利于工作，也不利于个人。(范小青《女同志》，载《小说月报·原创版》2005 年第 5 期)

(11) 他既不是强盗，又不是杀人凶犯！(老舍《正红旗下》)

以上四例的否定陈述小句都是由“不……不……”形成的，有时也用“没有”。例如：

(12) 我说不清楚，也从来没有去研究过。(季羡林《牛棚杂忆》)

(13) 以前他没有女友，将来也不会另找。(罗望子《非暴力征服》，载《小说月报·原创版》2005 年第 3 期)

(14) 这个银白的世界，没有他坐下的地方，也没有他的去处。(老舍《骆驼祥子》)

以上三例，前一例是由“不……没有……”形成的平列；中间一例则是由“没有……不……”形成的平列；后一例是由“没有……没有……”形成的平列。

有时不用关系词语，但往往有其他词语关联。例如：

(15) 他不能抬头，不能睁眼，不能呼吸，不能迈步。(老舍《骆驼祥子》)

(16) 他没有父母兄弟，没有朋友。(老舍《骆驼祥子》)

(三)“肯定陈述＋否定陈述”句联表示平列关系。例如：

(17) 那种颤抖，既表现了惊愕不已，又不胜娇羞。(张贤亮《绿化树》)

(四)“否定陈述＋肯定陈述”句联表示平列关系。例如：

(18) 她的服饰全部接近年龄的底线，既不到刺眼的程度，又显得年轻大方。(景风《菜市场里》，载《人民文学》1982 年第 3 期)

从成分配置来看，陈述句联平列的各小句主要是主同谓异可以表示对同一主体的类同情况加以述说。也有其他成分配置情况，例如：

(19) 柔芳的意思已经很明白，针灸师的意思也很明白。(罗望子《非暴力征服》，载《小说月报·原创版》2005 年第 3 期)

上面这例中两个陈述小句的成分配置是主异谓同，主语分别是“柔芳的意思”和“针灸师的意思”，谓语都含有“很明白”。再看下面的例子：

(20) 孙权是主力，周瑜是主帅。（憨佗《遥想公瑾当年》，载《特别关注》2005年第12期）

上面这例中两个陈述小句的成分配置是主异谓异，主语分别是“孙权”和“周瑜”，谓语分别是“是主力”和“是主帅”。这种句式有许多变式，例如：

(21) 孙权是主力，主帅是周瑜。

(22) 主力是孙权，周瑜是主帅。

(23) 主力是孙权，主帅是周瑜。

看个实例：

(24) 瓦城是首发站，终点是北边的京城。（鬼子《鬼子小说二题·爱情细节》，载《小说月报·原创版》2005年第5期）

可见，主异谓异的配置比较灵活，用法比较多样。再看些例子：

(25) 山朗润起来了，水涨起来了，太阳的脸红起来了。（朱自清《春》）

(26) 战场上没有常胜将军，牌桌上同样也没有常赢的赌客。（李国文《当作家遭遇皇帝》，载《读书文摘》2005年第6期）

(27) 中国人的呼吸已经停止，心脏也不再跳动。（峻严《我是魔鬼》，载《读者》2005年第20期）

8.1.1.1.2 疑问句联表示平列关系

疑问小句相互联结可以表示平列关系。相同语气的疑问小句容易构成平列关系。有以下四种情况：

（一）是非问句联表示平列关系。常配对使用语气词“……吗……吗”、“……么……么”、“……吧……吧”。例如：

(28) 你想保持年轻吗？你希望自己有活力吗？（毕淑敏《每天都冒一点险》，载《读者俱乐部》2005年第3期）

(29) 小小的燕子，浩莽的大海，飞着飞着，不会觉得倦么？不会遇着暴风疾雨么？（郑振铎《海燕》）

(30) 太离谱了吧？太不像话了吧？（池莉《紫陌红尘》）

有时不用语气词。例如：

(31) 玉米窝窝头是慈禧落难时的佳肴？泡馍乃朱元璋发明？（李碧华《牡丹蜘蛛面》）

(32) 你以为我会感动？我会没零钞？（陈心豪《人生小站》，载《品位读友》

2004 年第 5 期）

有时为了凸显疑问焦点，后一是非问有所省略。例如：

(33) 你不知道我是真爱你么？我没有你不成么？（曹禺《雷雨》）

上面这例可用完全句说成：“你不知道我是真爱你么？你不知道我没有你不成么？”

有时是非问联结用在特指问后，也有所省略。例如：

(34) 什么是好的冒险呢？带来客观利益吗？对人类的发展有潜在的好处吗？（毕淑敏《每天都冒一点险》，载《读者俱乐部》2005 年第 3 期）

有时是非问表示反问。例如：

(35) 难道他就不能看上我？我难道就真的那么老？（古龙《萧十一郎》）

(36) 你难道要这样过一生吗？难道只有默默地承受痛苦才叫做修行？（林清玄《在泪眼中看见烟火》，载《读者》2005 年第 9 期）

（二）正反问句联表示平列关系。例如：

(37) 没有可靠的实用价值能不能成为朋友？一切帮助过你的人是不是都能算作朋友？（余秋雨《关于友情》）

(38) 花几十亿美元的运动会还叫不叫“体育”？押了几亿美元举行的拳击赛还叫不叫“体育”？（余杰《心灵独白》）

（三）选择问句联表示平列关系。基本语表形式有二：

第一，“……还是……还是……”。例如：

(39) 清纯还是性感？妖娆还是质朴？（布部《多变的风格》，载《青年一代》2005 年第 9 期）

(40) 干还是不干，大干还是小干，干得快一些好还是慢一些好？（北）

第二，“是……还是……是……还是……”。例如：

(41) 单位的花是靠自给自足还是靠专业公司承做，是粗放生产还是集约生产，走向市场？（北）

(42) 头发是黑的，还是黄的；鼻子是尖尖的，还是长长的？（北）

第二种形式可以在最后或每句后用“呢”。例如：

(43) 是生存还是毁灭，是生活得丰富、充实而热切，还是生活得单调、平庸而贫乏呢？（北）

(44) 这些零碎时间是多呢还是少呢，是瞬息呢还是长久呢？（北）

（四）特指问句联表示平列关系。例如：

(45) 谁见过拥有财富的奴隶？谁保证奴隶的财富不被剥夺？（余杰《心灵独白》）

(46) 你在读什么书？你在写什么文章？（余杰《心灵独白》）

(47) 妻子们的悲哀是怎么样呢？朋友们的失望是怎么样呢？（郭沫若《漂流三部曲》）

(48) 耳朵在哪儿？我儿子的耳朵在哪儿？（晓雪《耳朵在哪儿》，载《读者》2005 年第 9 期）

(49) 那衣着光鲜的女士有着什么样的内心世界？那西装革履的绅士又有着什么样的思想和智慧呢？（林清玄《飞越沙漠的河》）

(50) 为什么鲁迅能提出“fairplay”应该缓行？为什么杨朔能写出馨香浓郁的《荔枝蜜》？（周翔《理解与中学生作文》，载《语文教学与研究》2005 年第 9 期）

有时后一特指问句承前省略特指疑问词。例如：

(51) 除了萧十一郎外，还有谁的心这么黑？手这么辣？（古龙《萧十一郎》）

(52) 为什么还要他喝酒？要他吃这些海味鱼虾？（古龙《萧十一郎》）

以上二例，前一例可说成：“除了萧十一郎外，还有谁的心这么黑？还有谁的手这么辣？”后一例可说成：“为什么还要他喝酒？为什么要他吃这些海味鱼虾？”

另外，不同语气类型的疑问句也可以联结成平列。例如：

(53) 这一点，作为教育家的朱熹、张栻预料过吗？而我们是否也能由此猜想今后？（余秋雨《千年庭院》）

(54) 他们怎么会不告诉我就签了字呢？他们就这样把我不理啦？（曹禺《雷雨》）

(55) 他究竟在受着怎么样的折磨？他的伤势是否已痊愈？（古龙《萧十一郎》）

(56) 夫妻两人时不时的会竞争在孩子心目中的爱，爸爸好还是妈妈好？爸爸和妈妈谁最爱你？（苏童《三口之家》，载《视野》2005 年第 1 期）

8.1.1.1.3　祈使句联表示平列关系

祈使小句相互联结可以表示平列关系。祈使句分为肯定祈使句和否定祈使句，祈使句联表示平列关系有四种情况：

（一）肯定祈使句联表示平列关系。根据祈使成分的异同，可分为同肯祈使句联和异肯祈使句联。同肯祈使句联，形式上分为同形同肯祈使句联与异形同肯祈使句联。

第一，同形同肯祈使句联表示平列关系。例如：

(57) 禽兽！你快给我出来！你快给我出来！（马荣成、丹青《风云一世惊少年》）

(58) 唱！唱！（滕肖澜《月亮里没有人》，载《人民文学》2005 年第 8 期）

(59) 小心些！小心些！（高伟《公车 600 路》，载《萌芽》2005 年第 1 期）

(60) 肃静！肃静！（柯灵《秋瑾传》）

(61) 这边！这边！（老舍《龙须沟》）

第二，异形同肯祈使句联表示平列关系。可分两种情况：

首先，简省同肯祈使句联。后一肯定祈使句简省一些成分，句联表示平列关系。例如：

(62) 请你再通融一两天，再通融一两天。（柯灵《乱世风云》）

(63) 你快坐，坐！（冯德英《迎春花》）

(64) 关上窗！关上！（于伶《汉奸的子孙》）

(65) 拿着滚蛋吧，滚吧。（苏童《红粉》）

(66) 把刀放下，放下。（冯德英《迎春花》）

(67) 快松手，快！（冯德英《迎春花》）

其次，羡余同肯祈使句联。后一肯定祈使句增添一些语气成分，句联表示平列关系。例如：

(68) 保重身体！千万保重身体！（老舍《西望长安》）

有时，异肯祈使句联也可以表示平列关系。例如：

(69) 班长要当！逃亡现象要消灭！（吴强《红日》）

(70) 设法活，设法建立工作。（丁玲《重逢》）

（二）否定祈使句联表示平列关系。否定祈使的内容有同有异，同否祈使句联可以表示平列关系，异否祈使句联也可以表示平列关系。

第一，同否祈使句联表示平列关系，包括同形同否祈使句联和异形同否祈使句联。同形同否祈使句联表示平列关系不能用“也”等。例如：

(71) 别说了！别说了！（老舍《二马》）

(72) 别，别，好孩子。（曹禺《雷雨》）

这种同形同否祈使句联主要通过完全反复的手段把具有同一性的句子联结起来，使说话人所要表达的语义突出强化出来，即具有语义凸显作用。

异形同否祈使句联表示平列关系，有两种情况：

首先，简省同否祈使句联表示平列关系。后一否定祈使句简省一些成分，句联表示平列关系。例如：

(73) 妹妹快别这么着！快别这么着！（张爱玲《金锁记》）

(74) 珠峰不许去，不许去。（洪深《五奎桥》）

以上二例，后句省略主语。

(75) 猪八戒，不要让他们看笑话，不让！（今何在《悟空传》）

(76) 你别跳闸，别……(北)

以上二例，后句只保留否定祈使词语。

其次，羡余同否祈使句联表示平列关系。后一否定祈使句增添一些语气成分，句联表示平列关系。例如：

(77) 别走，别走，千万别走。(北)

上面这例，后句增加语气副词“千万”，使得阻止语气加强。

(78) 你别说了，你别再说了。

上面这例，后句增加了副词“再”，从而增强了阻止的语气。

(79) 不要相信他们，不要相信他们呀！（韩荣超《天路》，载《小说界》2005 年第 1 期）

(80) 叔叔，不要！不要啊……(马荣成、丹青《风云一世惊少年》)

上面这例，后句加上了语气助词“呀”、“啊”，从而加强了呼告、请求的意思。

有时，简省、追加或羡余在语流中连用。例如：

(81) 四凤：不，不，你不要胡闹，你千万不……(曹禺《雷雨》)

(82) 德二：别，别，季大人，别让我老婆进来，别。(于伶《搜查》)

第二，异否祈使句联表示平列关系。例如：

(83) 大伙先别吵，别难为老汉。(冯德英《迎春花》)

(84) 巧珍，过去了的伤心事就再不提它了，你也就不要再难过了。(路遥《人生》)

(三)“肯定祈使+否定祈使”句联表示平列关系。例如：

(85) 在运动前应注意做好准备，同时注意不要使关节超过正常活动范围。(北)

(86) 下一次小心就是了，别往心里去。(北)

(四) 否定祈使句联表示平列关系。例如：

(87) 不要多问，叫看护进来。(老舍《面子问题》)

(88) 不准哭，吃药……(古龙《绝代双娇》)

(89) 甭废话，拿钱来。(老舍《龙须沟》)

(90) 莫讲礼，拈嘛！（周克芹《许茂和他的女儿们》)

(91) 不剪了，回屋里睡吧。(葛水平《黑雪球》，载《人民文学》2005 年第 8 期)

8.1.1.1.4　感叹句联表示平列关系

感叹小句相互联结可以表示平列关系。一般地，感情色彩相同的感叹句易于构成平列关系。

（一）积极感叹句联表示平列关系。主要有以下两种情况：

第一，叹词＋非叹词性感叹语。例如：

(92) 啊，多么漂亮的裙子啊！（祁文斌《神奇的裙子》，载《百花》2005 年第 6 期）

(93) 啊，这可太好了！（阳翰笙《李秀成之死》）

(94) 哎呀，那么浪漫啊！（樱桃子《欢喜阳光欢喜你》，载《萌芽》2003 年第 5 期）

(95) 哇，你今天好靓。（来去《如果高跟鞋会跳舞》，载《青年文摘》2005 年第 1 期）

(96) 呀，这花篮真漂亮！（夏衍、于伶、宋之的《喜剧春秋》）

第二，非叹词性感叹语＋非叹词性感叹语。有的是对同一对象发表感叹，感叹内容可同可异。例如：

(97) 呵，我一下就拜了公爵，高兴呀，高兴呀！（郭沫若《虎符》）

(98) 好极了，好极了！（阳翰笙《天国春秋》）

(99) 太好了，真太好了！（丁玲《重逢》）

(100) 在这儿碰到，真巧极了，巧极了！（阳翰笙《草莽英雄》）

(101) 好，美极了，真是不能更美了！（董每戡《秦淮星火》）

(102) 好呀，好呀！好个地雷阵呀！（张骏祥改编自华山《鸡毛信》）

以上六例，基本在重复同一感叹内容。

(103) 啊，这真难得！这真是我所料想不到的！（王独清《杨贵妃之死》）

(104) 真美！这珠花真好看！（袁昌英《结婚前的一吻》）

(105) 多么威风，何等的气派！（老舍《春华秋实》）

以上三例，使用不同的词语表示同一个感叹内容。

(106) 这孩子跑得多好，玩得多好！（吴霜《生命是优美的圆》，载《读者》2005 年第 19 期）

(107) 男人能干的，你们也都能干，多么大的胆量，多么大的心胸。（老舍《女店员》）

(108) 我有了你这样一位聪明能干的朋友，也真太有福气，真太有面子了！（阳翰笙《两面人》）

(109) 没当过这么美的差事，太美，太过瘾！（老舍《茶馆》）

(110) 美极了，香极了！（李健吾《云彩霞》）

(111) 你太太长得多么漂亮，唱得多么好。（洪琛《歌女红牡丹》）

(112) 你瞧，这色泽多鲜明，形状多整齐呀！（阳翰笙《两面人》）

(113) 你的胆儿真大，你的心眼儿真多。（阳翰笙《天国春秋》）

以上八例，对同一对象的不同方面发表感叹。

（二）消极感叹句联表示平列关系。有两种情况：

第一，叹词＋非叹词性感叹语。例如：

(114) 啊，你真是如何地残忍呀！（丽尼《贫乏》）

(115) 啊，真糟糕！我怎么竟把这件事情不大记得清楚了呐！（阳翰笙《天国春秋》）

(116) 哎，我真恨我太懦弱了呀！（郭沫若《孔雀胆》）

(117) 唉，真是悔不当初啊！（张弦《被爱情遗忘的角落》）

(118) 咳，我们真把范家祖宗的面子全毁啦。（谷剑尘《绅董》）

(119) 噢，你太无情了！（老舍《面子问题》）

第二，非叹词性感叹语＋非叹词性感叹语。有的是重复同一感叹语。例如：

(120) 临沂这一仗太狠了，太狠了。（老舍《张自忠》）

(121) 这叫我太难过了！太难过了！（阳翰笙《两面人》）

(122) 这真是太残忍了，太残忍了！（许行《手》）

(123) 你这样的不信任我，真是太瞧不起人了，太瞧不起人了！（阳翰笙《两面人》）

有的是对同一对象发表不同的感叹。例如：

(124) 实在是你这半年来的一切所作所为，太令我伤心，太令我痛愤了！（阳翰笙《前夜》）

(125) 你看他多疼啊，多可怜啊！（老舍《张自忠》）

(126) 从前住在乡里，我真腻极了，讨厌极了。（向培良《继母》）

(127) 多残忍，多卑鄙啊！（宋之的《烙痕》）

有的是对不同对象发表不同的感叹。例如：

(128) 他腰里的大钥匙显得多么多余，闲置在门环上的大铁锁又是多么虚张声势呀。（习习《受伤的锁》，载《散文》2005 年第 4 期）

(129) 在这个世界，人们是多么坏，生活是多么苦啊！（丽尼《贫乏》）

（三）中性感叹句联表示平列关系。有两种情况：

第一，叹词＋非叹词性感叹语。例如：

(130) 啊，真像皇祖成吉思汗！（郭沫若《孔雀胆》）

(131) 哟，都长这么高了呀！（张弦《被爱情遗忘的角落》）

(132) 哎呀，你知道我可是忙极啦！（陈绵《候光》）

(133) 唉，我简直快变成林黛玉啦！（老舍《面子问题》）

(134) 唉，你们可不知道海娃心里那份儿急呀！（张骏祥改编自华山《鸡毛信》）

第二，非叹词性感叹语＋非叹词性感叹语。有的是重复同一感叹语。例如：

(135) 我要是永远不嫁人，永远不长大多好啊，多好啊！（曹禺《北京人》）

(136) 咱们穷人往后就全靠你们啦，全靠你们啦！（孙瑜《武训传》）

有的是对同一对象发表不同的感叹。例如：

(137) 她睡在这儿，是这样的安稳，是这样的静默！（王独清《杨贵妃之死》）

(138) 你看这对珠子多大呀，多圆哪！（曹禺《北京人》）

(139) 你瞧，这家伙多粗，多大！（阳翰笙《草莽英雄》）

(140) 我也实在是想去呀，我是怎样的渴望着再能够见他一面呀！（郭沫若《虎符》）

有的是对不同对象发表不同的感叹。例如：

(141) 好大的报纸，好快的眼睛！（老舍《女店员》）

(142) 她真是天真啊，那时的我也真是天真啊。（珞珈山水《穷男生的爱情》，载《青年文摘》2005 年第 2 期）

(143) 雨要下就下吧，风要吹就吹吧。（松下《大自然的启示》，载《青年博览》2005 年第 9 期）

(144) 同志，重伤号实在挺不住啊，现在还在雪地里冻着呢！（于敏《桥》）

(145) 还有半宵多哪，早哩！（洪琛《赵阎王》）

(146) 这些稻子还会咬人呢，它们的嘴还真尖呢。（李万辉《玉贵》，载《边疆文学》2005 年第 2 期）

8.1.1.2　平列关系的复合句类配置

平列关系可以由不同语气类型的小句联结，形成复合句类配置，共有十二种。

8.1.1.2.1　“陈述＋疑问”句联表示平列关系

(147) 因为目前仍在受美国的军事保护和核荫庇，不得不依然的傍靠三分；另一方面，他们又怎甘永远处于“义子”的地位？（梁晓声《感觉日本》）

上面这例，前面的陈述小句是个双重否定陈述小句，后面的疑问句是个特指疑问可以表示反问，用“另一方面”联结后表示平列关系。

8.1.1.2.2　“陈述＋祈使”句联表示平列关系

(148) 我在这儿等着，你去叫车吧！

(149) 我们把蒋汉实行双规了，其他参赌的人，你们带去审查吧！（张廷竹《盛世危情》，载《小说月报》2005 年增刊）

8.1.1.2.3　“陈述＋感叹”句联表示平列关系

(150) 他脸色红润，眼睛太好看了！（汪曾祺《七里茶坊》）

(151) 我一点也不恼你，我真可笑！（老舍《杀狗》）

8.1.1.2.4 “疑问＋陈述”句联表示平列关系

(152) 你是上海人吧？我也是。

8.1.1.2.5 “疑问＋祈使”句联表示平列关系

(153) 能不能请您让他不要那样整天忙个不停？您也不要太辛苦了。（亦乐译《上帝亲启》，载《读者》2002 年第 1 期）

(154) 他回家了吗？你也要早回去。

8.1.1.2.6 “疑问＋感叹”句联表示平列关系

(155) 一年有几个端午节？蚊子也不是四季都有啊！（汪曾祺《岁寒三友》）

8.1.1.2.7 “祈使＋陈述”句联表示平列关系

(156) 你再睡一会吧，我来开车。（张廷竹《盛世危情》，载《小说月报》2005 年增刊）

(157) 你住三楼的标准间吧，我住二楼的单人房。（张廷竹《盛世危情》，载《小说月报》2005 年增刊）

(158) 你把你的这个给我吧，我这些全给你！（《漫画与幽默》，载《读者》2003 年第 24 期）

8.1.1.2.8 “祈使＋疑问”句联表示平列关系

(159) 你走吧！小王也想走吗？

8.1.1.2.9 “祈使＋感叹”句联表示平列关系

(160) 别傻了，你太天真了！

(161) 你别傻等了，他也太不讲信用了！

8.1.1.2.10 “感叹＋陈述”句联表示平列关系

(162) 老太婆的眼睛真是好看啊，目光中还有一点得意。（须一瓜《鸽子飞翔在眼睛深处》，载《小说月报》2004 年第 11 期）

(163) 我是多么爱这些孩子啊！当然我也爱你们。

(164) 这衣服太漂亮了！鞋子也不错。

8.1.1.2.11 “感叹＋疑问”句联表示平列关系

(165) 你太不懂事了！他也不懂事吗？

该例句是“感叹＋疑问”句联表示平列关系。前面用感叹句，后面用疑问句，并列两种情况。

8.1.1.2.12 “感叹＋祈使”句联表示平列关系

(166) 我认为好简单是会害死人的！你也应该这样想。（杜鹏程《保卫延安》）

(167) 这个太不合适，你腿可别抖，身子也别抖，手也别抖。(北)

8.1.2　对照关系的句类配置

对照关系的句类配置，包括单纯句类和复合句类。

8.1.2.1　对照关系的单纯句类

对照关系可以由同一种小句类型联结，形成单纯句类，共有四种。

8.1.2.1.1　陈述句联表示对照关系

陈述小句相互联结可以表示对照关系，常由然否性对立的陈述小句组合而成。例如：

(168) 以后的路只会越走越宽，不会越走越窄。(周翼南《夏雨》，载《红岩》1984 年第 1 期)

(169) 你拿的工资可是人民给的，不是领导给的。(冯骥才《致大海》，载《收获》1999 年第 3 期)

以上二例是肯定陈述小句在前，否定陈述小句在后，联结后构成对照关系。

(170) 我不开店，我想开个诊所。(罗望子《非暴力征服》，载《小说月报 · 原创版》2005 年第 3 期)

(171) 医生没有同意我和妈妈的请求，而是给妈妈讲了一种有可能减轻疼痛的方法。(秦春《两地书》，载《读者》2005 年第 17 期)

(172) 马兑不是故意找茬儿，他是打心眼里感到恼火。(胡学文《旅途》，载《小说月报》2004 年第 7 期)

以上三例是否定陈述小句在前，肯定陈述小句在后，联结后构成对照。有时，肯定陈述小句相互联结，构成对照。例如：

(173) 虚心使人进步，骄傲使人落后。

(174) 人兴奋的时候，就把日子当美味咀嚼；人沮丧的时候，就是日子一节一节地咀嚼人。(祁智《陈宗辉的故事》，载《收获》1999 年第 3 期)

(175) 原来我还可以逍遥旁观，而今自己已成瓮中之鳖。(季羡林《牛棚杂忆》)

有时，否定陈述小句相互联结构成对照，但很少见。看两个例子：

(176) 前三十年睡不醒，后三十年睡不着。

(177) 日本发动全面侵华战争后，陷入中国人民抗日战争的汪洋大海，不得不把主力部队用于中国战场，不敢贸然北犯苏联和向南扩张。(北)

8.1.2.1.2　疑问句联表示对照关系

疑问小句相互联结可以表示对照关系。主要有两种情况：

（一）是非问句联表示对照关系。例如：

(178) 难道我老张想女人就只能想想像梅花 3 那样的？难道像梅花 9 那样的就连想都不让想？（鬼子《鬼子小说二题·爱情细节》，载《小说月报·原创版》2005 年第 5 期）

(179) 还配称为“读书种子”吗？还不是沦为“读书谬种”吗？（林语堂《读书的艺术》）

（二）特指问句联表示对照关系。例如：

(180) 声儿不对。钱什么声？游戏机什么声？那还听不出来。（原野《铜钢琴》，载《读者》2004 年第 2 期）

(181) 您是谁？我是谁？（老舍《龙须沟》）

(182) 伊甸乐园究竟是多么美丽呢？现在这个物质的宇宙究竟是多么丑恶呢？（林语堂《大自然的享受》）

(183) 你为什么不抓着四凤问？你为什么不抓着你哥哥说话呀？（曹禺《雷雨》）

(184) 为什么你们硬要这样做？你们为什么不让中国独立自主呢？（林语堂《父子话友情》）

(185) 这么大热天，为什么不雇些佣人去踢？为什么要自己来？（林语堂《父子话友情》）

8.1.2.1.3　祈使句联表示对照关系

祈使小句相互联结可以表示对照关系。主要有三种情况：

（一）肯定祈使句联表示对照关系。例如：

(186) 对别人要宽容，对自己要严格要求。

（二）“肯定祈使＋否定祈使”句联表示对照关系。例如：

(187) 要笑得自然，像你平时那么笑，不要那么虚假。（张悦然《谁杀死了五月》，载《小说界》2004 年第 5 期）

(188) 冷静点，别那么紧张吧。（柯灵《腐蚀》）

（三）“否定祈使＋肯定祈使”句联表示对照关系。例如：

(189) 你不要光想着自己，你也要为家里的老人着想吧。（路遥《平凡的世界》）

(190) 你不应该和我这样的人一块生活，你应该有一个健康体面的男人。（路遥《平凡的世界》）

(191) 不要盯着细节不放，要高瞻远瞩，大处着眼。（郁秀《花季雨季》）

8.1.2.1.4　感叹句联表示对照关系

感叹小句相互联结可以表示对照关系。感情色彩不同的感叹句往往能构成对照。

例如：

(192) 如《三堂会审》的玉堂春罢，当初吃多大的苦头，受多大的冤枉，后来又是多么好呀。(洪琛《歌女红牡丹》)

上面这例，“当初吃多大的苦头，受多大的冤枉”是消极性的感叹，“后来又是多么好呀”是积极性的感叹，形成对照。感情色彩相同的感叹句也能构成对照。例如：

(193) 这并不是我二爷要存心来害你哪！我是想存心来抬举你哪！(谷剑尘《绅董》)

(194) 这有五个多月，没见一个大饷啦，谁家王八孙子的钱多着呢！(洪琛《赵阎王》)

以上二例，前一例是中性感叹构成对照；后一例是消极感叹构成对照。

8.1.2.2　对照关系的复合句类

对照关系可以由不同小句联结，形成复合句类，大体有九种。

8.1.2.2.1　“陈述＋感叹”句联表示对照关系

(195) 这是某集团的无耻，恰是李先生的光荣！(闻一多《最后一次演讲》)

(196) 他们肯定以为生活还有什么奇迹在前边招手呢，我们是多么幸运啊！(陈染《梦回》，载《收获》2003 年第 2 期)

(197) 你拿我当一个女孩子。你——你——你简直不拿我当人！(张爱玲《茉莉香片》)

8.1.2.2.2　“疑问＋陈述”句联表示对照关系

(198) 今天你收到华光送的《现代快报》了吗？我反正没有收到。

(199) 什么医院？明明是拦路抢劫的土匪。(韩少功《月光二题》，载《小说月报》2004 年第 12 期)

(200) 哪能怪三哥？怪他自己粗心。(冯积岐《我们村的最后一个地主》，载《小说月报》2005 年第 8 期)

(201) 怎么会是情敌呢？我只是一个肤浅的业余诗歌作者罢了。(张廷竹《盛世危情》，载《小说月报》2005 年增刊)

8.1.2.2.3　“疑问＋祈使”句联表示对照关系

常见的是“特指问＋肯定祈使”句联表示对照关系。例如：

(202) 李东云，这么晚了你到哪里去？你给我回来！(刘庆邦《少年的月夜》，载《小说月报》2004 年第 12 期)

(203) 你站着干什么？坐呀！（凡一平《博士彰文联的道德情操》，载《小说月报·原创版》2005 年第 2 期）

(204) 你们两个争论什么哪？快走！（杨沫《青春之歌》）

8.1.2.2.4 “疑问＋感叹”句联表示对照关系

(205) 谁说她看上了你来着？还不是看上了你的钱！（张爱玲《沉香屑》）

(206) 哪里还像学生？简直是毛病深沉！（裘山山《少女七一在 1973 年》，载《小说月报》2005 年第 9 期）

8.1.2.2.5 “祈使＋疑问”句联表示对照关系

常见的有以下三种情况：

（一）“肯定祈使＋是非问”句联表示对照关系。例如：

(207) 你给我站住，你这小崽子还真要走？（余华《许三观卖血记》）

(208) 出去！有话要问！不走？（杜鹏程《保卫延安》）

（二）“否定祈使＋是非问”句联表示对照关系。例如：

(209) 请你不要走，留在我身边行吗？

（三）“肯定祈使＋特指问”句联表示对照关系。例如：

(210) 要下雨了，回去吧！你怎么成天呆在海边呢？（杨沫《青春之歌》）

(211) 你快点把球扔过来呀！磨磨唧唧干吗啊？（裘山山《少女七一在 1973 年》，载《小说月报》2005 年第 9 期）

(212) 送来！怎么不送来？（阿来《尘埃落定》）

(213) 走进来点！怕什么呀？（曹禺《日出》）

（三）“否定祈使＋正反问”句联表示对照关系。例如：

(214) 不要拒绝我，听其自然好不好？（北）

8.1.2.2.6 “祈使＋感叹”句联表示对照关系

(215) 你把这板搬走就是了！吵些什么！（钱钟书《围城》）

(216) 你别以为她天真，她才满肚子的坏主意呢！（钱钟书《围城》）

以上二例是“祈使＋感叹”句联表示对照。前面祈使句和后面感叹句表示两种同时存在的情况，联结后表示对照。

8.1.2.2.7 “感叹＋陈述”句联表示对照关系

(217) 你是多么高贵的大家闺秀哇！而她只是一个凡俗的村姑。

(218) 今天还算好呢，上次硬是刷不干净飞虫的尸体。（王蒙《玄思小说》，载《小说月报》2004 年第 11 期）

8.1.2.2.8　“感叹＋疑问”句联表示对照关系

(219) 咱们是多好的姐妹啊！她们算什么？

上面这例是“感叹＋疑问”句联表示对照。前面是感叹句表示肯定某种情况，后面用疑问句强调某种相对照的情况。

8.1.2.2.9　“感叹＋祈使”句联表示对照关系

(220) 这点子工夫还惦记着玩！还不快触祭了上学去！(张爱玲《桂花蒸　阿小悲秋》)

8.2　解注关系的句类配置

解注关系的句类配置包括单纯句类配置和复合句类配置。

8.2.1　解注关系的单纯句类

解注关系可以由同一种语气类型的小句联结，形成单纯句类，共有四种。

8.2.1.1　陈述句联表示解注关系

陈述小句相互联结可以表示解注关系。主要有下面三种情况：

(一) 肯定陈述句联表示解注关系。这种情况比较常见。例如：

(1) 老人的脸慢慢转往相反的方向，也就是说从右往左边转。(凡一平《撒谎的村庄》，载《小说月报·原创版》2005 年第 5 期)

(2) 可是，我这个姑娘就有这么个鬼毛病：越禁止我做的事，我就偏要做。(德兰《求》(第二部)，载《收获》1983 年第 6 期)

(3) 从文殊院到光明顶的途中有一株松树，叫做“蒲团松”。(丰子恺《黄山松》)

(4) 这孩子眼睛凶狠地瞪着，好像有谁欺负了他。

(5) 记住有人不喜欢你，这常让我感到自己的渺小，渺小得经常叫人担心来阵风就会把自己吹丢了。(陶柏军《记住有人不喜欢你》，载《读者》2004 年第 7 期)

(6) 通常，人格分为两种，一种是内在型人格，另外一种是外在型人格。(袁岳《论职业选择的十大关系》，载《读者》2005 年第 17 期)

(7) 一种是教条主义，一种是本本主义，两种都是主观主义。(范晓主编《汉语的句子类型》，书海出版社 1998 年版)

(二) 否定陈述句联表示解注关系。例如：

(8) 没有人不为他难过，也就是说没有人不同情他。(北)

(9) 老九团不得不下了命令，村庄周围五里内，部队不得挖野菜采树叶。(北)

(三)“肯定陈述＋否定陈述”句联表示解注关系。例如：

(10) 刚从冰冷中恢复过来的马里，智商等于三至五岁的孩子，也就是说羞耻的意识还没完全复苏。(邓刚《光天化日海蓝蓝》，载《小说月报·原创版》2005 年第 5 期)

(11) 他的爱好也十分广泛，政治、经济、外交、哲学等无不涉足。(王素萍《她还没叫江青的时候》)

以上二例，肯定陈述小句在前，否定陈述小句在后，联结后表示解注关系。

(12) 一家人吃过晚饭，什么事也没有了，与邻居之间从来是“鸡犬之声相闻，老死不相往来”。(恐怕这种古代生活景观的重现，与现代化封闭式的高层建筑有关吧。)(阿成《哈尔滨人》)

(13) 路人无不侧目，以为他神经病。(张欣《掘金时代》)

以上二例，否定陈述小句在前，肯定陈述小句在后，联结后表示解注关系。

8.2.1.2 疑问句联表示解注关系

疑问小句相互联结可以表示解注关系。大体有十种情况：

(一) 是非问句联表示解注关系。又分四种：

后一个是非问针对前一个是非问的某方面内容作进一步解释。例如：

(14) 这也是你的希望吧？希望我回本家去见你的宝贝外甥？(左晴雯《烈火青春》)

(15) 妈，您不怪我吧？您不怪我这次没听您的话跑到周公馆做事吧？(曹禺《雷雨》)

(16) 他？他那个恶霸头子？(老舍《龙须沟》)

(17) 修沟？修咱们的龙须沟？(老舍《龙须沟》)

第二，后一个是非问针对前一个是非问的某方面内容换种说法或打个比方。例如：

(18) 她就在这儿？此地？(曹禺《雷雨》)

(19) 女人的青春花哨尽收眼底能不招他们的眼球吗？就好像一只蜜蜂身在花丛里他能不可了劲地盯着花亲吗？

第三，后一个是非问在肯定前一个是非问的基础上进一步询问有关细节。例如：

(20) 你得了病么？是受了风邪吗？(郭沫若《喀尔美萝姑娘》)

(21) 东大池？是什么名胜地吗？(郭沫若《漂流三部曲》)

第四，后一个是非问在肯定前一个是非问的基础上做出评价性询问。例如：

(22) 有这样的父亲肯把自己的女儿来做这样的勾当吗？这不是等于卖身吗？(郭沫若《喀尔美萝姑娘》)

(23) 人们的礼仪规范举止得体，原来是为了中间那些交浅言浅的大多数？荒谬吧？(李碧华《牡丹蜘蛛面》)

(二) 特指问句联表示解注关系。又分三种：

第一，前一个特指问引出对象，后一个特指问询问有关内容。例如：

(24) 你呢？你下辈子打算变个啥？（毕淑敏《预约死亡》）

(25) 你的兄弟姐妹们呢？都在哪里？（古龙《萧十一郎》）

第二，后一个特指问把前一个特指问的疑问代词具体化。例如：

(26) 你预备怎么样？你要跟我说什么？（曹禺《雷雨》）

(27) 怎么样？撞你一下又如何？（刘墉《超越自己》）

第三，后一个特指问把前一个特指问的有关内容具体化。例如：

(28) 老大，你怎么老在背后褒贬老人呢？谁穷得乱出主意呀？（老舍《茶馆》）

上例中“谁穷得乱出主意呀？”是褒贬的内容。

(三) 正反问句联表示解注关系。例如：

(29) 我说得对不对？是不是常委？（池莉《紫陌红尘》）

(30) 我想社会的发展如此，那人的发展是不是也这样呢？我现在算不算螺旋式上升？（葛海燕《希望总长在伤口里》，载《视野》2005 年第 1 期）

以上二例，前一例，后项正反问补充说明“说”的内容；后一例，后项正反问特解前项正反问。

(四)“是非问＋正反问”句联表示解注关系。例如：

(31) 但名店食肆的招牌菜原来只是一件蛋糕？你说是否喧宾夺主？（李碧华《牡丹蜘蛛面》）

(32) 到了那个时候，我们会拥有这个老妇人的幸福吗？我们有没有可供寄发的彩笺？（张丽钧《爱的彩笺》，载《青年文摘》2005 年第 4 期）

以上二例，前一例，后项正反问对前项是非问的肯定方面做出评价，补充说明“说”的内容；后一例，后项正反问具体解释前项是非问。

(五)“是非问＋特指问”句联表示解注关系。又分四种：

特指问表示是非问的有关内容。例如：

(33) 齐大夫忍不住说：“您可以说得明确一点么？谁对谁残忍？”（毕淑敏《预约死亡》）

上例，特指问是请求解释“说”的内容。

第二，特指问表示是非问的特殊情况。例如：

(34) 某人在屋檐下躲雨，看见一个和尚正撑伞走过。某人说：“大师，普度一下众生吧？带我一程如何？”（刘墉《点一盏心灯》）

上例，“我”是众生中的一员，即请和尚普度“我”一下。

第三，是非问表示对特指问的评价。例如：

(35) 我觉得堂堂一个大学教授，胆子也太大了吧？怎么可以在火车上这么公然地勾引一个女孩子呢？（鬼子《鬼子小说二题·爱情细节》，载《小说月报·原创版》2005 年第 5 期）

(36) 不会这么巧吧？怎么可能碰上我？（刘墉《肯定自己》）

第四，特指问表示对是非问的细节发问。例如：

(37) 一清早起来就算账？什么账？（郁达夫《过去》）

(38) 这人竟能令赵无极、屠啸天、“海灵子”三个人听他的话？他是谁？（古龙《萧十一郎》）

（六）“正反问＋是非问”句联表示解注关系。是非问往往表示对正反问的评价。例如：

(39) 是不是所有的女孩子都如此呢？百分之百？（刘墉《超越自己》）

(40) 我想大哭一场！看见我这身衣裳没有？我还像个人吗？（老舍《茶馆》）

（七）“正反问＋特指问”句联表示解注关系。例如：

(41) 险是不是可以分好坏呢？什么是好的冒险呢？什么是坏的冒险呢？（毕淑敏《每天都冒一点险》，载《读者俱乐部》2005 年第 3 期）

（八）“特指问＋是非问”句联表示解注关系。这种类型比较复杂。又分八种：

第一，特指问问的是原因。常用“为什么”、“怎么”等特指疑问词，是非问涉及的是原因的答案。是非问解注时兼有说明因果的作用。例如：

(42) 你为什么不吃呢？没有胃口吗？

(43) 为什么不亮灯？灯坏了吗？

(44) 为什么？他们恨我们吗？（林语堂《父子话友情》）

(45) 风四娘怒道：“那么他为何还要将那人留在那里？难道是故意留给我的吗？”（古龙《萧十一郎》）

以上四例，特指问用“为什么”问原因。

(46) 你怎么这么晚才回来？又加班了吧？

(47) 您这个爷爷怎么这样说话？难道是为我好？（毕淑敏《预约死亡》）

(48) 怎么不属于？美容不用棉球棉纱之类的？（池莉《紫陌红尘》）

以上三例，特指问用“怎么”表示反问，是非问揭示原因。

第二，特指问问人或事物。特指问常用“谁”、“什么”作主语或宾语。例如：

(49) 谁是这个世界上最富有的人？是比尔·盖茨吗？（汪中求《差距是比出来的》，载《特别关注》2005 年第 7 期）

(50) 上帝是谁？不就是我们自己吗？（玉庭《遗忘》，载《读者俱乐部》2005 年第 3 期）

(51) 唱什么好呢？《翠屏山》？（老舍《龙须沟》）

(52) 是什么囚禁了章鱼？是瓶子吗？（成子言《思想瓶颈》，载《特别关注》2005 年第 7 期）

(53) 只要什么呢？只要我爱你么？（郭沫若《喀尔美萝姑娘》）

第三，特指问问状况。有的特指问用“什么”、“如何”、“怎么”、“怎么样”等作谓语。例如：

(54) 她也一样什么？跟你一样爱上了有妇之夫？（刘墉《我不是教你诈》）

(55) 爱牟，你怎么样了？脑子不痛了吗？（郭沫若《漂流三部曲》）

(56) 怎么？又给那兔崽子神不知鬼不觉地偷溜出去了？（左晴雯《烈火青春》）

(57) 怎么了？是价格问题吗？（逄丽华《信任》，载《读者》2005 年第 10 期）

(58) 父亲现在的情况如何？他好吗？（詹妮《雪中花》，载《读者》2005 年第 9 期）

有的特指问用“……呢”形式。例如：

(59) 你偷来的那口棺材呢？也被他黑吃黑么？（古龙《萧十一郎》）

(60) 那些小枕头呢？你不想让它们变成一个大的？（安顿《只有放手，才能找到更好的》，载《深圳青年》2005 年第 8 期）

(61) 人呢？人难道就不吃人么？（古龙《萧十一郎》）

第四，特指问问性状。特指问常用“什么”、“怎么样”作定语，或用“怎么”作状语。例如：

(62) 你要选择怎么样的人？小白脸？（古龙《萧十一郎》）

(63) 他不肯见我，是出于什么考虑呢？难道真怕打扰我？（聂鑫森《“工人作家”冯大城》，载《读者》2004 年第 2 期）

(64) 怎么说？一个乡下丫头，要二百银子？（老舍《茶馆》）

(65) 凤，你看不出来，现在我怎么能带你出去？你这不是孩子话吗？（曹禺《雷雨》）

第五，特指问问方所。有的特指问用“什么地方”、“哪”、“哪里”问方所。例如：

(66) 他现在在什么地方？难道真的会有传说中的幸福的天国吗？（詹妮《雪中花》，

载《读者》2005年第9期）

(67) 到哪？到北京？（鬼子《鬼子小说二题·爱情细节》，载《小说月报·原创版》2005年第5期）

(68) 哪一排？是下铺吗？（鬼子《鬼子小说二题·爱情细节》，载《小说月报·原创版》2005年第5期）

有的特指问用“……呢”形式。例如：

(69) 风四娘愣了半晌，道：“他的人呢？你看见他到哪里去了吗？”（古龙《萧十一郎》）

第六，特指问问时间。特指问用“多久”、“多长时间”、“什么时候”等问时间。例如：

(70) 可是，多久才修呢？明天吗？（老舍《龙须沟》）

(71) 问题是这样的“好”的感觉能持续多久？永生永世？（陈彤《没有人知道你打算坏多久》，载《读者》2004年第2期）

第七，特指问问数量。特指问用“多少”问数量。例如：

(72) 家里还有多少钱？够孩子们养家糊口吗？（舒乙《父亲叫老舍，我叫舒乙》，载《读者》2004年第2期）

第八，特指问是回声问可以表示听到对方的话语后随即询问对方的真实意图。例如：

(73) 什么？你还想报复别人？（池莉《你以为你是谁》）

(74) 想干什么？吃中国菜？（张结海《外国人不喜欢我们的哪些行为》，载《读者》2005年第9期）

（九）“特指问＋正反问”句联表示解注关系。又分两种：

第一，特指问用疑问代词发问。例如：

(75) 当我临走时，问夏阳在纽约二十年的岁月，觉得如何？有没有什么遗憾？（刘墉《超越自己》）

(76) 你——你怎么了？是不是很难受？（古龙《萧十一郎》）

第二，特指问用“……呢”形式发问。例如：

(77) 沈太君笑了，道：“那么你呢？你想不想杀萧十一郎？”（古龙《萧十一郎》）

(78) 别人监督的时候当然可以很好地表现，没有人看见的时候呢？是否也能同样地好自为之？（何炅《无人看见的鞠躬》，载《青年文摘》2005年第4期）

（十）“特指问＋选择问”句联表示解注关系。又分四种：

第一，特指问问人或事物。特指问常用“谁”、“什么”作主语或宾语。选择问用“……还是……”、“是……还是……”等形式。例如：

(79) 谁是世界 500 强之首？微软公司还是通用汽车公司？（汪中求《差距是比出来的》，载《特别关注》2005 年第 7 期）

(80) 到底“爱国”的是谁？是在国内埋头苦干、拼命硬干的普通人？还是扬我国威、衣锦还乡的海外同胞？（余杰《心灵独白》）

第二，特指问问状况。特指问用“怎么”、“怎么样”作谓语。选择问用“……还是……”、“是……还是……”等形式。例如：

(81) 我怎么样呢？是补票还是上岸去呢？（郭沫若《漂流三部曲》）

(82) 怎么了？你听不明白我说的话？还是你不要爸爸妈妈给你生个弟妹做伴了？（梁凤仪《昨夜长风》）

(83) 怎么了？是不是生病了？还是刚才没听清楚？（佚名《毕业典礼》，载《品位读友》2004 年第 5 期）

第三，特指问问性状。特指问用“怎么”、“怎么样”作状语。选择问用“是……还是……”、“还是……还是……”等形式。例如：

(84) 听了这些故事，你怎么想？你跟汤玛斯是“管鲍之交”？还是“管华之交”？（刘墉《肯定自己》）

(85) 怎么样开始呢？还是用史学的笔法从年月起头呢？还是用戏剧的作法先写背景呢？（郭沫若《漂流三部曲》）

第四，特指问问原因。特指问用“什么原因”、“为什么”、“怎么”等作谓语。选择问用“是……还是……”等形式。例如：

(86) 他伤势怎么会忽然好了这么多？是因为睡了一觉？还是因为有人替他治过伤？（古龙《萧十一郎》）

(87) 痛定思痛，是什么原因，使我从一个斯文保守的好学生，突然变成小太保？是我自己？是同学？还是那条喇叭裤？（刘墉《肯定自己》）

8.2.1.3　祈使句联表示解注关系

祈使小句相互联结可以表示解注关系。包括四种：

（一）肯定祈使句联表示解注关系，主要是追加式的异形同肯祈使句联，后一肯定祈使句增添一些语义成分可以表示解注关系。例如：

(88) 等一等，你等一等呀！（周克芹《许茂和他的女儿们》）

(89) 快说吧，快说说你的心意！（冯德英《迎春花》）

(90) 抓，统统抓起来。(于伶《腊月二十四·太平年》)

(91) 快！出窑去！（丁玲《窑工》）

(92) 等会，等我吃完橙子。(苏童《午后故事》)

(二) 否定祈使句联表示解注关系，主要是追加式同否祈使句联，后一否定祈使句增添一些语义成分可以表示解注关系。例如：

(93) 别，别，别出去。(老舍《茶馆》)

(94) 孙悟空你不能这样，不能这样欺负秃头。(今何在《悟空传》)

以上二例分别在后项构成成分中追加了谓语成分“出去”和“欺负秃头”，表义更明确。

(95) 别害怕啊，在这儿别害怕啊！（北）

该例在后项构成成分中追加了状语“在这儿”，语义更具体。

(96) 下辈子无论如何别再拨弄我，别再把我拨弄成知识分子。(北)

该例后项构成成分使用“把”字句把原来的宾语“我”处理为状语，把谓语“拨弄”变成“拨弄成”，并追加了宾语“知识分子”，语义更完整。

(97) 别说，什么也别说。(石钟山《男人的天堂》，载《长篇小说选刊》2005年第2期)

该例在后构成成分中追加了主语“什么”，表义更强烈。

(98) 不，你不要管。(曹禺《雷雨》)

(99) 不，不，你不要胡闹。(曹禺《雷雨》)

以上二例，前一例在后项构成成分中追加了主语“你”，把否定副词“不”变为“不要”，并增加了谓语“管”；后一例在后项构成成分中追加了主语“你”，把否定副词“不”变为“不要”，并增加了谓语“胡闹”，表达更明确、具体、完整、显豁。

(三)“肯定祈使＋否定祈使”句联表示解注关系。例如：

(100) 我求求你，别忌恨大爷，别不理睬我。(冯德英《迎春花》)

(101) 记住，别告诉任何人。(北岛《诗人之死》，载《读者文摘·青年版》2005年第3期)

(四)“否定祈使＋肯定祈使”句联表示解注关系。例如：

(102) 别忘了，跟太太说鲁贵惦记着太太的病。(曹禺《雷雨》)

8.2.1.4　感叹句联表示解注关系

感叹小句相互联结可以表示解注关系。大体有六种：

(一) 积极感叹句联表示解注关系。

表示解说。有的先评价，再说评价的内容。例如：

(103) 好！真不愧是第一条好汉！（阳翰笙《李秀成之死》）

(104) 多么好啊！真不愧是我叶大嫂的宝贝女儿！（孙瑜《小玩意》）

(105) 好样的，扑得真狠！（石冲《军犬黄狐》，载《百花》2005 年第 5 期）

(106) 好羡慕啊，妖精们的皮肤都不会沾上灰尘呢！（张葳《消遁之城》，载《萌芽》2003 年第 4 期）

有的先就某方面内容做出评价，再进一步发表感慨、评价。例如：

(107) 多么多才多艺的好女孩子啊，多么难能可贵啊！（小饭《秃头老师》，载《萌芽》2002 年第 6 期）

(108) 小孩子的心真慈，有意思极了！（袁昌英《孔雀东南飞》）

(109) 夏天里一杯冰凉的饮料，多爽啊，比喝那热热的茶要舒服多少！（王虹莲《茶苦茶香》，载《读者》2004 年第 11 期）

(110) 长得像个男孩子，但写起文章来特细腻，特感人！真是人不可貌相呀！（亚男等《希望更棒》，载《萌芽》2002 年第 2 期）

(111) 这铁矿石的质量真高极了，好极了，简直算是世界上第一流的好铁矿！（阳翰笙《三人行》）

有的先整体评价，再局部评价。例如：

(112) 这孩子多美，这双眼睛多美！（徐志摩、陆小曼《卞昆冈》）

有的先表示赞同，再说赞同的内容。例如：

(113) 是啊，漂亮多了。（陆凌寒编译《秘密园丁》，载《青年博览》2005 年第 9 期）

(114) 是呀，打仗可真是顽强！（林杉曹、欣肖茅《上甘岭》）

第二，表示总分。例如：

(115) 这鞋帮多软和！字绣得多鲜！真是好手艺！（沈默君《渡江侦察记》）

（二）消极感叹句联表示解注关系。往往表示解说，有的先评价，再说评价的内容。例如：

(116) 不得了！真要造反了！（白尘《金田村》）

(117) 了不得啦！妞子掉在沟里啦！（老舍《龙须沟》）

(118) 不好啦！要淹死我啦！（凡夫《鹌鹑学艺》，载《百花》2005 年第 6 期）

(119) 唉，可怜！她实在死得惨极了。（夏衍、郑正秋、洪琛、阿英、郑伯奇、沈西苓《女儿经》）

(120) 苦命啊！这担子可真够她挑的！（海默《母亲》）

有的先表述，再评价。例如：

(121) 你何苦穿这个啊，真笨哎你。(榛生《馅饼》，载《青年文摘》2005 年第 2 期)

(122) 哼，你真忍心！你简直是禽兽！（郭沫若《孔雀胆》）

有的先表示赞同，再说赞同的内容。例如：

(123) 是呀，他们是做得太毒辣了。(郭沫若《孔雀胆》)

(124) 是呀，我那小根真不知还是死是活啊！（阳翰笙《李秀成之死》）

(三) 中性感叹句联表示解注关系。往往表示解说，有的先评价，再说评价的内容。例如：

(125) 她多年轻啊！她才十岁啊！（孙瑜《小玩意》）

(126) 今天病人可真不少！听说有十几位呢！（陈绵《候光》）

(127) 看不出来啊！你真厉害！（流水《键盘上追梦》，载《青年文摘》2005 年第 2 期)

有的先说评价的内容，再进一步申说或评价。例如：

(128) 竟有这样的事！这可不是一件小事啦！（阳翰笙《三人行》）

(129) 张举人吃了一惊："那个曹屠夫啊！就是吃醉了酒把老婆吊起来打死的那家伙啊！"(孙瑜《武训传》)

有的先做出评价，再进一步评说。例如：

(130) 可我一直卖的五毛啊！定价是这么多啊！（曾颖《慈悲》，载《读者》2005 年第 8 期)

有的先表赞同，再说赞同的内容。例如：

(131) 是啊！就是他呀！（陈绵《候光》）

(四)"积极感叹＋中性感叹"句联表示解注关系。例如：

(132) 好火！满天都红啦。(夏衍《赛金花》)

(五)"消极感叹＋中性感叹"句联表示解注关系。例如：

(133) 你的娃娃好幼稚噢，跟你说过多少次了啊！（九曜《窗外》，载《萌芽》2004 年第 5 期)

(六)"中性感叹＋消极感叹"句联表示解注关系。例如：

(134) 我没有不回去的理由呀！这不争气的腿！（白桦《哥像月亮天上走》，载《边疆文学》2005 年第 8 期)

(135) 可以想象接下来发生了什么！一团混乱！（严贵明编译《玩笑人生》，载《读者》2004 年第 14 期)

8.2.2 解注关系的复合句类配置

解注关系可以由不同小句联结，形成复合句类，有十二种。

8.2.2.1　“陈述＋疑问”句联表示解注关系

大致有八种情况：

(一)“肯定陈述＋是非问”句联表示解注关系。例如：

(136) 因为我告诉他我们成了好朋友，你说不是这样吗？(杨沫《青春之歌》)

(137) 你天生是一个胆小的人，这话说到你骨子里了吧？(张廷竹《盛世危情》，载《小说月报》2005 年增刊)

以上二例，是非问对肯定陈述的真实性或确定性提问。

(二)“肯定陈述＋正反问”句联表示解注关系。正反问往往对肯定陈述做出评价性提问。例如：

(138) 我们合作得很愉快，这是不是与时俱进？(张廷竹《盛世危情》，载《小说月报》2005 年增刊)

(139) 余杰先生主张对常识的表达和表达的自由，这算不算新思想？(祝勇选编《对快感的傲慢与偏见：中国读书随笔菁华》，时事出版社 2001 年版)

(三)“肯定陈述＋选择问”句联表示解注关系。例如：

(140) 飘逸着一股淡淡的清香，一时分不清是桂花树的香气，还是玉兰花的香气？(王璞《毕业合影》，载《收获》2003 年第 2 期)

(141) 我们琢磨他这句话，这是科学家的慎重呢，是企业家的机敏呢，还是两者兼而有之呢？(北)

以上二例，前一例，选择问是对肯定陈述作进一步的解说性提问；后一例，选择问是肯定陈述的套合内容。

(四)“肯定陈述＋特指问”句联表示解注关系。例如：

(142) 正流同志，我请问一下，我对处理孙阿福有过什么指示啊？(周梅森《国家公诉》，载《收获》2003 年第 2 期)

(143) 喂，我说那位姑娘啊，您是怎么回事啊？(杨沫《青春之歌》)

以上二例，特指问是肯定陈述的套合内容。

(144) 拿着我的钱装好人，这是什么意思？(杨沫《青春之歌》)

(145) 现在这个看不见呼不着的护工说一句顶一万句，这究竟是怎么一回事？(王永午《最后一页》，载《小说月报》2004 年增刊)

以上二例，特指问是针对肯定陈述的意义提问。

(五)“否定陈述＋是非问”句联表示解注关系。例如：

(146) 我不知道当时她看到那封信会是什么样的心情，她也会像吴丽娜发现了她给我的来信那样，一连几天不吃不喝吗？（王新军《俗世》，载《小说月报》2004年增刊）

(147) 我不放心，这么大的摊子，你们能弄好吗？（北）

以上二例，是非问是针对否定陈述的内容做出试探性的提问。

（六）“否定陈述＋正反问”句联表示解注关系。有的兼有推断的意思。例如：

(148) 你的脸色不大好，是不是病了？（张廷竹《盛世危情》，载《小说月报》2005年增刊）

（七）“否定陈述＋选择问”句联表示解注关系。选择问针对否定陈述的内容做出试探性的提问。例如：

(149) 自从他被金三爷推翻在地上，叫了两声爸爸以后，他的心中就老打不定主意——是报仇呢？还是和金三爷成为不打不相识的朋友呢？（老舍《四世同堂》）

(150) 他往阳台去了，我忽然觉得有点不对，他是在找彤云？还是紫云？（琼瑶《翦翦风》）

(151) 我真不知道更爱谁，是你，还是这山水？（梁晓华《“十六湖”听雨》，载《人民日报》1999年3月28日）

（八）“否定陈述＋特指问”句联表示解注关系。例如：

(152) 我决非刻意贬低余杰，问题是何为经典，何为新思想？（祝勇选编《对快感的傲慢与偏见：中国读书随笔菁华》，时事出版社2001年版）

8.2.2.2　“陈述＋祈使”句联表示解注关系

(153) 有一条：你们不要走！（池莉《你以为你是谁》）

8.2.2.3　“陈述＋感叹”句联表示解注关系

大体有六种情况：

（一）“肯定陈述＋积极感叹”句联表示解注关系。例如：

(154) 干干净净的枕套上，有你亲手绣的特别图案，多棒！（吼吼《情人节爱情注脚》，载《女友》2005年第3期）

(155) 跟阿初同一所大学，同一个专业，太好了，真是太好了！（张廷竹《盛世危情》，载《小说月报》2005年增刊）

(156) 蓝色的天，白色的月亮，月亮里有蓝色的云，真好看啊！（汪曾祺《天鹅之死》）

(157) 极目望去，日灼雪映，灿烂辉煌，好一幅北国画卷！（张赫遥《雪写江山》）

(158) 他还能闻到妻子发梢发出的淡淡清香，那是多么熟悉而又令人陶醉的芬芳

啊。(张勇《有一点动心》，载《读者》2002年第4期)

(159) 他们吃饭、跳舞、打网球、幽会，活得多么潇洒！(冯印谱《贪官情妇自述批注》，载《杂文选刊》2003年第8期)

(二)“肯定陈述+消极感叹”句联表示解注关系。例如：

(160) 需办理饭卡才能消费，羞煞人也！(QUEEN《食堂，江湖重现》，载《女友》2005年第3期)

(161) 全世界除了闹灾荒，剩下的人就都在闹离婚呢，多么幼稚的人们啊！(陈染《梦回》，载《收获》2003年第2期)

(162) 我们身体里的一部分却仿佛处在一个巨大的休止符中，一个多么无奈的休止符啊！(陈染《梦回》，载《收获》2003年第2期)

(三)“肯定陈述+中性感叹”句联表示解注关系。例如：

(163) 她疯了，真的是个疯子了！(张廷竹《盛世危情》，载《小说月报》2005年增刊)

(164) 那时每天早晨妈妈总是在这样奶茶的沸开声中叫醒他……与今天是多么相似啊！(玛拉沁夫《茫茫的草原》)

(165) 你睡着了，睡得好实在！(汪曾祺《寂寞和温暖》)

(166) 我终于明白牛讲的那个笑话了，真是太好笑了！(余杰《无可奈何》，载《读者》2002年第9期)

(四)“否定陈述+积极感叹”句联表示解注关系。例如：

(167) 一字不错，咱们龚家出了个天才啦！(王璞《毕业合影》，载《收获》2003年第2期)

(168) 以前不曾发觉，你居然对室内设计有这份才能，真要得！(於梨华《寻找老伴》，载《小说月报》2004年第12期)

(五)“否定陈述+消极感叹”句联表示解注关系。例如：

(169) 瓦其尔一夜没有睡着：这成了什么世界呀！(玛拉沁夫《茫茫的草原》)

(六)“否定陈述+中性感叹”句联表示解注关系。例如：

(170) 护花使者半个影都没有，这太不正常了。(珊安《速食年代的半食主义》，载《女友》2005年第3期)

(171) 老板什么都没看出来，简直跟新的一样！(周宛润《五妹妹的女儿房》，载《小说月报·原创版》2005年第2期)

(172) 那他也不该装作不认识你呀！那么绝情！(玻璃洋葱《黑夜疾行之少年心

气》，载《萌芽》2003 年第 3 期）

8.2.2.4 “疑问＋陈述”句联表示解注关系

这种类型比较多见，主要有六种情况：

（一）“是非问＋肯定陈述”句联表示解注关系。有的是肯定陈述对是非问或其中的部分内容做出解说。例如：

(173) 它能够团结同僚总揽全局吗？不少人心里打上了问号。(张廷竹《盛世危情》，载《小说月报》2005 年增刊）

(174) 你不是看过小人书上的三毛吗？三毛就是一个典型的流浪儿。（刘庆邦《少年的月夜》，载《小说月报》2004 年第 12 期）

(175) 你，你还记着你小时候我给你讲的那个砍柴姑娘的事？那，那就是你那亲妈呀！（杨沫《青春之歌》）

有的是是非问套合肯定陈述。例如：

(176) 你知道吗？我是任书记一手提拔起来的。(张廷竹《盛世危情》，载《小说月报》2005 年增刊）

(177) 你不知道吗？我被免职了。(张廷竹《盛世危情》，载《小说月报》2005 年增刊）

（二）“是非问＋否定陈述”句联表示解注关系。有的是否定陈述对是非问或其中的部分内容做出解说。例如：

(178) 药厂还有这样办的？她晕晕乎乎地像真是搞不懂。（张廷竹《盛世危情》，载《小说月报》2005 年增刊）

有的，是非问套合否定陈述。例如：

(179) 你知道吗？他们为了一笔钱而不要我了。（宋慕歌《沼泽里的鱼》，载《萌芽》2004 年第 6 期）

（三）“正反问＋肯定陈述”句联表示解注关系。例如：

那么，在实际操作过程中，是否统治者真能随心所欲地加罪于人呢？这也要看是什么时代，以及具体情况如何。（祝勇选编《对快感的傲慢与偏见：中国读书随笔菁华》，时事出版社 2001 年版）

(180) 可是，不知道你看出来没有？我早就担心你会有意外。（杨沫《青春之歌》）

(181) 我们一起开个公司好不好呢？而今迈步从头越嘛。（周梅森《国家公诉》，载《收获》2003 年第 2 期）

（四）“正反问＋否定陈述”句联表示解注关系。例如：

(182) 你到底去不去？不声不吭的。

（五）“特指问＋肯定陈述”句联表示解注关系。例如：

(183) 然而我为什么就那样轻而易举地妥协了呢？我曾经无数次扪心自问过。（王新军《俗世》，载《小说月报》2004 年增刊）

(184) 你这个家伙怎么啦？吞吞吐吐的。（杨沫《青春之歌》）

(185) 他哪儿去了？——他写信告诉我暑假不离开学校的啊。（杨沫《青春之歌》）

（六）“特指问＋否定陈述”句联表示解注关系。例如：

(186) 刘茂才上法庭，你怎么会支持呢？不可能的事嘛。（周梅森《国家公诉》，载《收获》2003 年第 2 期）

(187) 什么吃喝嫖赌？他于志明还没堕落到那种程度。（宋慕歌《沼泽里的鱼》，载《萌芽》2004 年第 6 期）

(188) 这个小摊什么时候摆出来的？上学期我来还没有。（张廷竹《盛世危情》，载《小说月报》2005 年增刊）

(189) 一个五十岁的女人高兴得脸上开了花是什么样子？没见过你就不知道。（王新军《俗世》，载《小说月报》2004 年增刊）

8.2.2.5　“疑问＋祈使”句联表示解注关系

常见的有七种情况：

（一）“是非问＋肯定祈使”句联表示解注关系。例如：

(190) 这些事是真的么？说实话！（曹禺《雷雨》）

（二）“是非问＋否定祈使”句联表示解注关系。例如：

(191) 不是告诉你了吗？你不许再动小金锁！（李黎明《山桃》，载《剧作家》2005 年第 2 期）

（三）“特指问＋肯定祈使”句联表示解注关系。这类情况比较常见。例如：

(192) 我憋着什么坏？您说！（老舍《龙须沟》）

(193) 搁在哪儿？快说！（梁斌《红旗谱》）

(194) 怎么办？请你和莲叔公商量。（李六如《六十年的变迁》）

（四）“特指问＋否定祈使”句联表示解注关系。例如：

(195) 新月、淑彦，你们怎么还不睡？别熬夜，千万别熬夜！（霍达《穆斯林的葬礼》）

(196) 里面是什么东西？这不能带。（钱钟书《围城》）

（五）“正反问＋肯定祈使”句联表示解注关系。例如：

(197) 老余，舍得不舍得？把这小妞让给小弟我吧！（杨沫《青春之歌》）

(198) 听见没有？快把马草提进去！（许申高《别饿坏了那匹马》，载《读者》

2002年第14期）

（六）“正反问＋否定祈使”句联表示解注关系。例如：

(199) 听见了没有？可别搬弄是非！（张爱玲《沉香屑》）

(200) 是不是你哥又问你了？少来这套小儿科的把戏！（杜卫东《吐火女神》，载《小说月报》2004年增刊）

（七）“选择问＋肯定祈使”句联表示解注关系。例如：

(201) 你说向他请假还是辞职？请长假罢。（钱钟书《围城》）

8.2.2.6　“疑问＋感叹”句联表示解注关系

(202) 这就是青春的热恋吗？她竟是这样的幸福和甘甜！（杨沫《青春之歌》）

(203) 方心正和单鸣琴？那太好了！（老舍《面子问题》）

(204) 想要组织一个十万会员的裴多菲俱乐部？太伟大了！（白桦《淡出》）

(205) 噢，也是用英语演出？实在是太好了！（霍达《穆斯林的葬礼》）

(206) 你那杆老洋炮是他给你的吧？真威风！（付慧君《生死场》，载《剧作家》2005年第4期）

以上五例均是“是非问＋积极感叹”句联表示解注。前一小句用是非问句表示对某种情况进行确定性或不确定性的提问，后一小句用积极感叹句对前一种情况进行解注，加入赞叹、欢喜、敬佩、羡慕、重视、怜惜、反省等思想感情，以说明肯定某种情况。

(207) 比赛结束了？太没意思了！

(208) 咱们就不是人？老天他妈的真偏心！（穆时英《咱们的世界》）

(209) 我稀罕你的慈悲？笑话！（穆时英《咱们的世界》）

(210) 你还敢出来欺负人？好大的胆子！（老舍《龙须沟》）

以上四例是“是非问＋消极感叹”句联表示解注。前一小句用是非问句表示对某种情况的确定性或不确定性进行提问，要求答话人做出肯定或否定的回答，后一小句又用消极感叹句表示对前一种情况的解注说明，加入悲痛、忧愁、后悔、焦虑、紧张、委屈、无奈、厌恶、气愤、责怨、嘲讽鄙视、轻慢漠视、嫉妒等思想感情，其中常隐含有前面是非问句的答案。

(211) 哦，你们听说了吗？北平、天津的风声可紧呀！（杨沫《青春之歌》）

(212) 有那么急迫吗？大庭广众之下啊！（俞菀《不在·怀念》，载《萌芽》2003年第10期）

(213) 这也是能吃的？天上的东西啊！（echo《嫉妒》，载《萌芽》2004年第7期）

(214) 大少爷，您住在这儿？好，好难找啊！（杨沫《青春之歌》）

(215) 股票？股票！（毕淑敏《原始股》）

以上五例是“是非问＋中性感叹句”句联表示解注。前一小句用是非问句表示对某种情况的确定性或不确定性进行提问，要求答话人做出肯定或否定的回答，后一小句又用中性感叹句表示对前面情况的解注说明，加入激动兴奋、惊讶、慨叹、确信、中性评价等思想感情。

(216) 你们要不要来瞧瞧？真正的科学方法！（钱钟书《围城》）

(217) 你说这科学是不是财神？真财神啊！（傅泽云《今年请了个“真财神”》，载《人民日报》1995 年 7 月 5 日）

(218) 来不来？味道鲜美极了！（须一瓜《鸽子飞翔在眼睛深处》，载《小说月报》2004 年第 11 期）

以上三例是“正反问＋积极感叹”句联表示解注。前一小句用正反问句表示正反两个方面、两种情况，后一小句又用积极感叹句表示解注，说明肯定某种情况，加入赞叹、欢喜、敬佩、羡慕、重视、怜惜、反省等思想感情。

(219) 你听见没有？我叫你呢！（李黎明《山桃》，载《剧作家》2005 年第 2 期）

(220) 你懂不懂？生活就是艺术！（王祥符《榴莲》，载《小说月报》2004 年第 11 期）

(221) 你知道不知道？吃的米！（钱钟书《围城》）

以上三例是“正反问＋中性感叹”句联表示解注。前一小句用正反问句表示正反两个方面、两种情况，后一小句又用中性感叹句表示解注，说明肯定某种情况。

(222) 早知今日，何必当初？人到悔时恨已迟啊！（杜卫东《吐火女神》，载《小说月报》2004 年增刊）

上例是“特指问＋消极感叹”句联表示解注。前一小句用疑问代词代替未知部分提问，后一小句用消极感叹加以解注说明，同时隐含了前一问题的答案。

(223) 怎么找到这东西？妙得很！（钱钟书《围城》）

(224) 我怎么早没想到呢？太好了，实在是太好了！（霍达《穆斯林的葬礼》）

(225) 谁都像你呢，有这么一个美满的家庭！（张爱玲《心经》）

以上三例是“特指问＋积极感叹”句联表示解注。前一小句都是用疑问代词代替未知部分进行提问，后一小句用积极感叹句表示肯定某一方面，并包含有前一问题的答案。

(226) 哪能听不见呢？爸爸的喊声好吓人啊！（簸尘《魇》，载《剧作家》2005 年第 3 期）

(227) 谁给我造谣？我根本就不爱我现在的工作！（毕淑敏《预约死亡》）

(228) 什么脸不脸？又是你妈的那一套！（曹禺《雷雨》）

(229) 那么我怎么办？我还不如不活着好！（巴金《寒夜》）

以上四例是“特指问＋消极感叹”句联表示解注。前一小句都是用疑问代词代替未知部分进行提问，后一小句用消极感叹句表示否定某一方面，并包含有前一问题的答案。

(230) 到底是什么事？真怪！（峻青《在不知名的监狱里》）

(231) 哪有每天都写感谢信的？真是不可思议！（文玉芳《感恩》，载《读者》2003年第20期）

(232) 这是什么酒呀？好辣！（凡一平《博士彰文联的道德情操》，载《小说月报·原创版》2005年第2期）

(233) 哪里来的煤气味道？这么重！（周宛润《五妹妹的女儿房》，载《小说月报·原创版》2005年第2期）

(234) 这是谁家？那么多鸟窝！（刘燕敏《家庭中没有幸福是不可能的》，载《读者》2003年第23期）

以上五例是“特指问＋中性感叹”句联表示解注。前一小句都是用疑问代词代替未知部分进行提问，后一小句用中性感叹句突出情况的某一方面，事物的某一特征。

8.2.2.7　“祈使＋陈述”句联表示解注关系

(235) 拿去用吧，这是我存的953块5毛钱。（陈帮和《“神童”三弟》，载《读者》2002年第2期）

(236) 你不要骗我了，你吃的是小碗。（叶络《看不见的爱》，载《读者》2002年第14期）

(237) 你算了吧！又跟我鼓吹“民主”！（梁斌《红旗谱》）

8.2.2.8　“祈使＋疑问”句联表示解注关系

常见的有七种情况：

（一）“肯定祈使＋是非问”句联表示解注关系。例如：

(238) 你跟他这样讲：我随着连长，管发信号还不行吗？（北）

(239) 大家说说，不改革行吗？（北）

(240) 我们要分手了，这是真的吗？

（二）“否定祈使＋是非问”句联表示解注关系。例如：

(241) 你别生我的气了，好吗？（北）

(242) 现在请你别再继续做这件不可思议而又毫无意义的事了，好吗？（北）

(243) 别让她给我画红脸蛋，行吗？（北）

(244) 唠酸磕，直奔主题，不行吗？（北）

（三）"肯定祈使＋特指问"句联表示解注关系。例如：

(245) 森，你去，你去看，你去问金庸，问他，问他为什么穆念慈到死还是记挂杨康？

(246) 大家扪心自问，站在刘的位置上会怎么做？

(247) 但请坦率地告诉我，你们要采取什么对策呢？（北）

(248) 聪明的，你告诉我，我们的日子为什么一去不复返呢？（朱自清《匆匆》）

(249) 皮德瑞，说明白点！怎么不好呀？（杨沫《青春之歌》）

（四）"否定祈使＋特指问"句联表示解注关系。例如：

(250) 你别兜圈子说话，回香港去有什么不好？（北）

(251) 请别见笑，怎样判断一股基金的前景好坏，潜力大小？

(252) 别绕圈子，你对打开对华政策僵局，有何高论？

(253) 别说客气话，段氏上市的情况如何？（北）

（五）"肯定祈使＋正反问"句联表示解注关系。例如：

(254) 你严肃些，你老实交代，你上幼儿园的时候有没有和小女生要好？

(255) 你回答我，我是不是值得那样做的？（倪匡《卫斯理系列·红月亮》）

(256) 请大侠指点，考试时是否允许带表尤其是电子表，还有笔？

(257) 去去去，走远点！你走不走？（李黎明《秋英之死》，载《剧作家》2005年第2期）

(258) 你就招了吧，你们到底是真离婚了没有？（北）

(259) 你到农村去问问农民，地主回来他们赞成不赞成？（北）

(260) 你们去打听打听，我姓邬的好不好惹？（北）

(261) 老实说吧，你心里是不是这样想的？（北）

（六）"否定祈使＋正反问"句联表示解注关系。例如：

(262) 别气我，听见了没有？（北）

(263) 不要逼孩子去做大人想做的事，你们做独生子女家长的是不是这样做的？（北）

(264) 姑娘，你可别骗我，是不是喝了老鳖汤不科学？（北）

（七）"肯定祈使＋选择问"句联表示解注关系。例如：

(265) 你说，我该选择家庭，还是选择爱情呢？（北）

(266) 毛弟你倒是说说看，那天是那个坏女孩把你推下去的，还是你自己摔下去的？（王璞《毕业合影》，载《收获》2003 年第 2 期）

8.2.2.9 “祈使＋感叹”句联表示解注关系

“祈使＋感叹”句联可表示解注关系，从祈使小句看有两种情况：

(一)“肯定祈使＋感叹”句联表示解注关系。例如：

(267) 相信自己，相信爱情——珍爱无敌！（尚娜《狂爱、热爱、深爱，让爱看得见》，载《女友》2005 年第 3 期校园版）

(268) 过来吃饭了，香喷喷的狗食呀。(高龄《麦子金和金麦子》，载《儿童文学》2005 年第 10 期)

(269) 瞅那炮楼子，多威势呀！（周立波《暴风骤雨》）

以上三例，感叹句对祈使句中的客体加以解说。

(270) 你进去吧，进去吧。你这个傻瓜，傻瓜！（阿来《尘埃落定》）

(271) 滚开！该死的骷髅！（簸尘《魇》，载《剧作家》2005 年第 3 期）

(272) 金锁，捡起来！狼心狗肺的东西！（李黎明《山桃》，载《剧作家》2005 年第 2 期）

以上三例，感叹句对祈使的对象做出评价。

(273) 看看吧，我们的活佛多么聪明啊！（阿来《尘埃落定》）

(274) 看看，多么亮的厨房，多么大的客厅！（周宛润《五妹妹的女儿房》，载《小说月报·原创版》2005 年第 2 期）

(275) 你看你看，我们的果园多好看！（汪曾祺《羊舍一夕》）

(276) 赵老师，看，看！这小花多漂亮啊！（杨沫《青春之歌》）

以上四例，感叹句解说的是祈使的内容。

(二)“否定祈使＋感叹”句联表示解注关系。例如：

(277) 可不要惊动了他们，罪过的和尚和美丽的姑娘呀！（阿来《尘埃落定》）

(278) 别忘了，乌鲁木齐与北京，只有三个小时的航程啊！（北）

(279) 别这样瞪着，你简直像只棕色的猫头鹰。(《凯赛娅》，载《读者》2002 年第 15 期)

以上三例是“否定祈使＋感叹”句联表示解注。前面用否定祈使句表示对某种情况的否定，后面用感叹句表示解释注解。

8.2.2.10　“感叹＋陈述”句联表示解注关系

常见的有六种情况：

(一)“积极感叹＋肯定陈述”句联表示解注关系。例如：

(280) 这片剑兰开得真好！是美国种。(汪曾祺《日晷》)

(281) 多么美丽的夜晚啊！晶莹的星星在无边无际的灰蒙蒙的天空上闪烁着动人的光芒。(杨沫《青春之歌》)

(282) 好记者啊！什么东西都能探究出新东西来。(刘 E、申志远、魏春桥《望着我的眼睛》，载《剧作家》2005 年第 5 期)

(283) 你看我们夫妻多好啊！一人一个女儿，一人一个公主。(周宛润《五妹妹的女儿房》，载《小说月报·原创版》2005 年第 2 期)

(284) 这女人是多么地爱笑啊！笑声比溪水上的阳光还要明亮。(阿来《阿坝阿来》)

(285) 多么富有诗意的名字啊！诗人有一种说不出的激动和感动。(雨晴《阳光不锈》，载《读者》2002 年第 1 期)

(286) 人体真是太奇妙了，有许多说不清的地方。(王祥符《榴莲》，载《小说月报》2004 年第 11 期)

(二)“积极感叹＋否定陈述”句联表示解注关系。例如：

(287) 妙极了！三爷的划算决不会错到哪里去的！(茅盾《子夜》)

(288) 唉，新月多好！也不受家庭的连累，想考名牌大学，就考上了。(霍达《穆斯林的葬礼》)

(三)“消极感叹＋肯定陈述”句联表示解注关系。例如：

(289) 爱情是多么的独裁！我们想拥有的是对方的自由。(张小娴《只是我们碰巧相爱》，载《读者》2002 年第 16 期)

(290) 你真狠啊！一开口就说出这么狠心的话来了。(阿来《尘埃落定》)

(291) 太暴力了！简直是一群古惑仔。

(292) 这些该死的男人！一个个就和馋猫一样。(古华《芙蓉镇》)

(293) 真难看！玹子抬起自己的雪白的手审视着。(宗璞《东藏记》)

(四)“消极感叹＋否定陈述”句联表示解注关系。例如：

(294) 比禽兽还不如！他简直不拿我当人看。(张爱玲《沉香屑》)

(295) 人太辛苦呀！辛苦，辛苦命不苦。(白桦《淡出》)

(五)“中性感叹＋肯定陈述”句联表示解注关系。例如：

(296) 真没想到啊！长得那么漂亮，穿得板板整整，竟然是个小偷。(史雁飞《滑

落的泪水》，载《微型小说选刊》2005 年第 10 期）

(297) 北京的出租车真贵啊，上车就要十块钱。（李洱《狗熊》，载《小说月报》2005 年第 9 期）

(298) 那是太阳啊！太阳披起血红的战袍，把一腔热血洒向长天。（葛水平《陷入大漠的月亮》，载《小说月报·原创版》2005 年第 3 期）

(299) 一转眼已经整整四十年了！人说幸福日子过得特别快。（白桦《淡出》）

（六）"中性感叹＋否定陈述"句联表示解注关系。例如：

(300) 真稀奇！那么多的和尚吃粥，竟然不出一点声音。（汪曾祺《受戒》）

(301) 这是多么不平常的一天！道静从没有经历过这样的紧张，这样不平静的时刻。（杨沫《青春之歌》）

8.2.2.11 "感叹＋疑问"句联表示解注关系

常见的有四种情况：

（一）"感叹＋是非问"句联表示解注。前一小句用感叹句强调某种情况，后一小句用是非问句句联表示解注关系，对前面的情况进行解释注解。例如：

(302) 有个长脖子真是太好了，兔子，你能想象吗？（《漫画与幽默》，载《读者》2003 年第 24 期）

(303) 好香！油焖茄子？（周宛润《五妹妹的女儿房》，载《小说月报·原创版》2005 年第 2 期）

(304) 好可怜的老女人！你就是想从她这里借出钱来？（毕淑敏《原始股》）

(305) 哈，你可真逗！你当这是真的？（霍达《穆斯林的葬礼》）

以上四例都是"积极感叹＋是非问"句联表示解注。

(306) 该死的野狗！你还真咬人呢？（木铃《进入城市的牧犬》，载《儿童文学》2005 年第 9 期）

(307) 这么残忍！你没看到唐果锥心泣血吗？（毕淑敏《心灵游戏》，载《新剧本》2005 年第 3 期）

(308) 真讨厌！它就不能闭嘴别再这么叫了吗？（向薇《蜥蜴之死》，载《儿童文学》2005 年第 9 期）

(309) 上海人就是这么小气！你不相信？（霍达《穆斯林的葬礼》）

以上四例都是"消极感叹＋是非问"句联表示解注关系。

(310) 人太容易激动了！只是一个名称，就真的如此重要吗？（白桦《淡出》）

(311) 我真不敢相信！你说的是真的吗？（雷冬云译《在你生命中的每一天》，载《读

者》2003 年第 23 期）

(312) 天哪，我的外甥真是传说中那样！你看出来了？（阿来《尘埃落定》）

(313) 怪事！人死后还能唱歌吗？

以上三例都是“中性感叹＋是非问”句联表示解注关系。

（二）“感叹＋正反问”句联表示解注关系。例如：

(314) 你代表中国人站出来露一手中国的艺术，那多好哇！你说对不对？（周振天《“开心肥肥”沈殿霞的中国心》）

(315) 真得太好了，是不是？（雷冬云译《在你生命中的每一天》，载《读者》2003 年第 23 期）

(316) 我们这一代的青年，有责任有义务去解脱国家的苦难和人民的苦难！你们说对不对？（陈辛《蒋经国与章亚若之恋》）

以上三例都是“积极感叹＋正反问”句联表示解注关系。

(317) 这些女人！那女孩子是不是又在那里玩手段捉弄人？（张爱玲《同学少年都不贱》）

上例是“消极感叹＋正反问”句联表示解注关系。

(318) 好久没有洗过这种露天浴了！是不是很舒服？（珊安《爱情地图》）

(319) 我真没收到呀！重要不重要？（钱钟书《围城》）

以上二例是“中性感叹＋正反问”句联表示解注关系。

（三）“感叹＋选择问”句联表示解注关系。例如：

(320) 你太漂亮了！你是演员还是模特？

(321) 太隆重了，太隆重了，你的市民以这样的礼节欢迎市长还是欢迎外国客人呢？（张廷竹《盛世危情》，载《小说月刊》2005 年增刊）

以上二例是“积极感叹＋选择问”句联表示解注关系。

(322) 就有你这样的傻子！你是怕折了你的福还是怎么着？（张爱玲《茉莉香片》）

上例是“消极感叹＋选择问”句联表示解注关系。

（四）“感叹＋特指问”句联表示解注关系。这种情况比较常见。例如：

(323) 好孩子！谁家的女婿呢？（废名《初恋》）

(324) 年岁不大，就那么沉稳、成熟！他今年二十几啊？（霍达《穆斯林的葬礼》）

(325) 他织得真不坏！这绒线衫是做了给谁的呢？（郑振铎《同舟者》）

(326) 太棒了！你怎么猜得这么准呢？（《漫画与幽默》，载《读者》2002 年第 3 期）

(327) 你呀，真虎啊！你咋那么虎呢？（尹韬《傀儡英雄》，载《新剧本》2005年第3期）

以上五例都是“积极感叹＋特指问”句联表示解注关系。

(328) 哎呀，这个音真讨厌！为什么一定要吐舌头呢？（霍达《穆斯林的葬礼》）

(329) 真倒霉！怎么会在这样紧要关头病倒呢？（玛拉沁夫《茫茫的草原》）

(330) 真糟糕！过去我怎么就不注意这些问题呢？（杨沫《青春之歌》）

(331) 好恶心！怎么这么残忍？（龙应台《高健壮的一天》，载《小说月报》2005年第9期）

(332) 真讨厌！你几时看见我哭了？（废名《桃林》）

(333) 但这种正确太可恶了！为什么不在无意中删掉那个“副”字呢？（白桦《淡出》）

(334) 兰子姐，你好偏心啊！咋把大的给他了？（杨利民《铁人轶事》，载《新剧本》2005年第4期）

以上七例都是“消极感叹＋特指问”句联表示解注关系。

(335) 姐姐这话说重了！我哪里就受了委屈？（张爱玲《沉香屑》）

(336) 真是怪事！你在哪儿看见的？（杨沫《青春之歌》）

以上二例是“中性感叹＋特指问”句联表示解注关系。

8.2.2.12　“感叹＋祈使”句联表示解注关系

(337) 那股高兴劲儿哟，甭提了。(北)

(338) 多有道理啊！别让它杀了你的味觉。(刘墉《文章不可不合时宜》)

上二例是“积极感叹＋否定祈使”句联表示解注。感叹句表示肯定某种情况，后面用祈使句表示对前面肯定情况的解释注解。

(339) 狗嘴里吐不出象牙来！再毋许瞎讲了！（白桦《淡出》）

上例是“消极感叹＋祈使”句联表示解注。感叹句表示肯定某种情况，后面用祈使句表示对前面肯定情况的解释注解。

(340) 那最好！不要提起我。(钱钟书《围城》)

(341) 表面上越平静的湖水越深哪！你不用骗我啦！（玛拉沁夫《茫茫的草原》）

(342) 实事求是嘛！你，有病就医，就吃药，就打针，就住院。(白桦《淡出》)

上二例是“中性感叹＋祈使”句联表示解注。感叹句表示肯定某种情况，后面用祈使句表示对前面肯定情况的解释注解。

8.3　选择关系的句类配置

选择关系的句类配置有两类：一类是单纯句类配置，一类是复合句类配置。

8.3.1　选择关系的单纯句类配置

选择关系可以由相同语气类型的小句联结，形成单纯句类配置。主要有三种。

8.3.1.1　陈述句联表示选择关系

陈述小句相互联结可以表示选择关系。主要有下面三种情况：

（一）肯定陈述句联表示选择关系。常用关系词语“或者”、“要么”、“要不”、“与其……不如……”等。例如：

(1) 尹影艺回家就埋头在书堆里，或者咬着笔杆苦思冥想，对着稿纸沉吟发愣。（张弦《回黄转绿》，载《人民文学》1982 年第 3 期）

(2) 那大饥荒的日子里，能活下来的，要么是能偷吃粮食的人，要么是老天爷不想把他收走的人。（刘心武《民工老何》，载《收获》1999 年第 3 期）

(3) 要不就是家境不富裕，要不就是模样丑陋或一派委琐。（贾平凹《故里》，载《十月》1987 年第 2 期）

(4) 与其白白地送上门去被阎王杀掉，我不如就这样走下去。（姚雪垠《李自成》）

（二）否定陈述句联表示选择关系。例如：

(5) 当时上海的报章都不敢载这件事，或者也许是不愿，或者不屑载这件事。（鲁迅《为了忘却的记念》）

(6) 都市中那些层出不穷的高级卫生巾等用品要么在农村买不到，要么没有钱，要么不习惯。（北）

有时选择关系用于假设的前提或结论部分。例如：

(7) 如果我们不这样做，那我们就一定什么问题也不可能解决，或者不可能正确地解决。（北）

(8) 如果根本不读书或者不喜欢读书，那末，无论说什么求甚解或不求甚解就都毫无意义了。（邓拓《不求甚解》）

（三）“肯定陈述＋否定陈述”句联表示选择关系。例如：

(9) 他的精神世界如果是空虚的，或者生活并不自由，那么就决不会幸福，有时甚至是痛苦的。

(10) 不管这个工作是自己愿意做的或者是不愿意做的，都应该愉快地努力地做好。

(11) 有幸栖于古居的村民，要么急于拆大房盖小房，要么无钱修缮。(北)

(四)“否定陈述＋肯定陈述小句”表示选择关系。例如：

(12) 对于自己的历史一点不懂，或懂得甚少。

(13) 要么不招人，要么已经招满。

(14) 不在沉默中爆发，就在沉默中灭亡。(鲁迅《纪念刘和珍君》)

上面三例，“否定陈述小句＋肯定陈述小句”表示选择关系。

8.3.1.2 疑问句联表示选择关系

主要有三种类型：

(一)是非问句联表示选择关系。这种类型比较常见。主要有七种情况：

第一，“……还是……？”例如：

(15) 改制利大于弊，还是弊大于利？

(16) 读书？还是创业？

第二，“是……？还是……？”例如：

(17) 你是输了？还是没有赢？(刘墉《创造自己》)

(18) 对方用的是剑？还是斧？(古龙《萧十一郎》)

(19) 这完全是因为他自己没有机会去了解她？还是因为她根本没有给他机会让他了解她？(古龙《萧十一郎》)

(20) 是您不爱妈妈了？还是妈妈不再爱您了？(田玉祥《十天拥抱的拯救》，载《读者》2005 年第 9 期)

第三，“是……吗？还是……？”例如：

(21) 你是真的要离婚吗？还是只发泄一下怨气？(柯茂林《对等的幸福》，载《特别关注》2005 年第 9 期)

(22) 这种谦让是真谦让吗？还是一种“褊狭的人情”？(刘墉《我不是教你诈》)

第四，“是……吗？还是……吗？”例如：

(23) 她到底是不爱我吗？她还是嫌我太呆滞了吗？(郭沫若《喀尔美萝姑娘》)

第五，“是……？还是……呢？”例如：

(24) 是起来迟了？还是改了期呢？(郭沫若《漂流三部曲》)

第六，“(是)……？抑或……？”例如：

(25) 白镬的意思，指银色不锈钢？抑或一只干净的镬？(李碧华《牡丹蜘蛛面》)

(26) 不知这片片红叶可是诗人的诗魂？抑或是诗人的诗笺？(石定乐《想起朱湘》，载《读者》2005 年第 9 期)

(27) “还是过去画的样子”，是说那已经成为我的风格特色？抑或表示我没有新的突破？（刘墉《超越自己》）

第七，“(是)……吗 / 呢？抑或……？”例如：

(28) 你是真年轻干练足当重任吗？抑或你只是个替死鬼？（刘墉《我不是教你诈》）

(29) 他是“爱吃鱼头”呢？抑或“吃鱼头为了爱”？（刘墉《点一盏心灯》）

（二）特指问句联表示选择关系。例如：

(30) 我实在不知道他这样做是想告诉我们什么？或他想让我们读懂些什么？（流浪虫《被媒体炒红的十大“丑陋”中国人》，载《网络文学选刊》2005 年第 6 期）

（三）“正反问＋是非问”句联表示选择关系。主要有两种情况：

第一，用“还是”表示选择关系。基本语表形式：“正反问＋还是＋是非问”。例如：

(31) 是不是生病了？还是刚才没听清楚？（佚名《毕业典礼》，载《品位读友》2004 年第 5 期）

(32) 你买不买？还是要再比几家？（刘墉《我不是教你诈》）

第二，用“抑或”表示选择关系。基本语表形式：“正反问＋抑或＋是非问”。例如：

(33) 究竟“扬州土产”是否土产？抑或扬州当地根本没有这道菜？（李碧华《牡丹蜘蛛面》）

(34) 你牺牲完还能不能再牺牲？抑或已经一无代价地彻底牺牲了？！（刘墉《肯定自己》）

8.3.1.3　祈使句联表示选择关系

有四种情况：

（一）肯定祈使句联表示选择关系。例如：

(35) 叫我大鹏，或叫我上士。（阎连科《生死晶黄》）

（二）“否定祈使＋否定祈使”句联表示选择关系。例如：

(36) 尽量不要使用存储过程或者说不要在存储过程中实现业务逻辑。

(37) 不要后悔，要么别做。

（三）“肯定祈使＋否定祈使”句联表示选择关系。例如：

(38) 看了要回啊，要么别看。

（四）“否定祈使＋肯定祈使”句联表示选择关系。例如：

(39) 不要说话了，要么你出去。

8.3.2　选择关系的复合句类配置

选择关系可以由不同语气类型的小句联结，形成复合句类配置。主要有四种。

8.3.2.1 “陈述＋祈使”句联表示选择关系

(40) 要么我一个人埋伏，要么你一个人埋伏。(北)

(41) 与其一起发呆，不如陪我聊天吧！（王纹《我会送你到最远》，载《读者》2002 年第 3 期）

8.3.2.2 “陈述＋感叹”句联表示选择关系

(42) 他们或者能弹钢琴，或者不能！

(43) 要么全部，要么全不！（张贤亮《绿化树》）

(44) 是为学校，为社会，为国家，或者说为世界！（老舍《赵子曰》）

8.3.2.3 “疑问＋祈使”句联表示选择关系

(45) 你回来干吗？自个儿闯荡去吧！（梁斌《红旗谱》）

(46) 多说话有什么用？还是少说几句留点余地罢。(钱钟书《围城》)

(47) 其实何必一番手脚两番做呢？干脆同居得了。(钱钟书《围城》)

8.3.2.4 “祈使＋疑问”句联表示选择关系

常见的有以下六种情况：

(一)“肯定祈使＋是非问”句联表示选择关系。例如：

(48) 去打球吧，要么我教你玩 zippo 吧？

(49) 国庆旅行，来香港看我，要么我们去广州见面？

(50) 姐以后一定要小心，要么以后我们去接您吧？

(二)“否定祈使＋是非问”句联表示选择关系。例如：

(51) 别问了，你走开好吗？（木铃《进入城市的牧犬》，载《儿童文学》2005 年第 9 期）

(52) 别再拖了，回去结婚好吗？（周红飞《石头和布的爱情》，载《读者》2003 年第 24 期）

(53) 唉呀，我的大爷呀，你老先别闹，咱们有事好好说还不行吗？（北）

(54) 先别说这个了，您现在能抽空跟我一起去瞧瞧吗？（北）

(三)“肯定祈使＋特指问”句联表示选择关系。例如：

(55) 买克鲁斯和雷科巴吧，要么卖克鲁斯你们觉得怎样？

(56) 你们让开，要么现在大家就火拼一场，怎么样？

(57) 送他个铂金戒指，或者瑞士军刀如何？

(四)“否定祈使＋特指问”句联表示选择关系。例如：

(58) 别问我为何对你不好，先问问你自己何时待我好过以及用的是什么心态来待我好?

(59) 别出去了，在家吃怎么样?

(60) 别用卡巴斯基了，试试瑞星怎么样?

(五)“肯定祈使＋正反问”句联表示选择关系。例如:

(61) 我们用贝壳来丢，或者拍很多照片，把海浪掀起来拍偷人家房子的寄居蟹好不好?

(62) 我们出去逛逛，要么我们去河岸好不好?

(六)“否定祈使＋正反问”句联表示选择关系。例如:

(63) 你先别问我们，你爹是不是李鸣? 你娘是不是落樱?

(64) 别闷在房里，我们去楼下喝杯咖啡好不好?

8.4　递进关系的句类配置

递进关系的句类配置包括单纯句类配置和复合句类配置。

8.4.1　递进关系的单纯句类配置

递进关系可以由同一种语气类型的小句联结，构成单纯句类，包括四种。

8.4.1.1　陈述句联表示递进关系

陈述小句相互联结可以表示递进关系。有下面四种情况:

(一)肯定陈述句联表示递进关系，而且是顺递。这种配置能使用多种关系词语来表示顺递，典型关系词语是“不但……而且……”。例如:

(1) 我不但保留了所有的来信，而且连一张小小的纸条等等微末不足道的东西，我都精心保留起来。(季羡林《牛棚杂忆》)

(2) 这个问题不光是铁道部门存在，其他地方和部门也同样存在。(《邓小平文选》第二卷)

(3) 她不仅需要钱，更需要一个精神支柱。(谷云华《父亲的“外遇”》，载《读者》2005 年第 18 期)

有的只在前项用“不但”之类预递词语。例如:

(4) 不但学生应该尊重教师，整个社会都应该尊重教师。(《邓小平文选》第二卷)

有的只在后项用“而且”、“且”、“更”、“甚至”、“何况”等表示递进。例如:

(5) 这几天，她心里一直涌动着辍学的想法，而且越来越强烈。(马德《一个人的温暖》，载《读者》2005 年第 17 期)

(6) 我爱北京，我更爱今天的北京。(老舍《我爱新北京》)

(7) 她感到很新鲜，甚至，还有一种说不出的兴奋。(杨争光《越活越明白》，载《收获》1999 年第 3 期)

(8) 这是个苦差事，更何况还是远离林场，单独作业。(刘树德《山路曲曲弯弯》，载《小说月报》1982 年第 5 期)

(二) 否定陈述句联表示递进关系。关系词语的使用也比较灵活，有的既在前项用“不但”等关系词语，又在后项用“而且”、“也”等关系词语或“连”字句。例如：

(9) 这两人不仅胖瘦不均，性格也截然不同。(燕平《小镇旧痕》，载《长城》1982 年第 1 期)

(10) 时间一天天过去了，他不但未按期回贵阳，而且连一封信也没有写给我。(廖静文《往事依依》，载《收获》1982 年第 4 期)

有的只在后项用“而且”等关系词语。例如：

(11) 我素来不关心，而且不喜欢讨论这些事，不过教员方面既愿意我来研究这个问题，我不得不将我的意见说一说。(冰心《论文学复古》，载《冰心文集》第二卷)

(12) 发现一篇好作品不容易，培养一个作者更不容易。(牛雅杰《编辑日记》，载《长江》1989 年第 3 期)

(13) 针灸师再也没有进去过，甚至都没有过那种念头。(罗望子《非暴力征服》，载《小说月报·原创版》2005 年第 3 期)

(14) 就目前来讲，高昂的医疗费用他家又支付不起，更何况一直没有找到肾源。(阿龙《六岁的小小男子汉撑起一个家》，载《读者》2005 年第 18 期)

有的只在后项用“连”字句。例如：

(15) 我不认得向秘书长，连面也没有见过。(范小青《女同志》，载《小说月报·原创版》2005 年第 5 期)

(16) 余建芳始终没有参与，连眼皮也没有动一下。(范小青《女同志》，载《小说月报·原创版》2005 年第 5 期)

有时用“别说 / 不用说……连 / 就是……都 / 也”格式。例如：

(17) 别说人，连双眼睛都挤不进去。(王润滋《卖蟹》，载《1980 年全国优秀短篇小说评选获奖作品集》)

(18) 不用说带着沉重的一网兜蟹子，就是空着两手怕也游不回去了。(邓刚《光天化日海蓝蓝》，载《小说月报·原创版》2005 年第 5 期)

(19) 不说劳民伤财，时间上也根本来不及。(范小青《女同志》，载《小说月报·原创版》2005 年第 5 期)

（三）“肯定陈述＋否定陈述”句联表示递进关系。语表形式上，有的既在前项用“不但”等关系词语，又在后项用“而且”等关系词语。例如：

(20) 现在她不单天天来，而且没有固定时间。（罗望子《非暴力征服》，载《小说月报·原创版》2005 年第 3 期）

(21) 我阅读唐诗宋词尚且有困难，诗经、楚辞就更看不懂了。（吕叔湘主编《现代汉语八百词》）

有时也用“别说……连……都 / 也”格式。例如：

(22) 别说挣这么多钱，连这么多钱都没见过。（马步升《被夜打湿的男人》，载《小说月报·原创版》2005 年第 5 期）

有的只在前项用“不但”等关系词语。例如：

(23) 不但我辞职，我们老一代的都不兼职了。（《邓小平文选》第二卷）

(24) 其实不只是他妹妹，几乎附近所有的母亲都不准自己的孩子接近木莲。（汪雅云《木莲》，载《读者》2004 第 7 期）

有的只在后项用“而且”等关系词语。例如：

(25) 她每晚九点左右就收车回家，而且晚上绝对不跑郊区的路。（衣向东《女出租车司机》，载《小说月报·原创版》2005 年第 5 期）

(26) 对付这种病症最有效了，而且没有副作用。（罗望子《非暴力征服》，载《小说月报·原创版》2005 年第 3 期）

（四）“否定陈述＋肯定陈述”句联表示递进关系。又分两种：

第一，表顺递。有时，既在前项用“不但”等关系词语，又在后项用“而且”、“还”等关系词语。例如：

(27) 他不仅不后悔起用郎平，而且下大力锤炼她。（鲁光《敬一杯酒》，载《人民文学》1982 年第 1 期）

(28) 从此，两个孩子不仅没有再得到一个父亲，而且又失去了自己的母亲。（桥雪竹《弟弟、妹妹、哥哥啊！》）

以上二例用的是“不仅不 / 没……而且……”格式。

(29) 他不仅不生气，还为它欢呼。（刘恒《天知地知》，载《小说选刊》1996 年第 11 期）

(30) 他稳坐摊前不去劝解，不仅不劝解，还捂嘴偷偷地笑。（吴伸《三岔镇风波》，载《十月》1985 年第 1 期）

以上二例用的是“不仅不……还……”格式。

(31) 临别，张兴全不但不收医药费，而且还送路费给他们母子俩。(北)

(32) 他现在非但一点也不能发火，而且还应处处表现轻松愉快才是。(叶文玲《太阳的骄子》，载《小说界·长篇小说专辑》1984 年第 1 期)

以上二例用的是“不但 / 非但不……而且还……”。有时只在前项用“不但”等关系词语。例如：

(33) 这样不仅不能成为建设“红色根据地”的力量，很可能成为贫下中农身上的负担。(刘鹏越《安魂曲》，载《春风》1982 年第 1 期)

有时只在后项用“而且”等关系词语。例如：

(34) 他不想再在那个地方干下去，而且他还要进一步升迁。(王大进《禅意》，载《小说月报》2004 年第 7 期)

(35) 没有哪个大干部是靠喝酒喝上去的，更何况女干部。(范小青《女同志》，载《小说月报·原创版》2005 年第 5 期)

有时也用“别说不……就算……还……”格式。例如：

(36) 别说大秘当场不理睬你，就算他当场骂了你，他还是在暗中帮了你不少忙的。(范小青《女同志》，载《小说月报·原创版》2005 年第 5 期)

第二，表反递。常用语表形式“不但不 / 没……反而……”。前项用“不但”等关系词语，后项用“反而”等反转词语。例如：

(37) 人们不仅不接受他的挑战，反而远远地避开。(赵本夫《村鬼》，载《十月》1985 年第 1 期)

(38) 粮菜价钱不光不降，反而升高。(吴伸《三岔镇风波》，载《十月》1985 年第 1 期)

(39) 农民不但没有钱赚，反倒月月要从口袋里掏钱出来。(向本贵《花瓶镇》，载《中篇小说选刊》1999 年第 1 期)

“不但不……反而……”之所以表示递进，是通过前项的预递词“不但”等表现出来的，我们还可以在后项使用“更”等进一步表示递进。例如：

(40) 不但不解气，反而更来气了。(邓刚《光天化日海蓝蓝》，载《小说月报·原创版》2005 年第 5 期)

(41) 他一听侍妾提醒他该吃饭了，不但不像过去那样欣然颌首，反而更加烦躁起来……(黄继树《第一个总统》，载《小说家》1984 年第 4 期)

由于反递的反转面总是出乎意料的，因此后项也可用“竟然”之类语气副词。例如：

(42) 他们不但不听，竟然朝岸上开枪。(黄继树《第一个总统》，载《小说家》

1983年第3期)

(43) 就老何而言，他对三闺女莲弟，不仅绝不嫌弃，竟还颇为偏爱。(刘心武《民工老何》，载《收获》1999年第3期)

为了突出反转面的出乎意料，后项会使用转折词“却”。例如：

(44) 回场后的哲学家非但没受到大家尊敬，却成了笑柄。(叶文玲《太阳的骄子》，载《小说界·长篇小说专辑》1984年第1期)

(45) 这个从小到大受无数次拘留、教养、判刑的惯犯，不仅不总结历史经验教训，却反而在如何能逃避法律制裁上下功夫。(流星《贼王》)

(46) 好在她并没有要逃走的迹象……不但没有逃走，相反，却直奔边防站而来。(刘克《康巴阿公》)

8.4.1.2　疑问句联表示递进关系

疑问小句相互联结可以表示递进关系。常见的有四种情况：

(一) 是非问句联表示递进关系。例如：

(47) 你以为妈怕穷么？怕人家笑我们穷么？(曹禺《雷雨》)

(48) 几年不见,你剑法想必又精进了吧？天下大概已没有人能比得上你了吧？(古龙《萧十一郎》)

(49) 那么我一辈子就老在这儿？连解手儿都得上外边去？(老舍《龙须沟》)

以上三例，前一例，由“怕穷”到“怕人家笑我们穷”，程度加深；中间一例，由问剑法精进到问天下无人能比，夸奖升级；后一例，用“连”字句句联表示递进关系。

(二) 正反问句联表示递进关系。例如：

(50) 写这种事的肯定是流氓小报，党报写了没有？《长江日报》《人民日报》写了没有？(池莉《你以为你是谁》)

上例，由“党报”到“《长江日报》《人民日报》”，“党报”的范围具体化了。

(三) 特指问句联表示递进关系。例如：

(51) 我怎么会怪他？我怎么能怪他？(岁影流年《十五岁我就知道了》，载《当代青年》2005年第8期)

(52) 说男人一阔脸就变，女人何尝不是一阔脸就变？谁又不是一阔脸就变？(池莉《你以为你是谁》)

以上二例，前一例，通过能愿动词“会”和“能”形成递进；后一例，从“女人”到“谁”表示的任指，范围扩大。

(四)“特指问+是非问”句联表示递进关系。例如：

(53) 小公子又倒了杯酒，笑道："这酒倒不错，是西凉国来的葡萄酒，连夫人何不尝尝？连夫人总不至于酒都不喝吧？"（古龙《萧十一郎》）

(54) 你有什么权力下别人的论断是"不公允"的论断？你这论断难道就公允吗？（余杰《心灵独白》）

(55) 直到这时，他才笑了，柔声道："一个人活着，只要活得开心，少活几天又有何妨？长命的人难道就比短命的快活？"（古龙《萧十一郎》）

8.4.1.3 祈使句联表示递进关系

祈使小句相互联结可以表示递进关系。有四种情况：

（一）肯定祈使句联表示递进关系。例如：

(56) 你们要把经济建设搞上去，更要居安思危，振奋自立自强自尊的爱国心。

(57) 你们要努力学好外语，更要学好汉语。

（二）否定祈使句联表示递进关系。例如：

(58) 以后，你不要总带着小芬去散步，更不要手拉着手一起走……（北）

(59) 你当着老队长的面，可不能流露这样的情绪，更不能用这种词。（浩然《晚霞在燃烧》）

（三）"肯定祈使＋否定祈使"句联表示递进关系。例如：

(60) 你要好好照顾自己，而且别老和你爸爸妈妈吵架！

（四）"否定祈使＋肯定祈使"句联表示递进关系。例如：

(61) 你不但不能走，而且要大力支持我的工作。

(62) 不但不可小视，而且要非常重视！

8.4.1.4 感叹句联表示递进关系

感叹小句相互联结可以表示递进关系。常见的有三种情况：

（一）积极感叹句联表示递进关系。例如：

(63) 荩忱，我是为你好啊！为这一军人好啊！（老舍《张自忠》）

(64) 我的好妹妹，你实在太可爱了，连你的心也都是很美的啊！（阳翰笙《天国春秋》）

（二）消极感叹句联表示递进关系。感叹的语义内容在程度上有所加强。例如：

(65) 唉，我错待了你了！我大大的错待了你了！（王独清《杨贵妃之死》）

(66) 我们真是罪人！真是罪人！真是十恶不赦的罪人啊！（阳翰笙《天国春秋》）

（三）中性感叹句联表示递进关系。例如：

(67) 多么平常的小屋，多么平常的土炕！（北）

8.4.2　递进关系的复合句类配置

递进关系可以由不同小句联结，形成复合句类配置，主要有八种。

8.4.2.1　“陈述＋疑问”句联表示递进关系

常见的有以下两种情况：

（一）“肯定陈述＋疑问”句联表示递进关系。例如：

(68) 仅靠政府输血，排一场拨十几万元或者几十万元，不仅增加国家经济负担，而且什么时候才能有戏剧的振兴和繁荣？（刘玉琴《剧团争奖为哪般（旁观者说）》，载《人民日报》1998 年 1 月 24 日）

(69) 天津老鼠的口味都已经变了，何况有身份、有地位的硕鼠？（朱铁志《老鼠的口味（金台随感）》，载《人民日报》1998 年 1 月 24 日）

（二）“否定陈述＋疑问”句联表示递进关系。例如：

(70) 我们不赚您的钱，您也不忍心让我们倒贴吧？（杜卫东《吐火女神》，载《小说月报》2004 年增刊）

(71) 多少代中外探险家都没有穿越那里，何况要在那里打井采油呢？（路小路《伟大的世界奇迹——读长篇报告文学〈世界沙漠第一路〉》，载《人民日报》1998 年 1 月 3 日）

8.4.2.2　“陈述＋感叹”句联表示递进关系

(72) 祖国需要我，我更需要祖国啊！（邢福义《汉语复句研究》，商务印书馆 2001 年版）

(73) 只是看山足见奇观，更何况那谓之天池之水该是怎样一个景况啊！（张世娟《天池清韵》）

8.4.2.3　“疑问＋陈述”句联表示递进关系

(74) 干吗要等香烧完啊？烧香本来都是多余的。（鬼子《大年夜》，载《小说月报》2004 年第 12 期）

(75) 怎么会不喜欢呢？我想象不出你不喜欢的理由。（葛水平《陷入大漠的月亮》，载《小说月报·原创版》2005 年第 3 期）

(76) 在这个年头谁还有好脾气啊？这又不是你一个人的错。（巴金《寒夜》）

以上三例，前一例，特指问和肯定陈述联结可以表示递进；后两例，特指问和否定陈述联结可以表示递进。

8.4.2.4　“疑问＋祈使”句联表示递进关系

常见的有以下两种情况：

（一）“是非问＋肯定祈使”句联表示递进关系。例如：

(77)“你这个调皮的家伙，光劲头足就行？”他指着他的头说：“还要把脑筋这部机器开动起来！”（杜鹏程《保卫延安》）

（二）“正反问＋肯定祈使”句联表示递进关系。例如：

(78) 你替他请了律师没有？要请个好律师。（张廷竹《盛世危情》，载《小说月报》2005 年增刊）

8.4.2.5 “疑问＋感叹”句联表示递进关系

(79) 仅仅是爱吗？这份爱里有我们这一辈人多少辛酸！（曲兰《母亲的批判》，载《读者》2002 年第 10 期）

(80) 你们不是要敲他一百两吗？他摔给你一百五！（刘斯奋《白门柳》）

以上二例是“是非问＋感叹”句联表示递进。前一小句用是非问句表示对某种情况进行确定性或不确定性的提问，后一小句又用感叹句对前一种情况作进一步的说明。

(81) 这叫本分？还念过书呢？！（曹禺《雷雨》）

(82) 首长又怎么样？我还见过师长呢！（毕淑敏《藏红花》）

以上二例是“特指问＋感叹”句联表示递进。前一小句用疑问代词进行提问，后一小句又用感叹句对前一种情况作进一步的阐释说明，意义在于从相反方面给出前一小句的答案。

8.4.2.6 “祈使＋疑问”句联表示递进关系

常见的有以下五种情况：

（一）“肯定祈使＋是非问”句联表示递进关系。例如：

(83) 请你走开，求求你离我远点好吗？（木铃《进入城市的牧犬》，载《儿童文学》2005 年第 9 期）

(84) 再忙也得说说他，何况今天俺不是闲着？

(85) 说些别的吧，况且这样吵来吵去有意思吗？

(86) 坚强点吧！况且，他会离开你吗？

（二）“否定祈使＋是非问”句联表示递进关系。例如：

(87) 你不能做面膜，而且你皮肤容易敏感不是吗？

(88) 不要想着赶他们走，何况他们现在不是只住半年吗？

(89) 请某些人不要把责任放在自己身上，再强的队伍也有输球的时候，更何况我们现在还没输，不是吗？

(90) 不要不知所措嘛，至少你还有我呢，对吗？

(三)“肯定祈使＋特指问”句联表示递进关系。例如：

(91) 你就别计较了，况且你何曾吃亏呢？

(92) 你要相信爸爸妈妈，更何况，你还有我呢？

(93) 我看，你还是算了吧，况且把那些仇恨放在心里，自己怎么会快乐？

(四)“否定祈使＋特指问”句联表示递进关系。例如：

(94) 以后可千万不能走上我这条路，就是一仙女，你也别动心，何况这世上哪有仙女啊？ (冯小刚《一声叹息》)

(95) 你们不要体罚学生，况且万一失手怎么办？

(96) 互相伤害的话别再说了！何况这些日子，都不曾有过关心，我到底在做什么？

(五)“否定祈使＋正反问”句联表示递进关系。例如：

(97) 你别说下去了，这种故事是否过于老套，尤其是结局？

(98) 不要试图逃避这一切，况且这种痛苦没了，是否又新添另外的痛苦呢？

(99) 别忘了看看周围的环境，尤其附近是否有高压线？

8.4.2.7　“祈使＋感叹”句联表示递进关系

(100) 万万不可传染！而且她只认洋钱，没有情！ (钱钟书《围城》)

上例是“否定祈使＋感叹”句联表示递进。

8.4.2.8　“感叹＋陈述”句联表示递进关系

(101) 狮子王国多么爽啊，而且不会少账。

(102) 她的付出多么可贵啊！而且她做了很多的注解和内心感悟的评述。

8.5　连贯关系的句类配置

递进关系的句类配置包括单纯句类配置和复合句类配置。

8.5.1　连贯关系的单纯句类配置

连贯关系可以由同一种小句联结，形成单纯句类配置，包括四种。

8.5.1.1　陈述句联表示连贯关系

陈述小句相互联结可以表示连贯关系。有下面四种情况：

(一) 肯定陈述句联表示连贯关系。这种情况较为常见。有的是表示接连发生的事件或状况，可以不用关系词语，有时也用“先”、“接着”、“然后”、“于是”、“最后”、“一……就……”等。例如：

(1) 韩子奇默默地离开了妻子的卧室，摸出须臾不离身边的钥匙，打开了他的卧室毗邻的最西头的那间房子，走进了他的秘密世界。(霍达《穆斯林的葬礼》)

上例叙述了“韩子奇”接连做出的动作行为，没有使用关系词语。又如：

(2) 张卫敏来到停车场，拉开车门，上了自己的那辆保时捷。(王大进《禅意》，载《小说月报》2004 年第 7 期)

(3) 脱去厚重的棉衣，换上轻便的旅游鞋，踏出小屋，越过心的驿站，信步走进春天。(张敏《走进春天》，载《读者》2004 年第 7 期)

如果是述说动作行为的结果，也可以不用关系词语。例如：

(4) 他定定地看着周志丽，看得周志丽慌慌乱乱的不知做什么好，在屋里来回转。(杨争光《越活越明白》，载《收获》1999 年第 3 期)

下面的例句都使用了这样那样的表示连贯的关系词语：

(5) 他先在稻草人身上扎一针，然后在自己身上相同的位置扎一针。(罗望子《非暴力征服》，载《小说月报·原创版》2005 年第 3 期)

(6) 他摇着头，接着回过脸。(凡一平《撒谎的村庄》，载《小说月报·原创版》2005 年第 5 期)

(7) 他把相机的皮套掰开，再把镜头盖取下。(凡一平《撒谎的村庄》，载《小说月报·原创版》2005 年第 5 期)

(8) 吃过饭之后，周炳就闭上眼睛，躺在神厅里的杉木贵妃床上。(欧阳山《三家巷》)

(9) 一踏进去，就有一派清逸、宁静、淡泊的山光水色。(柯云路《夜与昼》)

(10) 他手刚一抓，这团子就被他捏成了一把碎渣子。(路遥《平凡的世界》)

有的连贯是说明空间位置的。例如：

(11) 大山的深处有一座哨卡，几个战士默默地在那儿驻守着。

(12) 场院小屋的门大开着，屋里弥漫着一股火药味儿，遍地是被践踏乱了的干草，草上还有星星点点的几滴鲜血和几颗亮晶晶的手枪弹壳。

有的连贯是说明事理的。例如：

(13) 湖水滋润着湖边的青草，青草喂肥了羊群，羊奶哺育着少女的后代子孙。

(14) 红彤彤的太阳从东方升起，万道霞光照射大地。

(15) 黑桃是最大的，然后是红桃。(鬼子《鬼子小说二题·爱情细节》，载《小说月报·原创版》2005 年第 5 期)

(二) 否定陈述句联表示连贯关系。例如：

(16) 先是你不说话，后是对方不说话。(葛水平《陷入大漠的月亮》，载《小说月报·原创版》2005 年第 3 期)

(三)“肯定陈述＋否定陈述”句联表示连贯关系。例如：

(17) 从你一过门，我就没对你笑过。(吴伸《三岔镇风波》)

(18) 讨论会一结束，人们刚一走，庄文伊就克制不住他的激烈情绪了。(柯云路《新星》)

(四)“否定陈述＋肯定陈述”句联表示连贯关系。例如：

(19) 针灸师没有理她，于是乔乔又走了。(罗望子《非暴力征服》，载《小说月报·原创版》2005 年第 3 期)

(20) 父亲先是不解，后是愤怒。(罗望子《非暴力征服》，载《小说月报·原创版》2005 年第 3 期)

8.5.1.2　疑问句联表示连贯关系

疑问小句相互联结可以表示连贯关系，也就是连续发问。常见的有十种情况：

(一)是非问句联表示连贯关系。有的表示所问事件先后发生。例如：

(21) 你们回来啦？点头啦？（老舍《茶馆》)

(22) 你们总要有孩子了吧？你们的孩子也是要有孩子的吧？（史铁生《多亏了那顶草帽》，载《品位读友》2004 年第 5 期)

有的表示问话的逻辑顺序。例如：

(23) 这项链真好看，不便宜吧？钱省了很久吧？（佚名《“自私”的母亲》，载《特别关注》2005 年第 9 期)

(24) 真修沟？真一个钱也不跟咱们要？（老舍《龙须沟》)

(25) 你觉得好点了吗？要不咱们到上风头去站站？（毕淑敏《预约死亡》)

(二)“是非问＋特指问”句联表示连贯关系。特指问往往是在肯定是非问的前提下又提出的问题。有的特指问是针对是非问中的人或事物而提。例如：

(26) 一清早起来就算账？什么账？（郁达夫《过去》)

(27) 三个人？都是谁？（老舍《茶馆》)

有的特指问是针对是非问中的方式或原因而提。例如：

(28) 究竟哪些是正当的，哪些是不正当的，其中有是非的标准吗？有了标准又如何真实地进行评判？（伍痕山《为了美的存在》，载《读者》2004 年第 2 期)

(29) 你是老三么？你何以会到这里来的？（郁达夫《过去》)

有的特指问是针对是非问中的数量而提。例如：

(30) 你已经卖给县公司了？卖了多少钱？（路遥《卖猪》)

(31) 老爷那种纺绸衬衣不是一共有五件？您要哪一件？（曹禺《雷雨》)

(32) 电灯费？欠几个月的啦？（老舍《茶馆》)

（三）“是非问＋正反问”句联表示连贯关系。例如：

(33) 妈妈，它们有蛋糕吗？我过生日的时候你是不是也会给我买最大的蛋糕？（张燕梅《病房里的感动》，载《读者》2005 年第 9 期）

(34) 我们曾经努力过吗？我们的双手是不是因为努力而渗出了鲜血？（佚名《努力的代价》，载《传奇文摘》2004 年第 11 期）

(35) 你？你是不是也想来试试？（古龙《萧十一郎》）

(36) 听说你们家买了不用瓦斯的锅子？可不可以参观一下？（林清玄《飞越沙漠的河》）

（四）“特指问＋是非问”句联表示连贯关系。例如：

(37) 你要去哪里？我能跟你一起去吗？

(38) 羊饿了该吃草，狼饿了呢？难道就该饿死吗？（古龙《萧十一郎》）

以上二例，“是非问”表示特指问前提下的结果。

(39) 哦，小东西怎么样了？你难道还没有把她找回来？（曹禺《日出》）

(40) 我们刚才正在谈什么呢？还没谈完吧？（池莉《你以为你是谁》）

(41) 二春！二春！你在哪儿哪？你就不管你妈了呀？（老舍《龙须沟》）

(42) 那是谁的作品？要寄回台湾裱？（刘墉《创造自己》）

以上四例，是非问接着特指问的某个内容继续发问。

（五）特指问句联表示连贯关系。前后特指问发问的方式比较灵活多样。例如：

(43) 没有人心人气人情支持率，又怎能提升吸引力和竞争力呢？没有吸引力和竞争力又怎能做老板呢？（赵为民《傻乎乎地做老板》，载《读者俱乐部》2005 年第 3 期）

上例，两个特指问使用顶真格，语意上构成连贯。有的两个特指问都问有关事物的原因。例如：

(44) 我为什么不在船上补票？我为什么不去和他们同样受苦呢？（郭沫若《漂流三部曲》）

(45) 爸妈为什么生我？为什么不给我选择的权利？（余杰《心灵独白》）

有的前一个特指问询问人、事物、处所、数量等，后一个特指问询问有关方面的原因。例如：

(46) 谁说我的神经失常？你们为什么这样咒我？（曹禺《雷雨》）

(47) 这两个月来，他们究竟在做什么？为什么她直到今天才回来？（古龙《萧十一郎》）

(48) 你家在什么地方？何以不回家去？（郁达夫《春风沉醉的晚上》）

(49) 妈妈，你在哪儿弄的那只苹果？怎么那么甜？（刘燕敏《最后成熟的果子》，载《品位读友》2004 年第 5 期）

(50) 白水兄呢？为何还没有来？（古龙《萧十一郎》）

有的前一个特指问询问原因，后一个特指问询问有关人、事物等。例如：

(51) 既然有人怀疑，就必定有人追查，司空曙是怎么死的？是谁杀了他？（古龙《萧十一郎》）

(52) 她为什么不说？她究竟还隐瞒着什么？（古龙《萧十一郎》）

(53) 我们怎会到这里来的？这里又是什么地方？（古龙《萧十一郎》）

(54) 为什么还要把这张休息的罗圈椅放到长城之外呢？清代的帝王们在这张椅子上面南而坐的时候在想一些什么呢？（余秋雨《一个王朝的背影》）

还有的两个特指问都不是询问原因，而是询问有关人、事物、时间、处所、状况等。例如：

(55) 原来你受了伤，是谁刺伤了你？是谁这么狠心？（古龙《萧十一郎》）

(56) 他是谁？有什么魔力能令赵无极他们如此听话？（古龙《萧十一郎》）

(57) 到底是什么时间来？多久浇一次水？（林清玄《飞越沙漠的河》）

(58) 一幅画究竟用了多少公斤颜料？这些颜料值多少钱？（余杰《心灵独白》）

(59) 你上什么地方去？几时来此地的？（郁达夫《过去》）

(60) 洋嗓子什么样啊？到底有什么区别？（罗筠筠《土洋之争中的李德伦》，载《书摘》2001 年第 10 期）

(61) 她调到那里？如何跟她联系？（默之《因为爱你》，载《品位读友》2004 年第 5 期）

（六）“特指问＋选择问”句联表示连贯关系。例如：

(62) 是怎么跌倒的？是真的跌倒了吗？抑或只是成功的一种“低姿势的开始”？（刘墉《创造自己》）

(63) 但她母亲是如何的一个人？死了呢还是活在哪里？（郁达夫《春风沉醉的晚上》）

（七）“特指问＋正反问”句联表示连贯关系。例如：

(64) 当我临走时，问夏阳在纽约二十年的岁月，觉得如何？有没有什么遗憾？（刘墉《超越自己》）

(65) 你说小八现在在干什么呢？他会不会想我呀？（南方《父亲的金婚》，载《读者》2004 年第 2 期）

(66) 想吃什么？去夜市好不好？（左晴雯《烈火青春》）

(67) 集资数目如此庞大，我们向外包销的把握有多少？要不要和乔夕再详细商量一下？（梁凤仪《豪门惊梦》）

(68) 这锅子哪里买的？可不可以帮我买一个？（林清玄《飞越沙漠的河》）

（八）“正反问＋是非问”句联表示连贯关系。例如：

(69) 先吃一点好不好？一会儿我请你吃饭可以吗？（凌霜降《纯银耳钉上的爱情温度》，载《深圳青年》2005 年第 8 期）

(70) 你去不去超市？顺便帮我买支笔好吗？

(71) 有没有跟袁婆婆联系？在千年一遇的新纪元可送点小礼？（李碧华《牡丹蜘蛛面》）

（九）“正反问＋特指问”句联表示连贯关系。例如：

(72) 公孙先生今天回不回来？什么时候回来？（古龙《萧十一郎》）

(73) 此时是否也该坐下来思考一下下一个路口该怎么走？应该走向哪里？（梁永安《九十年代文学的无痛转型》，载《书摘》2001 年第 10 期）

(74) 有没有在广州设厂？由祖国儿女依据什么“配方”加工？（李碧华《牡丹蜘蛛面》）

(75) 不知情的人，常问我是不是音乐家？匣子里是什么乐器？（刘墉《点一盏心灯》）

（十）正反问句联表示连贯关系。例如：

(76) 你是否不玩了？我能不能接手？（刘墉《创造自己》）

(77) 您累不累？要不要休息一下？（刘墉《点一盏心灯》）

(78) 解放了，好人抬头，你们坏蛋不大得烟儿抽，是不是？是不是要谈这个？（老舍《龙须沟》）

(79) 喂，跛子，你到底敢不敢玩真的？莫丢武汉人的脸好不好？（池莉《你以为你是谁》）

8.5.1.3　祈使句联表示连贯关系

祈使小句相互联结可以表示连贯关系。有四种情况：

（一）肯定祈使句联表示连贯关系。例如：

(80) 把衣服换上，再洗个脸，梳个头。（路遥《人生》）

(81) 先学一学，再把蜂运回来。（路遥《平凡的世界》）

(82) 向右转，开步走。（石钟山《男人的天堂》，载《长篇小说选刊》2005 年第 2 期）

(二) 否定祈使句联表示连贯关系。例如：

(83) 胆小的别看，以后也别玩挑战。

(三)“肯定祈使＋否定祈使”句联表示连贯关系。例如：

(84) 赶快拿走！以后再不准搞这一套！(路遥《平凡的世界》)

(85) 你们好好在这屋子里坐一会，别乱动……(曹禺《雷雨》)

(86) 现在就出去，永远莫要被我再瞧见……(古龙《绝代双娇》)

(四)“否定祈使＋肯定祈使”句联表示连贯关系关系。例如：

(87) 孩子们，别哭了，哭够了就把泪擦干。(冯德英《迎春花》)

8.5.1.4　感叹句联表示连贯关系

感叹小句相互联结可以表示连贯关系。例如：

(88) 我最喜欢喝汤啦！谢谢你呀！(三石《酒宴》，载《百花》2005 年第 5 期)

(89) 唉！想不到你一病三天就去世了！留下我们母子俩人多么伤心啊！(侯曜《可怜闺里月》)

(90) 洪小姐那会还小哩！她后来才学的武艺呀！(白尘《金田村》)

以上三例，前一例是积极感叹句联表示连贯关系；中间一例是消极感叹句联表示连贯关系；后一例是中性感叹句联表示连贯关系。

8.5.2　连贯关系的复合句类配置

连贯关系可以由不同语气类型的小句联结，形成复合句类配置，共有十二种。

8.5.2.1　“陈述＋疑问”句联表示连贯关系

(91) 机会已经来了，你准备好了吗？(蒋蕊子《浮躁》，载《萌芽》2003 年第 10 期)

(92) 我买了你爱吃的黄花鱼，咱们是清蒸还是红烧呢？(杜卫东《吐火女神》，载《小说月报》2004 年增刊)

(93) 我们邻村的先生啊，我都认识，不知是哪位？(杨沫《青春之歌》)

(94) 我又想到日本侵华时的慰安妇，那时年轻的中国女子是在刺刀的威逼下不得不供皇军们一泄兽欲，而如今呢？(北)

8.5.2.2　“陈述＋祈使”句联表示连贯关系

先陈述事实，再做出祈使。大体有四种情况：

(一)“肯定陈述＋肯定祈使”句联表示连贯关系。例如：

(95) 您已经付出了赞美声，现在就请享受鲜花的美丽吧。(朱晓琳《享受心安理得》，载《读者》2003 年第 23 期)

(96) 你们的菜上齐了，请慢用！（彭匈《宴席上的座次》，载《读者》2005年第20期）

(97) 我这里有一份刚发下来不久的政策性文件，你们看吧。(张廷竹《盛世危情》，载《小说月报》2005年增刊)

(98) 我听到你的笑了，风沙，来吧！（葛水平《陷入大漠的月亮》，载《小说月报·原创版》2005年第3期)

(二)“肯定陈述＋否定祈使”句联表示连贯关系。例如：

(99) 玩具修好了，别再摔了！

(三)“否定陈述＋肯定祈使”句联表示连贯关系。例如：

(100) 我不跟你说，你到工作队去见萧队长。(周立波《暴风骤雨》)

(101) 我不上去了，你们继续上。(范小青《女同志》，载《小说月报·原创版》2005年第3期)

(102) 我们今天也不铐你，你先跟我们上车走一趟吧！（吴万夫《小村大事》，载《小说月报》2004年第12期)

(四)“否定陈述＋否定祈使”句联表示连贯关系。例如：

(103) 他到现在还没来，咱们不等他了吧。

8.5.2.3 “陈述＋感叹”句联表示连贯关系

(104) 远处的窗户里荒野回射过来，他是多么恋恋地望着那每一丝颤抖的光线！(张爱玲《同学少年都不贱》)

(105) 如此这般，真是叫人失望啊！（朱映晓《用玉女的名义盘点》，载《女友》2005年第3期)

8.5.2.4 “疑问＋陈述”句联表示连贯关系

这种情况比较多见。主要有以下三种情况：

(一)“是非问＋陈述”句联表示连贯关系。例如：

(106) 近来你还是常去上海吗？听说塑料厂的原料到处都能买到了。(张廷竹《盛世危情》，载《小说月报》2005年增刊)

(107) 知道余吧？……我们好了……(杨沫《青春之歌》)

(108) 您出去半天还没有吃饭吧？早给您预备好啦。(杨沫《青春之歌》)

(109) 妈，你还好吗？我是奥通我很好。(王璞《毕业合影》，载《收获》2003年第2期)

(二)“正反问＋陈述”句联表示连贯关系。例如：

(110) 林道静是不是？我叫余永泽，就是这村子的人。(杨沫《青春之歌》)

（三）“特指问＋陈述”句联表示连贯关系。例如：

(111) 胡老师，你有事吗？我在打扫卫生。（王永午《最后一页》，载《小说月报》2004 年增刊）

(112) 他这是什么意思呢？我没有理他。（陈昌平《特务》，载《收获》2003 年第 2 期）

(113) 而那些靠此糊口度日的弱势人群，谁能拿出十万、十五万的转让费？拿不出就只能黯然失业。（张廷竹《盛世危情》，载《小说月报》2005 年增刊）

8.5.2.5　“疑问＋祈使”句联表示连贯关系

常见的有以下六种情况：

（一）“是非问＋肯定祈使”句联表示连贯关系。例如：

(114) 你们团的任务搞清了么？好，你来复诵。（杜鹏程《保卫延安》）

(115) 你再扫射还能挡住老子过河？周大勇，你们连队先过！（杜鹏程《保卫延安》）

（二）“是非问＋否定祈使”句联表示连贯关系。例如：

(116) 摔痛了吗？好孩子，别哭。（鄢然《秋英之死》，载《剧作家》2005 年第 2 期）

(117) 你看到光了？……别害怕。

（三）“特指问＋肯定祈使”句联表示连贯关系。例如：

(118) 你……你……要干啥？快把锁儿给我！（李黎明《山桃》，载《剧作家》2005 年第 2 期）

(119) 瞅什么哩？窝到灶火角里去！（杜鹏程《保卫延安》）

(120) 你把它塞到哪里了？你现在就把它找出来放到我眼睛能看到的地方。（葛水平《陷入大漠的月亮》，载《小说月报·原创版》2005 年第 3 期）

以上三例，肯定祈使表命令。

(121) 你说什么？再说一遍。（罗鸣《中奖彩票》，载《人民文学》1999 年第 5 期）

上例，肯定祈使表请求。

(122) 到底是谁干的啊？赶快向人家认错吧！（裘山山《少女七一在 1973 年》，载《小说月报》2005 年第 9 期）

(123) 你怎么又躺下了，你快去把他找回来吧。（余华《许三观卖血记》）

(124) 魏三大伯，你找我有什么事？说吧！（杨沫《青春之歌》）

以上三例，肯定祈使在语义上表敦促，有强化语气的作用。

（四）“特指问＋否定祈使”句联表示连贯关系。例如：

(125) 你想对你的初恋情人说一句什么话，不要怕羞！

(126) 你要干什么，不许动我的计算机！（左晴雯《烈火青春》）

(五)“正反问＋肯定祈使”句联表示连贯关系。例如：

(127) 你偷听够了没有？快去搬嘴罢。(钱钟书《围城》)

(128) 要不要我走在前面？你跟着我走。(钱钟书《围城》)

(129) 吃过晚饭没有？还来吃一点。(钱钟书《围城》)

(六)“选择问＋肯定祈使”句联表示连贯关系。例如：

(130) 你把话说明白还是话里有话，告诉我这话怎么讲？(北)

8.5.2.6 “疑问＋感叹”句联表示连贯关系

往往由是非问、特指问和感叹句联结形成连贯，常见的有两种情况：

(一)“是非问＋感叹”句联表示连贯关系。例如：

(131) 唉，小姐，你是来避暑的吗？看，那边海滩上她们玩得多乐和呀！(杨沫《青春之歌》)

(132) 你也喜欢姑娘？我——喜——欢——卓——玛！(阿来《尘埃落定》)

以上二例是“是非问＋积极感叹”句联表示连贯。前一小句用是非问句表示对某种情况进行确定性或不确定性的提问，后一小句又接着用积极感叹句句联表示连贯关系，强烈体现说话人的动作行为或思想感情的重点所在。

(133) 噢，是么？馋死啦！(簸尘《魔》，载《剧作家》2005 年第 3 期)

上面这例是“是非问＋中性感叹”句联表示连贯。前一小句用是非问句表示对某种情况进行确定性或不确定性的提问，后一小句又接着用中性感叹句句联表示连贯关系，体现说话人的动作行为或思想感情的重点所在。

(二)“特指问＋感叹句”句联表示连贯关系。例如：

(134) 我们中谁不爱护他？他真够朋友！(穆时英《黑旋风》)

(135) 我哪儿亏待了你？他不过有几个臭钱！(穆时英《黑旋风》)

以上二例是“特指问＋感叹”句联表示连贯。前一小句用疑问代词进行提问，后一小句又用感叹句表示连贯，意义在于从其他方面给出前一小句的答案。

8.5.2.7 “祈使＋陈述”句联表示连贯关系

(136) 你赶紧写份申诉，我明天来取。(北)

(137) 打到我的卡上吧，等我回到清泉后就把股权证给您办了。(张廷竹《盛世危情》，载《小说月报》2005 年增刊)

(138) 上来，我带你走！(周宛润《五妹妹的女儿房》，载《小说月报·原创版》2005 年第 2 期)

(139) 先忍一忍吧，等我回来再给你弄点水。(鬼子《大年夜》，载《小说月报》

2004 年第 12 期）

(140) 睡吧！等你睡醒我们再谈。（霍达《穆斯林的葬礼》）

8.5.2.8　“祈使＋疑问”句联表示连贯关系

常见的有以下八种情况：

（一）“肯定祈使＋是非问”句联表示连贯关系。例如：

(141) 到屋里坐吧！近来好吗？（杨沫《青春之歌》）

(142) 站住！你听说还抓别的人吗？（杨沫《青春之歌》）

(143) 对我笑一个，笑啊，你听到了吗？（阿来《尘埃落定》）

(144) 看看吧，你想我跟你死在一起吗？（阿来《尘埃落定》）

(145) 醒醒，你没喝多吧？（田沁鑫《赵平同学》，载《新剧本》2005 年第 5 期）

（二）“否定祈使＋是非问”句联表示连贯关系。例如：

(146) 表姐不要客气，请继续弹下去可以吗？（张罗《毕竟东流去》）

(147) 别忙啊！你们记得前几年那位凌司长？（老舍《面子问题》）

（三）“肯定祈使＋特指问”句联表示连贯关系。例如：

(148) 请坐，有什么事？（李六如《六十年的变迁》）

(149) 同学，请签到！你是哪个系的？（霍达《穆斯林的葬礼》）

(150) 都给我走，这孩子是谁带来的？（刘 E、申志远、魏春桥《望着我的眼睛》，载《剧作家》2005 年第 5 期）

(151) 看看这些答案，你能想到什么？（陈华译《爱是什么》，载《读者》2002 年第 3 期）

(152) 站住！你上哪儿去？（曹禺《雷雨》）

（四）“否定祈使＋特指问”句联表示连贯关系。例如：

(153) 别挡着人家的亮光呀——你几时上来的？（钱钟书《围城》）

(154) 不准打呵欠，开始了就叫我！什么开始？（阿来《尘埃落定》）

(155) 别慌，皮德瑞！你说，发生了什么事？（杨沫《青春之歌》）

（五）“肯定祈使＋正反问”句联表示连贯关系。例如：

(156) 快起，要不要我送你回去当面点交？（钱钟书《围城》）

(157) 你回来，我带你去教堂看看好不好？（王祥符《榴莲》，载《小说月报》2004 年第 11 期）

(158) 坐上！外屋缸里还有没有水？（汪曾祺《羊舍一夕》）

（六）“否定祈使＋正反问”句联表示连贯关系。例如：

(159) 甭说废话，这鸟儿你给不给吧？（梁斌《红旗谱》）

(160) 咱们别再兜圈子了，是不是又有什么事需要帮忙了？（北）

(161) 别笑了，想不想再来颗内丹啊？

（七）“肯定祈使＋选择问”句联表示连贯关系。例如：

(162) 坐下谈谈吧！你们是要命呢，还是要现大洋？（老舍《茶馆》）

(163) 我们周日出去玩吧，你想去东湖还是中山公园？

(164) 我给你弄点饮料吧？要桔子水还是可口可乐？（达理《无声的雨丝》，载《中篇小说选刊》1984 年第 1 期）

（八）“否定祈使＋选择问”句联表示连贯关系。例如：

(165) 不要问为什么，您愿意还是不愿意？（李忠东《守时》，载《读者》2002 年第 1 期）

(166) 不要打枪了，你们是要钱还是要人？（北）

(167) 别忘了你老妈是科学家啊，你是老实交代呀还是我今晚给你用刑呀？

8.5.2.9 “祈使＋感叹”句联表示连贯关系

常见的有两种情况：

（一）“肯定祈使＋感叹”句联表示连贯关系。例如：

(168) 对我笑一个，笑啊，他那模样真是好笑！（阿来《尘埃落定》）

(169) 拿着，拿好，真乖！（白桦《淡出》）

(170) 叫亲人们回来送我，我等着啊！（阿来《阿坝阿来》）

(171) 啊，纯哥，坐，坐嘛。这真是……这真是……不容易啊！（王瑞芸《姑父》，载《小说选刊》2005 年第 6 期）

（二）“否定祈使＋感叹”句联表示连贯关系。例如：

(172) 你别哭，你真好啊！（北）

8.5.2.10 “感叹＋陈述”句联表示连贯关系

(173) 我是多么爱这些小东西啊，我给他们起了不同的名字。（葛水平《陷入大漠的月亮》，载《小说月报·原创版》2005 年第 3 期）

(174) 特别是那些年轻媳妇叫得是多么欢实啊！她们的欢叫声把没有母牛挤奶的格拉母亲桑丹从房里引出来。（阿来《阿坝阿来》）

(175) 好孩子呀！罗家姆妈没等红竹把信念完，就拉起袖子来擦眼泪。（周宛润《五妹妹的女儿房》，载《小说月报·原创版》2005 年第 2 期）

(176) 这么好听的声音！人们说，是比你的大嗓门好听。（阿来《阿坝阿来》）

(177) 我看得太多了，都千篇一律。(王祥符《榴莲》，载《小说月报》2004 年第 11 期)

8.5.2.11　“感叹＋疑问”句联表示连贯关系

大体有四种情况：

(一)“感叹＋是非问”句联表示连贯关系。例如：

(178) 您睡得真香！您还渴吗？(杨沫《青春之歌》)

(179) 没想到你还是一个这么内秀的叶子！你不怕我会爱上你吗？(王纹《我会送你到永远》，载《读者》2002 年第 3 期)

(180) 老爸刚刚咽下最后一口气呀！就一点亲情不顾了么？(白桦《淡出》)

(181) 倒真闷得住！还有其他人吗？(叶辛《蹉跎岁月》)

以上四例是“感叹＋是非问”句联表示连贯。前一小句用感叹句强调某种情况，后一小句用是非问，加强肯定或否定某种情况，证明前后两小句是先后相继的关系。

(二)“感叹＋正反问”句联表示连贯关系。例如：

(182) 真烫……就是不知道你的脸是不是更烫？(王祥符《榴莲》，载《小说月报》2004 年第 11 期)

(183) 好一个水瓶！送给我不呢？(废名《初恋》)

以上二例是“感叹＋正反问”句联表示连贯。前一小句用感叹句强调某种情况的存在，后一小句用正反问句从正反两个方面进行提问，连贯引出下一个相关的话题。

(三)“感叹＋特指问”句联表示连贯关系。例如：

(184) 多好的工人啊，这可咋办啊？(杨利民《铁人轶事》，载《新剧本》2005 年第 4 期)

(185) 那就太好了，是什么偏方呢？(马长山《虎猫对饮》，载《读者》2002 年第 3 期)

以上二例是“积极感叹＋特指问”句联表示连贯关系。

(186) 哪儿那么多屁话！几点？(周宛润《五妹妹的女儿房》，载《小说月报·原创版》2005 年第 2 期)

(187) 这个恐怖分子！你准备把那些人带到哪儿去呢？(张留留《消失的村庄》，载《儿童文学》2005 年第 10 期)

(188) 你算什么东西！你能代替得了他们？(王璞《毕业合影》，载《收获》2003 年第 2 期)

(189) 你瞎说！你凭什么？(汪曾祺《羊舍一夕》)

(190) 狗屁不通！是哪个老师写的？(裘山山《少女七一在 1973 年》，载《小说月报》2005 年第 9 期)

以上五例都是“消极感叹＋特指问”句联表示连贯关系。

(191) 你说这多新鲜啊！这要是流传出去以后可咋活？（刘世俊《601 男生寝室》，载《萌芽》2004 年第 3 期）

(192) 不少哩，出嫁了几个？（周克芹《许茂和他的女儿们》）

(193) 那么多！虱子是什么颜色的？（须一瓜《鸽子飞翔在眼睛深处》，载《小说月报》2004 年第 11 期）

以上三例是“中性感叹＋特指问”句联表示连贯。

8.5.2.12 “感叹＋祈使”句联表示连贯关系

大致有五种情况：

（一）“积极感叹＋肯定祈使”句联表示连贯关系。例如：

(194) 吃你的寿面，我多高兴！好好考吧，准能考上。（霍达《穆斯林的葬礼》）

(195) 这场面太感动啦！各位，请坐。（簸尘《魇》，载《剧作家》2005 年第 3 期）

(196) 太好了，快，让我见见他。（陈吉《对象候选人》，载《新剧本》2005 年第 3 期）

（二）“积极感叹＋否定祈使”句联表示连贯关系。例如：

(197) 回来给你带柿霜糖多么好吃！好孩子！别哭啦！（老舍《小铃儿》）

(198) 好！不能让坏人夺了去。（古华《芙蓉镇》）

(199) 抱歉得很！你不要骂我。（钱钟书《围城》）

（三）“消极感叹＋肯定祈使”句联表示连贯关系。例如：

(200) 此外什么都不懂！你先去睡罢。（钱钟书《围城》）

(201) 鬼知道！你去一下，他们都有任务了。（滕刚《第六次陪聊》，载《微型小说选刊》2005 年第 10 期）

（四）“消极感叹＋否定祈使”句联表示连贯关系。例如：

(202) 真倒霉！你别再哭了。

(203) 真讨厌！以后不要再来骚扰我！

(204) 又是“他们华侨”！不许你叫我“他们”。（张爱玲《红玫瑰和白玫瑰》）

（五）“中性感叹＋肯定祈使”句联表示连贯关系。例如：

(205) 好大的雪！开始！（阿来《尘埃落定》）

(206) 人生第二春嘛！爷爷，加油，再活 70 岁！（簸尘《魇》，载《剧作家》2005 年第 3 期）

(207) 这可是天价啊！你说话阿！（刘庆邦《鸽子》，载《人民文学》2005 年第 2 期）

(208) 奶奶吃了多少苦哇，你要记住哟！（章印华《奶奶的跛脚》，载《读者》2002 年第 10 期）

8.6 小　　结

并列类关系可以由同一种语气类型的小句联结，形成单纯句类，它们都能形成“陈述＋陈述”、“祈使＋祈使”“疑问＋疑问”的单纯句类，另外，平列、对照、解注、递进和连贯还能形成“感叹＋感叹”的单纯句类配置。

在复合句类配置中，平列关系、解注关系和连贯关系都有十二种，而对照关系有九种，递进关系有八种，选择关系有四种。

并列类句联的句类配置概况，见表 11。

表 11　并列类句联的句类配置

句类配置＼句联关系		并列类					
		并列		解注	选择	递进	连贯
		平列	对照				
单纯句类配置	陈＋陈	＋	＋	＋	＋	＋	＋
	疑＋疑	＋	＋	＋	＋	＋	＋
	祈＋祈	＋	＋	＋	＋	＋	＋
	感＋感	＋	＋	＋		＋	＋
复合句类配置	陈＋疑	＋		＋		＋	＋
	陈＋祈	＋		＋	＋		＋
	陈＋感	＋	＋	＋	＋	＋	＋
	疑＋陈	＋	＋	＋		＋	＋
	疑＋祈	＋	＋	＋	＋	＋	＋
	疑＋感	＋	＋	＋		＋	＋
	祈＋陈	＋		＋			＋
	祈＋疑	＋	＋	＋	＋	＋	＋
	祈＋感	＋	＋	＋		＋	＋
	感＋陈	＋	＋	＋	?	＋	＋
	感＋疑	＋	＋	＋			＋
	感＋祈	＋	＋	＋			＋

第 9 章　因果类句联的句类配置

因果类句联，包括说明因果关系、推断性因果关系、假设关系、条件关系和目的关系。它们的句类配置包括单纯句类配置和复合句类配置，不过具体的句类配置类型存在种种差异，下面分别加以考察。

9.1　说明因果关系的句类配置

9.1.1　说明因果关系的句类配置

说明因果关系的句类配置，包括单纯句类配置和复合句类配置。

9.1.1.1　说明因果关系的单纯句类配置

说明因果关系可以由同一种语气类型的小句联结，形成单纯句类配置。有四种。

9.1.1.1.1　陈述句联表示说明因果关系

(一)肯定陈述小句联结表示说明因果关系。根据因和果的句序，可分两种情况：

第一，由因导果。即原因在前，结果在后。语表形式比较灵活，有的前项用“因为”等表示原因，后项用“所以”等表示结果。例如：

(1) 贫农，因为最革命，所以他们取得了农会的领导权。(毛泽东《湖南农民运动考察报告》)

(2) 因为他想跟苦三儿说说话的心情越来越急切，所以送饭的间隔也越来越短了。(常庚西《深山新喜》，载《长城》1982 年第 1 期)

有的只在前项用“因为”等表示原因。例如：

(3) 由于脚上套着长长的鸭蹼，他只好倒退着往海里走。(邓刚《光天化日海蓝蓝》，载《小说月报·原创版》2005 年第 5 期)

(4) 梁亦清由于长年埋头于工作，对这个至关重要的拜功常常荒疏。(霍达《穆斯林的葬礼》)

有时前项用“因为”等，后项配合使用“就”、“才”等。例如：

(5) 因为闲着也是闲着，陈宗辉就在纸上把局里的人分成两队。(祁智《陈宗辉的故事》，载《收获》1999年第3期)

(6) 由于突然安静下来，便显得格外的冷。(范小青《女同志》，载《小说月报·原创版》2005年第5期)

有时只在后项用“所以”、“因此”之类表示结果。例如：

(7) 老炳父子住的地方偏僻，所以来晚了一步。(罗旋《红线记》，载《1980年全国优秀短篇小说评选获奖作品集》)

(8) 列车正常地快速了起来，因而也更加平稳了。(鬼子《鬼子小说二题·爱情细节》，载《小说月报·原创版》2005年第5期)

(9) 人人长出一口气，都争着向小姑娘握手感谢，以致使她不好意思起来。(冯德英《苦菜花》)

(10) 每次遇到他们，他都要跪下谢罪，请求原谅，承受着谎言和真相混淆或分裂带来的压力与痛苦，以至于如今精神失常，疯疯癫癫。(凡一平《撒谎的村庄》，载《小说月报·原创版》2005年第5期)

有的不用关系词语。例如：

(11) 身上的枷锁砸掉了，身心都感到异常的欢悦。(季羡林《牛棚杂忆》)

(12) 局里以为有些人会闹事，准备了一系列应急措施。(祁智《陈宗辉的故事》，载《收获》1999年第3期)

第二，由果溯因。即先果后因。往往在后项用“因为”。例如：

(13) 从那时起，我一直羡慕弟弟，因为只有他敢来在你的怀里向你撒娇。(百合《生命中最重要的那个男人》)

(14) 这声音让人喜悦，因为这是来自庄稼自身的生命的歌吟。(叶延滨《静》，载《读者》2005年第18期)

有时也用“之所以……是因为……”格式。例如：

(15) 他之所以铤而走险，是因为孤独的他太需要钱了，他觉得只有钱才能给他的心灵带来温暖，使他的生活现状以及命运得到改善！(永星《笑是两人间最短的距离》，载《读者》2005年第18期)

(二)“肯定陈述＋否定陈述”句联表示说明因果关系。这种配置比较常用。有两种情况：

第一，由因导果。肯定陈述句在前表因，否定陈述句在后表果。有的前项用“因为”等，后项用“所以”等。例如：

(16) 因为苏放的脸被监视器挡着，所以没看见。(凡一平《撒谎的村庄》，载《小说月报·原创版》2005 年第 5 期)

(17) 正因为她平日很看得起他，所以不愿头一个就被她看见他的失败。(北)

有的只在前项用“因为”、“由于”等。例如：

(18) 因为有水镜的保护，鼻孔里绝对呛不进去水。(邓刚《光天化日海蓝蓝》，载《小说月报·原创版》2005 年第 5 期)

(19) 由于城市年龄小，自然没有什么古迹可圈可点，中外游客似不好求全责备。(阿成《哈尔滨人》)

也有用“幸亏”来表示原因的。例如：

(20) 幸亏他及时地抓住了床沿，才没掉到地板上。(叶辛《追回的青春》，载《十月》1982 年第 4 期)

有的只在后项用“所以”等。例如：

(21) 安乐的父亲和姜小兰同居对她的打击很大，所以记忆力一下子就不行了。(王祥夫《榴莲》，载《小说月报》2004 年第 11 期)

(22) 她凝望得那么专心，以致我站在门口半晌她也没有察觉。(王火《白下归梦》，载《收获》1983 年第 3 期)

有时不用表示因果关系的关系词语。例如：

(23) 看见人们这样尊敬他，当然就禁不住骄傲了。(叶圣陶《古代英雄的石像》)

(24) 风抽在我脸上，我放松不了我的肌肉。(葛水平《陷入大漠的月亮》，载《小说月报·原创版》2005 年第 3 期)

第二，由果溯因。肯定陈述句在前表果，否定陈述句在后表因。常在后项用“因为”。例如：

(25) 我感到悲哀，因为我历经九死一生换来的经验却得不到别人的了解。(季羡林《牛棚杂忆》)

(26) 吃亏的还是他，因为他没有证据。(凡一平《撒谎的村庄》，载《小说月报·原创版》2005 年第 5 期)

有时后项不用“因为”等。例如：

(27) 当兰花花穿好衣裳走出篱笆墙的时候，全村人都惊呆了，他们从来没见过这么漂亮的女娃子。(侯德云《泉水的歌唱》，载《读者》2004 年第 8 期)

(三)“否定陈述＋肯定陈述”句联表示说明因果关系。

第一，由因导果。否定陈述句在前表因，肯定陈述句在后表果。有的在前项用“因为”、“由于”等表示原因。例如：

(28) 由于长年无人猎取，水下的海狮子肉非常肥硕。(邓刚《光天化日海蓝蓝》，载《小说月报·原创版》2005 年第 5 期)

有的在后项用“所以”等表示结果。例如：

(29) 老干部今年破天荒没提意见，所以晚餐气氛很好。(祁智《陈宗辉的故事》，载《收获》1999 年第 3 期)

(30) 他们无不认为自己的罪行更大，血债更多，因此早已把自己的位置摆在了极刑。(王庆祥《“赦字 011 号”》)

(31) 丰收后的粮食在仓库里也盛不下，以致队上连夜修建了几座好大的仓库。(白金龙《做贼的动机》，载《读者》2005 年第 19 期)

有的不用句联表示说明因果的关系词语。例如：

(32) 那男人最后竟拗不过梅花9，只好开车走了。(鬼子《鬼子小说二题·爱情细节》，载《小说月报·原创版》2005 年第 5 期)

(33) 父亲不赌了，家里的日子就好过些了。(罗望子《非暴力征服》，载《小说月报·原创版》2005 年第 3 期)

第二，由果溯因。否定陈述句在前表果，肯定陈述句在后表因。常在后项用“因为”等。例如：

(34) 几个人的说笑没能继续下去，因为又开来了一辆引人注目的汽车。(王蒙《青龙潭》，载《小说月报》1983 年第 4 期)

(35) 母亲的勇敢不需要理由，因为这是她的本能。(《勇敢是母亲的本能》，载《读者》2005 年第 19 期)

有时用“之所以……是因为”的句式。例如：

(36) 她之所以没有当时揭发这件事，完全是因为她有些怜悯他。(江奇涛《人鸟岛》，载《钟山》1983 年第 3 期)

(四) 否定陈述句联表示说明因果关系。

否定陈述小句联结，构成说明因果。这种配置不如肯定陈述句联表示说明因果关系用得多。也有两种情况：

第一，由因导果。常在前项用“因为”等关系词语。例如：

(37) 因为不是来路，越野车行驶在沙漠上一点也不惊险。(葛水平《陷入大漠的月亮》，载《小说月报·原创版》2005 年第 3 期)

(38) 由于原材料减缩统一配给，逐步走向市场，产品价格又无法自行提高，厂

里不得不停了一半以上的机器。(王安忆《妹头》)

有时不使用表示因果关系的关系词语，但是可以补上。例如：

(39) 了了那种不学无术的样子我太看不惯了，我不想再面对了。(葛水平《陷入大漠的月亮》，载《小说月报·原创版》2005 年第 3 期)

(40) 这里的菜肴和酒价格都相当不菲，一般的平民是不到这里来消费的。(王大进《禅意》，载《小说月报》2004 年第 7 期)

第二，由果溯因。常在后项用“因为”。例如：

(41) 我还不经常出门，因为我老没时间。(北)

(42) 我依然不了解小雅，因为小雅不让我了解她。(余杰《说还是不说》)

有时不用表示因果关系的关系词语，但可以补出。例如：

(43) 不买了，意思不大。(葛水平《陷入大漠的月亮》，载《小说月报·原创版》2005 年第 3 期)

9.1.1.1.2　疑问句联表示说明因果关系

疑问小句联结表示说明因果关系，大体有十种情况：

(一) 是非问句联表示说明因果关系。例如：

(44) 不来不行吗？不是说自愿吗？(毕淑敏《预约死亡》)

上例，前一个是非问有肯定“不来”的倾向，表示结果，后一个是非问表示原因。

(二)“是非问＋特指问”句联表示说明因果关系。后面的特指问一般是反问句，表示原因。例如：

(45)400 元，不多是吧？谁让咱过去不好好念书来着？(叶新文《健康地写日记》，载《视野》2005 年第 1 期)

有的前一个是非问也可以是反问句，表示结论。例如：

(46) 这里的人难道都没有见过马车吗？一辆马车有什么好看的？(古龙《萧十一郎》)

(47) 保姆市场上的女孩不就是为了挣钱才跑出来的吗？哪里能不问钱呢？(毕淑敏《预约死亡》)

(48) 它们把身上的羽毛剥去了的时候，不是和鹅鸭一样吗？高傲些什么？矜持些什么？(郭沫若《喀尔美萝姑娘》)

(三)“是非问＋正反问”句联表示说明因果关系。“是非问”往往用反问句表示原因，正反问提问结果。例如：

(49) 妮可，上次你的耳朵不是发炎了吗？换吃绿豆沙好不好？(凌霜降《纯银耳

钉上的爱情温度》，载《深圳青年》2005 年第 8 期上）

(50) 难道坚持写日记真的就容易生病吗？坚持多年记日记的人是否已经损害了健康？（叶新文《健康地写日记》，载《视野》2005 年第 1 期）

（四）“特指问＋是非问”句联表示说明因果关系。这种情况比较常见，一般由特指问问原因，是非问就原因做出拟答。往往兼有解注的意思，基本语表形式：“为什么……？因为……吗？”例如：

(51) 你为什么要这样伤心呢？你是因为不能毕业吗？（郭沫若《喀尔美萝姑娘》）

是非问中也可不出现“因为”之类原因标志词语。例如：

(52) 为什么要选择 70？这是你的吉祥数吧？（毕淑敏《预约死亡》）

(53) 他们大多很强壮，可为什么会这样怕日本人呢？他们不是男人吗？（Yaleon《让中国人汗颜的帖子》，载《读者》2004 年第 2 期）

由于是非问是就原因作答，因此常常用反问句，使用“难道”等语气词语。例如：

(54) 那是为什么？我们对他们难道比欧洲人对他们更坏吗？（林语堂《父子话友情》）

(55) 她为什么要怕我？我这人难道很可怕吗？（古龙《萧十一郎》）

特指问也可用“怎么”、“什么”来问原因。例如：

(56) 我看你长得也还可以，怎么就和我一样困难呢？你是挑花眼了吧？（安顿《只有放手，才能找到更好的》，载《深圳青年》2005 年第 8 期上）

(57) 这人到底有什么毛病？竟会看不出她的美丽？（古龙《萧十一郎》）

（五）特指问句联表示说明因果关系。有的是先因后果。例如：

(58) 我跟你有什么冤仇？你为何连死都不让我死？（古龙《萧十一郎》）

(59) 读书，谁不会读？哪里不能读？又何必在学校读？（刘墉《我不是教你诈》）

有的是先果后因。例如：

(60) 我可没作过缺德的事，伤天害理的事，为什么就不叫我活着呢？我得罪了谁？（老舍《茶馆》）

(61) 你为什么老糗我呢？我那时候懂什么？（刘墉《我不是教你诈》）

(62) 他们何尝知道什么是“法”？他们哪里有古希腊的法的精神、自由的精神和权力制衡的观念？（余杰《心灵独白》）

(63) 孩子，哭什么，这有什么难过？谁叫我们穷呢？（曹禺《雷雨》）

（六）“特指问＋选择问”句联表示说明因果关系。往往是先果后因。例如：

(64) 他伤势怎么会忽然好了这么多？是因为睡了一觉？还是因为有人替他治过

伤？（古龙《萧十一郎》）

(65) 等菜端上桌以后，他所经验的是，从希望的山峰跌落失望的谷底。怎么是这样？错误出在厨房还是侍者的路上？（余杰《心灵独白》）

(66) 你吃不吃饭关我什么事？是你肚子饿还是我肚子饿？（毕淑敏《预约死亡》）

（七）“特指问＋正反问”句联表示说明因果关系。往往是先果后因。例如：

(67) 为什么要离开北京？你是不是为了逃避我们的过去？（安顿《只有放手，才能找到更好的》，载《深圳青年》2005 年第 8 期上）

(68) 阁下的酒为何喝得这样慢呢？是否不胜酒力？（佚名《外交大使李鸿章》，载《特别关注》2005 年第 9 期）

(69) 为什么挑上我？就因为我比别人便宜，对不对？（刘墉《我不是教你诈》）

（八）“选择问＋是非问”句联表示说明因果关系。例如：

(70) 你怎么，你难道是个死人？哑巴？是个糊涂孩子？你难道见着自己心上喜欢的人叫人抢去一点儿都不动气么？（曹禺《雷雨》）

（九）“正反问＋是非问”句联表示说明因果关系。例如：

(71) 是不是你们的名字中有一个“寻”字？所以不能辜负它？（李碧华《牡丹蜘蛛面》）

（十）“正反问＋特指问”句联表示说明因果关系。例如：

(72) 不下地，不晒太阳，是不是很娇？哪里还有耐心侍候别人？（毕淑敏《预约死亡》）

(73) 引诱！我请你不要用这两个字好不好？你知道当时的情形怎么样？（曹禺《雷雨》）

9.1.1.1.3 祈使句联表示说明因果关系

（一）肯定祈使句联表示说明因果关系。例如：

(74) 爸爸，您看您那一股的油！——您把那皮鞋再擦擦吧。（曹禺《雷雨》）

（二）否定祈使句联表示说明因果关系。例如：

(75) 别忘了白天鹅是一级保护动物，千万别打扰他们。（北）

（三）“肯定祈使＋否定祈使“句联表示说明因果关系。例如：

(76) 咱可要对得起党和革命，别软下去啊！（冯德英《迎春花》）

(77) 小心着凉，还是不要下水吧。（北）

（四）“否定祈使＋肯定祈使”句联表示说明因果关系。例如：

(78) 耽误了事别怨我！快去快来！（老舍《茶馆》）

(79) 别冰着了，叫部三轮车吧。(张爱玲《留情》)

(80) 妈，您别遭了凉，快进去吧。(柯灵《海誓》)

9.1.1.1.4　感叹句联表示说明因果关系

感叹小句联结表示明因果关系，大体有八种情况：

(一) 积极感叹句联表示说明因果关系。有两种情况：

第一，由因导果。例如：

(81) 你们这样的热情，这样的诚恳，我们真不知要怎么样感激你们啊！(阳翰笙《李秀成之死》)

(82) 你是一位千古难得的美人儿啊！真舍不得你哪！(谷剑尘《绅董》)

有的由因导果兼有解注，即先对事实发表感叹，再导出评价性感叹。例如：

(83) 哟！这么大的鲫鱼！我真走运！(沈默君《渡江侦察记》)

(84) 四川的天时真是好得出奇！真是天府之国！(老舍《面子问题》)

(85) 你刚才的戏，演得可真不错，你真像一个大演员呀！(阳翰笙《两面人》)

(86) 谁想得到，我们还会在这儿碰到呢？哈哈！我真快活极了，快活极了！(阳翰笙《两面人》)

第二，由果溯因。例如：

(87) 也难怪这些大学生那么馋，因为大食堂的伙食实在太坏了！(汪曾祺《日晷》)

(88) 他甚至后悔写了那样一封长信，保持那种引而不发的状态多好啊，至少还有梦呵。(北宋《单相思病患者》，载《萌芽》2002 年第 7 期)

有的由果溯因兼有解注，即先作评价性感叹，再说评价的事由。例如：

(89) 城里人比乡下人好啊，多斯文！(丽尼《贫乏》)

(90) 你多好的福气，生了这样一对儿女！(袁昌英《孔雀东南飞》)

(91) 啊，巧极了！我真没有想到在这儿还能够碰到林先生啦！(阳翰笙《李秀成之死》)

(92) 真好！你这样要多添十年阳寿哩！(袁昌英《孔雀东南飞》)

(93) 清波，你行啊！小客厅收拾得多么像样！(老舍《春华秋实》)

(二) 消极感叹句联表示说明因果关系。

第一，由因导果。例如：

(94) 您现在是贵夫人啦，高攀不上啦！(田汉《三个摩登女性》)

(95) 你们念书的日子还没有来呀！俺们的义学办不成啦！(孙瑜《武训传》)

有的由因导果兼有解注的意思。例如：

(96) 听说她吃人的心肝啊！太可怕啦！（郭地红《最后一个义勇军》，载《北方文学》2005 年第 8 期）

(97) 这点车费都省啊，这么抠门。（游牧《走进洛杉矶的风花雪月》，载《读者》2002 年第 12 期）

(98) 啊，我还差点就把她老人家忘了呢！真糟糕！（阳翰笙《草莽英雄》）

第二，由果溯因。往往兼有解注的意思。例如：

(99) 可惜呀！那是本兵书呀！（白尘《金田村》）

(100) 唉，可怜！这次伤兵真是不少啊！（侯曜《可怜闺里月》）

(101) 小黄，你可不得了了！他们两人可真难缠啊！（孙瑜《野草闲花》）

(102) 糟啦！黑狗子抢老绵羊啦！（张骏祥改编自华山《鸡毛信》）

（三）中性感叹句联表示说明因果关系。

第一，由因导果。例如：

(103) 大妞，也老大不小啦。我得给她找一门亲事呀！（石挥改编自老舍《我这一辈子》）

第二，由果溯因。例如：

(104) 就算我疑心你啦，那也是因为我爱你才疑心你呀！（陈绵《候光》）

(105) 你找他，怕不容易呢，大爷早被我吓跑啦！（谷剑尘《绅董》）

有的由果溯因兼有解注的意思。例如：

(106) 不行啊！这些只有我才能正确地批示呀！（龙际礼《非常处方》，载《青年博览》2005 年第 8 期）

（四）“积极感叹＋中性感叹”句联表示说明因果关系。例如：

(107) 听了这话她可高兴了！她赚的钱确实比较多！（佚名《我不是来推销的》，载《意林》2005 年精华本）

（五）“积极感叹＋消极感叹”句联表示说明因果关系。例如：

(108) 你来了，咱们算出了这口气了！方才那个混蛋还咒你死掉了呢！（于伶《在关内过年》）

（六）“消极感叹＋积极感叹”句联表示说明因果关系。例如：

(109) 你真傻呀，你还多年轻啊！（文冬《善恶一念间》，载《意林》2005 年精华本）

（七）“消极感叹＋中性感叹”句联表示说明因果关系。例如：

(110) 你也太傻了！他吃不着你的解药啊！（白桦《哥像月亮天上走》，载《边疆文学》2005 年第 8 期）

(111) 老姐姐，你糊涂啦！咱们早进南湖啦！（白尘《金田村》）

(112) 你也想得太远了吧。7 月 26 日还没到呢！（余晓《黎明破晓前》，载《萌芽》2002 年第 9 期）

(113) 你可要了我的命了！这是砒霜呀！（郭沫若《孔雀胆》）

(114) 这个，真是活天冤枉呀，我是丝毫也不知道的呀！（郭沫若《孔雀胆》）

（八）“中性感叹＋消极感叹”句联表示说明因果关系。例如：

(115) 他今天来得太晚了！都是因为他那辆破车，在路上抛锚了呢！

9.1.1.2　说明因果关系的复合句类配置

说明因果关系可以由不同语气类型的小句联结，形成复合句类，有十二种。

9.1.1.2.1　“陈述＋疑问”句联表示说明因果关系

主要有以下六种情况：

（一）“肯定陈述＋是非问”句联表示说明因果关系。例如：

(116) 我们的祖父是绅士，我们的父亲是绅士，所以我们也应该是绅士吗？（巴金《家》）

(117)“八·一三”大案判了这么多受贿渎职滥用职权的犯罪分子，恨我的人能少吗？（周梅森《国家公诉》，载《收获》2003 年第 2 期）

(118) 她也有嘴，自己不会说吗？（刘庆邦《少年的月夜》，载《小说月报》2004 年第 12 期）

（二）“肯定陈述＋正反问”句联表示说明因果关系。例如：

(119) 那么城市里面也是一样，所以这个是不是生活风险呢？（郑功成《明天谁来保障你》）

(120) 人民政府决定七月一日加税，所以要在六月底夜里交货，是不是？（周而复《上海的早晨》）

(121) 孩子也到成家的年龄了，是不是给他张罗一下？（王新军《俗世》，载《小说月报》2004 年增刊）

（三）“肯定陈述＋特指问”句联表示说明因果关系。例如：

(122) 我的身体状况现在很好，我又热爱摔跤，所以，为什么不来参加选拔赛呢？（北）

(123) 你兄弟又小，你又还没学好本事，咱娘儿几个以后可怎么过活啊？（杨沫《青春之歌》）

(124) 我现在脸上还裹着纱布呢，我哪知道怎么样？（王永午《最后一页》，载《小

说月报》2004 年增刊）

（四）“否定陈述＋是非问”句联表示说明因果关系。例如：

(125) 她不愿意我伴她到目的地，所以趁此雨已停住的时候要辞别我吗？（施蛰存《梅雨之夕》）

(126) 我还摸不着头脑呢，能写出来吗？（范小青《女同志》，载《小说月报·原创版》2005 年第 3 期）

（五）“否定陈述＋正反问”句联表示说明因果关系。例如：

(127) 我曾经嫁过人，不是一个完美的人，所以，你十分失望是不是？（岑凯伦《合家欢》）

（六）“否定陈述＋特指问”句联表示说明因果关系。例如：

(128) 我不知怎么演出来的，所以，我怎么有把握下次还演得这么好？（北）

(129) 我又没有花过姓胡的一文钱，怕他做什么？（杨沫《青春之歌》）

(130) 我不是党员，怎么可以起草党组的文件呢？（张廷竹《盛世危情》，载《小说月报》2005 年增刊）

9.1.1.2.2　“陈述＋祈使”句联表示说明因果关系

“陈述＋祈使”句联可以句联表示说明因果，其中陈述小句表示原因，祈使小句表示结果。大体有四种情况：

（一）“肯定陈述＋肯定祈使”句联表示说明因果关系。例如：

(131) 前面正在执行公务，请你们绕道行驶吧。（张廷竹《盛世危情》，载《小说月报》2005 年增刊）

(132) 福贵，我饿了，给我熬点粥！（余华《活着》）

(133) 十娘准知道，问她好了！（刘斯奋《白门柳》）

(134) 反正两个孩子都是你要来的，你负责！（刘庆邦《少年的月夜》，载《小说月报》2004 年第 12 期）

(135) 我们很可能已临近前方阵地。快撤！（张罗《毕竟东流去》）

（二）“肯定陈述＋否定祈使”句联表示说明因果关系。有的使用因标或果标。例如：

(136) 而在大陆，许多人到 30 岁才真正开始自己的工作，所以不要因为缺乏一些东西而自卑。（北）

(137) 因为是调侃，所以别当真。

有的不使用因标或果标。例如：

(138) 我有喜欢的女孩子了，你以后不要来找我！（仇晓慧《摇滚时期的爱情》，

载《萌芽》2005 年第 6 期）

(139) 他侄子早就到了，别担心。（张廷竹《盛世危情》，载《小说月报》2005 年增刊）

(140) 我们得罪不起那里的人，不准去凑那里的热闹！（张廷竹《盛世危情》，载《小说月报》2005 年增刊）

（三）“否定陈述＋肯定祈使”句联表示说明因果关系。例如：

(141) 我什么都不知道，您去问别人吧！（玛拉沁夫《茫茫的草原》）

(142) 我不了解你的情况，你自己坦白吧。（范小青《女同志》，载《小说月报·原创版》2005 年第 3 期）

(143) 我没有母亲，你以后不用来看我了。（澜涛《舍弃》，载《读者》2002 年第 10 期）

（四）“否定陈述＋否定祈使”句联表示说明因果关系。例如：

(144) 没事，别怕了。（尹韬《傀儡英雄》，载《新剧本》2005 年第 3 期）

9.1.1.2.3　“陈述＋感叹”句联表示说明因果关系

（一）“肯定陈述＋感叹”句联表示说明因果关系。例如：

(145) 因为你把古人的行动作真了，所以自然观着美！（老舍《赵子曰》）

(146) 你是因为觉得这样合理的社会和人生似乎一时不能实现，所以便苦闷了的呀！（茅盾《青年苦闷的分析》）

(147) 他欣喜若狂，他多么想当天就能够飞到南方去拜见父母呀！

(148) 他们羡慕那个收浆果的人，他是多么有钱啊！（迟子建《采浆果的人》，载《小说月报》2004 年第 11 期）

（二）“否定陈述＋感叹”句联表示说明因果关系。例如：

(149) 因为我不能干，所以娶你这一位贤内助呀！（钱钟书《围城》）

(150) 因为没有水，曾经忍痛割舍了多少个项目！（北）

9.1.1.2.4　“疑问＋陈述”句联表示说明因果关系

（一）“是非问＋肯定陈述”句联表示说明因果关系。有的是先因后果，是非问往往用反问表因。例如：

(151) 当年你们不是没照成毕业照吗？这回可以补照。（王璞《毕业合影》，载《收获》2003 年第 2 期）

有的是先果后因，肯定陈述句表示是非问的缘由。例如：

(152) 唐书记，这还用你说？我知道。（周梅森《国家公诉》，载《收获》2003 年第 2 期）

(153) 下午到海边谈谈去好吗？我知道你爱海。(杨沫《青春之歌》)

(二)“是非问＋否定陈述”句联表示说明因果关系。例如：

(154) 我说过什么摩托罗拉广告牌吗？我可没那心思。(陈昌平《特务》，载《收获》2003 年第 2 期)

(三)“正反问＋肯定陈述”句联表示说明因果关系。例如：

(155) 你可不可以给我一刻钟的时间？我有话跟你谈。(巴金《寒夜》)

(156) 你有没有带止痛药？我头疼得厉害。(陈谦《残雪》，载《小说月报》2004 年增刊)

(四)“特指问＋肯定陈述”句联表示说明因果关系。有的是先因后果。例如：

(157) 可是有什么办法呢？只好这样。(杨沫《青春之歌》)

(158) 这还值了多少钱？你尽管拿去就是了。(张廷竹《盛世危情》，载《小说月报》2005 年增刊)

有的是先果后因。这种情况也较常见。例如：

(159) 你知道外面为什么这么乱吗？对啦，就是因为有坏人呗。(陈昌平《特务》，载《收获》2003 年第 2 期)

(160) 你知道你妈为什么老打你吗？就是因为你是个私孩子。(刘庆邦《少年的月夜》，载《小说月报》2004 年第 12 期)

(161) 你怎么不知道呢？你当时在旁边的。(鬼子《大年夜》，载《小说月报》2004 年第 12 期)

(162) 争什么？各方面的利益市政府自然会平衡好的。(张廷竹《盛世危情》，载《小说月报》2005 年增刊)

(五)“特指问＋否定陈述”句联表示说明因果关系。例如：

(163) 为什么老头儿来找我借钱？因为我和父亲不同。(杨沫《青春之歌》)

(164) 我去上海干什么？我连江南都不去了。(张廷竹《盛世危情》，载《小说月报》2005 年增刊)

(165) 妈，你思想怎么这么落后了？这不是谁想去就能去的。(陈昌平《特务》，载《收获》2003 年第 2 期)

(166) 谢什么？这又不是谁的私事。(周梅森《国家公诉》，载《收获》2003 年第 2 期)

9.1.1.2.5 “疑问＋祈使”句联表示说明因果关系

常见的有以下四种情况：

(一)“是非问＋肯定祈使”句联表示说明因果关系。例如：

(167) 刚才少爷不是提到麦子了吗？明天早点起来等他吧。(阿来《尘埃落定》)

(168) 老冯在写长篇小说，将来少得了钱吗？这一级你让了吧。(聂鑫森《“工人作家”冯大成》，载《长江文艺》2003 年第 11 期)

(169) 你觉得一个男人老带着黑墨镜正常吗？让你的单纯见鬼去吧！(葛水平《陷入大漠的月亮》，载《小说月报·原创版》2005 年第 3 期)

(二)“是非问＋否定祈使”句联表示说明因果关系。例如：

(170) 您以为我愿意这样吗？妈，求您不要再说了！

(171) 体面又挣钱的工作能那么轻易找到吗？大哥别傻了。

(三)“特指问＋肯定祈使”句联表示说明因果关系。例如：

(172) 爽口美颜，怎能错过？……现在就让我们开往春天的花颜美容号启程吧！(珊瑚《花样美食》，载《女友》2005 年第 5 期校园版)

(173) 怎么好意思让你们等呢？你们先走吧。(钱钟书《围城》)

(174) 我怎么知道你奶奶家？你问其他人吧。(徐彩云《另一种天真》，载《读者》2005 年第 20 期)

以上三例，肯定祈使表号召、劝告。

(175) 你是中国人，为什么叫外国名字？搬着去！(端木蕻良《打屁股》，载《读者》2004 年第 22 期)

(176) 你什么态度？把老板娘叫出来！(张廷竹《盛世危情》，载《小说月报》2005 年增刊)

(177) 你吓着小金锁咋办？还不快回去！(李黎明《山桃》，载《剧作家》2005 年第 2 期)

以上三例，肯定祈使表劝告、命令、请求等。

(四)“特指问＋否定祈使”句联表示说明因果关系。例如：

(178) 那你去日本折腾个啥？干脆别去了。(簸尘《魇》，载《剧作家》2005 年第 3 期)

(179) 什么特殊人物？别想蒙混过关。

以上二例，否定祈使表禁止、劝阻。

9.1.1.2.6　“疑问＋感叹”句联表示说明因果关系

(一)“是非问＋感叹”句联表示说明因果关系。例如：

(180) 你不能把我也收下吗？没人要真是太难过、太孤独了。(米切尔·恩德《奥菲丽娅的影子剧院》，何珊译，载《读者》2004 年第 22 期)

上例是“是非问＋消极感叹”句联表示说明因果。前一小句表因，用是非问句表示对某种情况进行暗示性的提问，答案隐含其中；后一小句表果，用消极感叹句从某一方面对前一小句进行否定性的解注阐释，表明两小句之间的前因后果关系。

(181) 路上累了吧？今年可比往年冷啊！（玛拉沁夫《茫茫的草原》）

上面这例是“是非问＋中性感叹”句联表示说明因果。前一小句用是非问进行提问表果，后一小句用中性感叹句进行事实性的原因阐释。

（二）“正反问＋感叹”句联表示说明因果关系。例如：

(182) 土司要不要休息一下？我看你有点不清醒了啊！（阿来《尘埃落定》）

(183) 是不是他爱上你了？说到底太太也是个汉人嘛！（阿来《尘埃落定》）

（三）“特指问＋感叹”句联表示说明因果关系。例如：

(184) 咱们哪能回到日本啊？咱们不能忘记中国人的恩情啊！（簸尘《魇》，载《剧作家》2005 年第 3 期）

(185) 为什么拿掉这一段啦？太可惜了！

以上二例是“特指问＋积极感叹”句联表示说明因果。前一小句用特指问句表示已成为事实的“果”，后一小句用积极感叹句从事物的某一方面进行阐释表示原因。

(186) 有什么脸见人？真是有愧啊！（杨利民《铁人轶事》，载《新剧本》2005 年第 4 期）

(187) 为什么要发慌？我真没有用！（巴金《寒夜》）

以上二例是“特指问＋消极感叹”句联表示说明因果。前一小句用特指问句表示征求性的提问，用来表果，后一小句用消极感叹句表示事物所涉及的某一方面，用来表原因。

(188) 男人为什么要女人？女人能叫男人变成真正的男人！（阿来《尘埃落定》）

(189) 哪儿供给得起？到吃饭的时候还不都回家去了！（张爱玲《留情》）

以上二例是“特指问＋中性感叹”句联表示说明因果。例 (188) 是先果后因，例 (189) 是先因后果。

9.1.1.2.7　“祈使＋陈述”句联表因果

这是“祈使＋陈述”句联最常见的关系，一般是祈使表果，陈述表因。有以下四种情况：

（一）“肯定祈使＋肯定陈述”句联表示说明因果关系。例如：

(190) 请您原谅我的直率吧，因为我只能说出自己的心里话。（张炜《柏慧》）

(191) 心疼别人吧，因为那就是心疼你自己。（魏不不《很久不心疼了》，载《读者》2002 年第 13 期）

以上二例都用了因标，更多的是不用关系词语。例如：

(192) 你自己去送给他吧，我怕他会骂我。(张廷竹《盛世危情》，载《小说月报》2005 年增刊)

(193) 请您一定保留那两个小鸟驿站，那是孩子们特意给小鸟准备的。(斯蔚译《冬日城的小鸟驿站》，载《读者》2003 年第 24 期)

(194) 嫂子，你让他在部队好好干吧，他是当将军的料。(张廷竹《盛世危情》，载《小说月报》2005 年增刊)

(195) 调到金港来吧，金港的好单位不少呢。(张廷竹《盛世危情》，载《小说月报》2005 年增刊)

(196) 快逃走，那边出了事。(卢岚《人生一曲》，载《读者》2002 年第 10 期)

(197) 噢，请放在那里！我这里有事情。(霍达《穆斯林的葬礼》)

(二)“肯定祈使＋否定陈述”句联表示说明因果关系。往往不用关系词语。例如：

(198) 你俩都去租别人家的地吧，我地不够种了。(周立波《暴风骤雨》)

(199) 滚一边去，这儿没你的事。(刘庆邦《少年的月夜》，载《小说月报》2004 年第 12 期)

(200) 请原谅我，我不能带着这个秘密死去。(珂珂《突如其来的浪漫》，载《读者》2002 年第 3 期)

(201) 我们回家去吧，时候不早了。(废名《桃林》)

(202) 你饶了我吧，我真的不想说谎。(王周生《诚实节》，载《杂文选刊》2003 年第 8 期)

(三)“否定祈使＋肯定陈述”句联表示说明因果关系。例如：

(203) 不要再邮寄拐杖了，因为父亲身边有我。(得林《不要再邮寄拐杖》，载《读者》2002 年第 13 期)

(204) 不要这样说，因为人活着必须要有一个最美的梦想。(北)

(205) 菜肴口味不要太咸，因为过多地摄入盐分容易造成水液潴留而增加体重。(北)

有时也可不用关系词语。例如：

(206) 你可不要蒙我们，我爸爸就在金港工作。(张廷竹《盛世危情》，载《小说月报》2005 年增刊)

(四)“否定祈使＋否定陈述”句联表示说明因果关系。常常使用因标。例如：

(207) 不要找“洋人”，因为他们“靠不住”。(林希《出现危机的“异族婚姻”》)

(208) 不要再对任何人提起，因为我不愿意伤害任何人。(池莉《你以为你是谁》)

(209) 请不要打开果酱瓶，因为那里没有防腐剂。(温宪《津巴布韦产供销一条龙》，载《人民日报》1995 年 3 月 15 日)

(210) 不要自认倒霉而匆匆放弃，因为你的票据并不是废纸一张。(北)

(211) 你别急，又没有什么大的事情。(范小青《女同志》，载《小说月报·原创版》2005 年第 3 期)

9.1.1.2.8 “祈使+疑问”句联表示说明因果关系

常见的有以下八种情况：

(一)“肯定祈使+是非问”句联表示说明因果关系。例如：

(212) 把老板娘叫出来！有这样对待老顾客的吗？(张廷竹《盛世危情》，载《小说月报》2005 年增刊)

(213) 叫人把他弄进屋去，难道一个傻子他能看得见吗？(阿来《尘埃落定》)

(214) 快去罢，不怕人等得心焦么？(钱钟书《围城》)

(215) 你就去罢！她就这样下贱么？(张爱玲《倾城之恋》)

(216) 你们都住嘴吧！不是你们围着闹，能出这种事吗？(周梅森《国家公诉》，载《收获》2003 年第 2 期)

(217) 回去找你们的主子吧，上天不是给我们都安排下了各自的主子吗？(阿来《尘埃落定》)

(二)“否定祈使+是非问”句联表示说明因果关系。例如：

(218) 别胡思乱想，现在不是也很好吗？(刘 E、申志远、魏春桥《望着我的眼睛》，载《剧作家》2005 年第 5 期)

(219) 你不要从墙上那么恼怒地瞧着我，难道你就没有做过一件违心的事情？(张洁《漫长的路》)

(220) 妈，不用哭啦！我不去还不行吗？(杨沫《青春之歌》)

(221) 林先生，您可千万别见外！将来我到北平去，不是一样的要打扰您？(杨沫《青春之歌》)

(222) 您不能出去。这个样子跑出去，岂不是自投罗网！(黄秋耘《丁香花下》，载《读者》2002 年第 2 期)

(223) 不要在阳光下看书，你不觉得眼睛被刺得很疼吗？

(三)“肯定祈使+特指问”句联表示说明因果关系。例如：

(224) 请你尊重我的劳动！你怎么可以这样对待我的作品呢？

(225) 你声音轻一点，你在胡说些什么？（余华《许三观卖血记》）

(226) 长久地凝望一片绿色吧，还有什么比她更美丽呢？（北）

(227) 马上到清泉啊！我们管辖的干部么，怎么可以不介入呢？（张廷竹《盛世危情》，载《小说月报》2005年增刊）

(228) 死吧！怎么能做支那人的俘虏哪？（穆时英《空闲少佐》）

（四）“否定祈使＋特指问”句联表示说明因果关系。例如：

(229) 女孩子家，少管这些罢！你又懂得些什么？（张爱玲《心经》）

(230) 别叫我脸上发烧了吧，同志，我有什么根哪？（老舍《全家福》）

(231) 少来这套！你以为你是谁呀？（刘E、申志远、魏春桥《望着我的眼睛》，载《剧作家》2005年第5期）

(232) 别胡说！怎么是偷的？（钱钟书《围城》）

(233) 不要发痴！哪有的事？（张爱玲《桂花蒸》）

(234) 别胡说！那些车提它干吗？（钱钟书《围城》）

（五）“肯定祈使＋正反问”句联表示说明因果关系。例如：

(235) 闭嘴！你还有没有点人性？（毕淑敏《心灵游戏》，载《新剧本》2005年第3期）

(236) 儿子你要坚强些，你是个男人你知道不知道？（王祥符《榴莲》，载《小说月报》2004年第11期）

（六）“否定祈使＋正反问”句联表示说明因果关系。例如：

(237) 小和尚不要太骄傲，有没有看过以前吴健做的一个案例？

(238) 你别在这献媚了，是不是让棚户区的人“夸”了几句，就不知道自己有几两重了？

(239) 别怕，我又不是外星人，是不是？（北）

（七）“肯定祈使＋选择问”句联表示说明因果关系。例如：

(240) 你给老子闭嘴，到底你是头还是我是头啊？

(241) 住口！到底听你的还是听我的？

(242) 快住嘴快住嘴！听你的还是听赵本山的？（徐坤《沈阳啊沈阳》）

(243) 继续拍！拍好了再去买！你是老子我是老子啊？

(244) 说话呀，你是聋子还是哑巴？（梁弓《迟到的火车》，载《厦门文学》2006年6月）

（八）“否定祈使＋选择问”句联表示说明因果关系。例如：

(245) 不要吵了好不好，是听台上的还是听你们的？（黎汝清《海岛女民兵》）

(246) 别这么严肃，这是在对病人还是在对犯人？

(247) 别多嘴，你说了算还是我说了算？

9.1.1.2.9 “祈使＋感叹”句联表示说明因果关系

“祈使＋感叹”可句联表示说明因果关系，而且一般是先因后果。从祈使句和感叹句的类型看，有六种情况：

（一）“肯定祈使＋积极感叹”句联表示说明因果关系。例如：

(248) 快去，给姆妈磕个头！他还在眷顾着我哪！（周宛润《五妹妹的女儿房》，载《小说月报·原创版》2005 年第 2 期）

(249) 记得带上 DV，很好玩的！（冬冬《两个人的三亚》，载《女友》2005 年第 3 期校园版）

(250) 许一个，很灵验的！（须一瓜《鸽子飞翔在眼睛深处》，载《小说月报》2004 年第 11 期）

(251) 快过来呀！这就是你娘，是你的亲娘呀！（李黎明《山桃》，载《剧作家》2005 年第 2 期）

（二）“肯定祈使＋消极感叹”句联表示说明因果关系。例如：

(252) 你爱惜点吧！这可真的是老价钱了！（周宛润《五妹妹的女儿房》，载《小说月报·原创版》2005 年第 2 期）

(253) 快放开，危险！（洪生《我就在你身旁》，载《读者》2002 年第 3 期）

(254) 请催一下邮差吧，他走路太慢。(《笔友飞鸿》，载《儿童文学》2005 年第 10 期)

(255) 小心点，太悬！（梁晓声《窗的话语》，载《读者》2002 年第 10 期）

(256) 要防一防……现在小偷太多啦！（须一瓜《鸽子飞翔在眼睛深处》，载《小说月报》2004 年第 11 期）

（三）“肯定祈使＋中性感叹”句联表示说明因果关系。例如：

(257) 你回家吧，这么晚了。（王祥符《榴莲》，载《小说月报》2004 年第 11 期）

(258) 走吧，时候不早啦！（周克芹《许茂和他的女儿们》）

（四）“否定祈使＋积极感叹”句联表示说明因果关系。例如：

(259) 查查，你不要不高兴，看看你的女人是多么漂亮啊！（阿来《尘埃落定》）

(260) 你就留在这村子不要走了吧！看，这海边的乡村够多美！（杨沫《青春之歌》）

（五）“否定祈使＋消极感叹”句联表示说明因果关系。例如：

(261) 别发这种毒誓，不吉利啊！（杨利民《铁人轶事》，载《新剧本》2005 年第 4 期）

(262) 可别让它再大了，这儿太冷啦！（张留留《天使到人间》，载《儿童文学》2005年第9期）

(263) 你不要说了，这太可怕了。（毕淑敏《心灵游戏》，载《新剧本》2005年第3期）

(264) 以后千万别这样了，多危险啊。（乔叶《有一种桥永走不尽》，载《读者》2002年第13期）

（六）“否定祈使＋中性感叹”句联表示说明因果关系。例如：

(265) 你们不要怨他恨他，他在外头也很不容易啊！（北）

(266) 你可别瞎说，大刘真是一回也没说过你的坏话啊。（北）

(267) 师母，不要着急，没有事的！（厦门大学语料库）

(268) 王利发您甭看，准保都是靠得住的人！（厦门大学语料库）

(269) 别笑，别笑，一摔下去，咱俩可成了两个不戴逍遥巾的小鬼啦！（厦门大学语料库）

9.1.1.2.10　“感叹＋陈述”句联表示说明因果关系

大体有六种情况：

（一）“积极感叹＋肯定陈述”句联表示说明因果关系。例如：

(270) 太好了，我请你喝饮料。（池莉《一去永不回》）

(271) 大姐走了多好啊！五妹妹就可以有自己的房间了。（周宛润《五妹妹的女儿房》，载《小说月报·原创版》2005年第2期）

(272) 她是多么善良的女人哪！她毫无顾忌地把整个爱交给了他。（玛拉沁夫《茫茫的草原》）

(273) 蜜蜂的品德多高尚啊！我敬佩它们。

(274) 这是一个多么坚强的女人啊！她是很多人自勉的榜样。（裴蓓《南方，爱你我说不出》，载《小说月报·原创版》2005年第4期）

（二）“积极感叹＋否定陈述”句联表示说明因果关系。例如：

(275) 我真是喜欢你，一见你就不行了。（王祥符《榴莲》，载《小说月报》2004年第11期）

(276) 多么美的天空啊！我不得不放慢了走路的速度来欣赏这如画的美景。

（三）“消极感叹＋肯定陈述”句联表示说明因果关系。例如：

(277) 那么愚蠢的浪费！她哭了。（张爱玲《封锁》）

(278) 太恐怖了！任何敏感一点的人都会反感的。（贝德罗斯·霍拉桑捷定《小提琴和大蒜》，高兴译，载《读者》2002年第13期）

（四）“消极感叹＋否定陈述”句联表示说明因果关系。例如：

(279) 当你站在强者一边的时候，又是多么凶狠啊！他们根本就不允许你解释。(白桦《淡出》)

(280) 她受了这许多委屈！她不由得滚下泪来。（张爱玲《心经》）

(281) 生命太短促了，没有时间既搞恋爱又搞艺术。（章红《锋刃上的舞蹈与阳光下的谜》，载《读者》2002 年第 3 期）

（五）“中性感叹＋肯定陈述”句联表示说明因果关系。例如：

(282) 他都背到这篇啦！我得来跟他取经。（王璞《毕业合影》，载《收获》2003 年第 2 期）

(283) 他要加钱给我的呀！我们年轻轻的离乡背井，就是因为家里困难。

（六）“中性感叹＋否定陈述”句联表示说明因果关系。例如：

(284) 这是多么不平常的一天！我们永远不会忘记这一天的。

9.1.1.2.11　“感叹＋疑问”句联表示说明因果关系

(285) 冷死了！我们待会儿逛完清水寺，来吃碗热乎乎的拉面跟红豆汤吧？（张维中《交换礼物》，载《女友》2005 年第 3 期）

(286) 怎么可以！摇滚乐不是流氓行为吗？（刘索拉《梦想与现实》，载《读者》2004 年第 22 期）

(287) 这个媒我可不敢做！你二妈那脾气是好惹的？（张爱玲《金锁记》）

以上三例是“感叹＋是非问”句联表示说明因果。前一例是先因后果，后两例是先果后因。

(288) 浪漫啊！老太婆和美国佬有没有擦出爱情火花？（须一瓜《鸽子飞翔在眼睛深处》，载《小说月报》2004 年第 11 期）

(289) 受不了啦！你把你给我行不行？（王祥符《榴莲》，载《小说月报》2004 年第 11 期）

(290) 大家也觉得老爹那种作法也太绝了！咱们谁也备不住有到外地找人的时候对不对？（王小波《寻找无双》）

以上三例是“感叹＋正反问”句联表示说明因果。前两例是先因后果，后一例是先果后因。

(291) 如此神圣的莲花！谁人敢于亵玩呢？（张赫摇《拜谒莲花》）

(292) 他对我们今后的生活还有那么多美好的憧憬啊，我又怎么忍心将它们打破呢？（王新军《俗世》，载《小说月报》2004 年增刊）

(293) 情形不妙啦！怎样隐秘得了？（李六如《六十年的变迁》）

(294) 那可是个不祥的地方啊！你怎么能去呢？（朱含春《镜子》，载《儿童文学》2005 年第 10 期）

(295) 她的朋友多着呢！哪儿就会看上了我？（张爱玲《茉莉香片》）

以上五例是“感叹＋特指问”句联表示说明因果，都是先因后果。

9.1.1.2.12　“感叹＋祈使”句联表示说明因果关系

共有六种情况：

（一）“积极感叹＋肯定祈使”句联表示说明因果关系。例如：

(296) 绝对够美够浪漫！所以，从这里开始情人节浪漫之旅吧。（冬冬《两个人的三亚》，载《女友》2005 年第 3 期校园版）

(297) 他多可爱啊！你看看他嘛！（向薇《蜥蜴之死》，载《儿童文学》2005 年第 9 期）

(298) 多美的青春季节！让我们享受咖啡馆里的悠扬音乐，感受烛光晚餐的惬意柔情！（《广告》，载《女友》2005 年第 3 期校园版）

(299) 许师傅，好狗啊！牵紧点！（陈应松《太平狗》，载《人民文学》2005 年第 2 期）

(300) 这真是个好姑娘！你该给她报仇呀！（周立波《暴风骤雨》）

（二）“积极感叹＋否定祈使”句联表示说明因果关系。例如：

(301) 老大爷，我们是八路军，游击队啊！别害怕。（冯德英《苦菜花》）

(302) 今儿那地方可是好戏连台啊！别错过这大饱眼福的机会。（赵强《谁比谁傻》）

(303) 乖乖，真是见过世面的老板，不要小看外国人。（厦门大学语料库）

(304) 做人真不容易，我以后索性不来了。（厦门大学语料库）

（三）“消极感叹＋肯定祈使”句联表示说明因果关系。例如：

(305) 排长！糟啦！转移吧！（杜鹏程《保卫延安》）

(306) 太不好喝，倒了它。（曹禺《雷雨》）

(307) 依赖男人的物质女孩太多啦，严格封杀！（《广告》，载《女友》2005 年第 3 期校园版）

(308) 糟糕！留神！（杜鹏程《保卫延安》）

(309) 哎呀，你问得太多了！吃你的红高粱饼子吧。（汪曾祺《黄油烙饼》）

(310) 你算什么东西！不配脏了我的手！快走吧！（霍达《穆斯林的葬礼》）

（四）“消极感叹＋否定祈使”句联表示说明因果关系。例如：

(311) 百忙里还有工夫去弄那个！不要去做它好不好。（张爱玲《鸿鸾禧》）

(312) 他们欺负人！你不要难过。（汪曾祺《寂寞和温暖》）

（五）“中性感叹＋肯定祈使”句联表示说明因果关系。例如：

(313) 你们太累了！让我来念吧！（杨沫《青春之歌》）

(314) 老虎算摸清我的底啦！不扯淡咱们就谈点正经事。（杜鹏程《保卫延安》）

(315) 好大的风啊！多穿点衣服吧！

(316) 雨好大啊，把伞撑好。

（六）“中性感叹＋否定祈使”句联表示说明因果关系。例如：

(317) 血又不是水！不可以。（白桦《淡出》）

(318) 好热的天啊，别热着了。

9.2 推断性因果关系的句类配置

推断性因果关系的句类配置，包括单纯句类配置和复合句类配置。

9.2.1 推断性因果关系的单纯句类配置

推断性因果关系可以由同一种语气类型的小句联结，形成单纯句类配置，主要有三种。

9.2.1.1 陈述句联表示推断性因果关系

（一）肯定陈述句联表示推断性因果关系。常用句式“既然……就……”。例如：

(1) 姐夫既然做主，这事就算成了。（孙键忠《城角》，载《十月》1989 年第 6 期）

(2) 她既然爱好音乐，那么就从音乐方面去打动她的心。（张英《她，怎么办？》，载《长城》1982 年第 1 期）

有时只在后项用“可见”、“可知”等，表示推断。例如：

(3) 周围的黑暗只是浓，可知到了深夜。（鲁迅《社戏》）

（二）“肯定陈述＋否定陈述”句联表示推断性因果关系。常用句式“既然……就不……”。例如：

(4) 既然老张把话说到这份上，于静就不能再回避了。（衣向东《女出租车司机》，载《小说月报·原创版》2005 年第 5 期）

(5) 既然田常规是了解万丽的，他就不必和万丽多说什么。（范小青《女同志》，载《小说月报·原创版》2005 年第 5 期）

有时后项不用“就”，而用“也”、“一定”等。例如：

(6) 既然你这么仗义，我也不能无情。（范晓主编《汉语的句子类型》，书海出版社 1998 年版）

(7) 既然党组织叫他联系，一定没有问题。(初中《语文》第一册 [1])

有时也用句式“既然……不如……”，表示经过推断得出的选择。例如：

(8) 既然这个地方如此宁静，倒不如沉下心来想想自己前一段做过的那些事情。(水运宪《裂变》，载《收获》1986 年第 6 期)

(三)“否定陈述句＋肯定陈述句”句联表示推断性因果关系。基本语表形式：“既然不 / 没……就……”。例如：

(9) 既然你们从前不认得，那向秘书长就是从文章中认得你的。(范小青《女同志》，载《小说月报・原创版》2005 年第 5 期)

(10) 既然不相信语言，那么最大的可能就是沉默。(吴志翔《蓦然间一种心痛》，载《读者》2005 年第 20 期)

(四) 否定陈述句联表示推断性因果关系。常用句式“既然不 / 没……就不……”。例如：

(11) 既然不怕，丑事也就遮盖不了。(叶兆言《动物和老人》，载《读者》2005 年第 20 期)

(12) 师叔既然不知，我们就更加不知了。(金庸《鹿鼎记》)

(13) 既然上帝不赏脸，只有不在乎这个了。(叶永刚、刘巽达《别有蹊径》，载《小说月报》1982 年第 3 期)

有时也用句式“既然不……不如……”。例如：

(14) 有些东西，恰如水中月、镜中花，既然想也想不到，想也无益，不如不想。(刘成思《人有悲欢离合》)

9.2.1.2　疑问句联表示推断性因果关系

疑问小句联结表示推断性因果关系，主要有四种情况：

(一) 是非问句联表示推断性因果关系。在肯定前项是非问的前提下，经过推断，后项再提出是非问。例如：

(15) 一柄新铸成的刀，居然能砍断古代的利器？铸刀的这个人的功力难道比得上春秋战国时那些名匠大师么？(古龙《萧十一郎》)

(16) 难道你对我早已有了防备之心了？我看来难道像个坏人？(古龙《萧十一郎》)

(17) 你是说让出生才一天的婴儿单独睡？难道你脑子出了毛病？(张振中《我在加拿大体验“西式生子”》，载《青年文摘》2005 年第 9 期)

(二)“是非问＋特指问”句联表示推断性因果关系。前项是非问都有肯定的倾向，

[1]　本书的初中《语文》教材用的是人民教育出版社 1993 年版。

经过推断，后项再提出特指问。可以变换成："既然……为什么 / 怎么……？"例如：

(18) 不是刚过完年吗？怎么还放鞭炮呢？（吾坚英《紫罗兰披肩的记忆》，载《当代青年》2005 年第 8 期）

上例可以变换成："既然刚过完年，怎么还放鞭炮呢？"例如：

(19) 慢着，你不是说你的琴心时装店倒闭了吗？怎么又说服装设计师和你日夜研究工作引起你先生的不满？（池莉《紫陌红尘》）

(20) 你不躲？那你上次怎么连自己的报告都不敢给老板送？（安子《走，去坐老板旁边的座位》，载《深圳青年》2005 年第 8 期上）

（三）"特指问＋是非问"句联表示推断性因果关系。例如：

(21) 徐青藤扼腕道，"他怎会如此想不开？其中莫非还有什么隐情么？"（古龙《萧十一郎》）

(22) 你还带什么，你怕宫里少了你的使用吗？（郭沫若《屈原》）

（四）特指问句联表示推断性因果关系。前项特指问往往表示反问，后项在此基础上推断发问。例如：

(23) 东单、西四、鼓楼前，哪儿不该修？干吗先来修咱们这条臭沟？（老舍《龙须沟》）

(24) 我要回去是我的事，和他有什么关系？你为何要问他？（古龙《萧十一郎》）

(25) 但现在，生命已变得如此卑微，如此绝望，人世间所有的一切，和他们都已距离得如此遥远，她还顾虑什么？她为什么还不能将真情流露？（古龙《萧十一郎》）

9.2.1.3　感叹句联表示推断性因果关系

感叹小句联结，表示推断性因果关系，例如：

(26) 你过的日子一定很舒服，连日期都不觉得啦！怪不得你越长越漂亮啦！（夏衍、郑正秋、洪琛、阿英、郑伯奇、沈西苓《女儿经》）

(27) 距离已经那么长时间了我都记得那么牢，可见我是多么地深刻噢！

(28) 能把这样的节日唱得那么喜庆，可见放假的力量有多么强大！

(29) 隔着电话的交流是多么的虚幻和不真切，可知电话那头的她其实是真的那么需要自己，是哭得那么伤心和无助啊！

9.2.2　推断性因果关系的复合句类配置

推断性因果关系可以有不同语气类型的小句联结，形成复合句类配置，主要有十种。

9.2.2.1　"陈述＋疑问"句联表示推断性因果关系

主要有以下六种情况：

（一）“肯定陈述＋是非问”句联表示推断性因果关系。例如：

(30) 既然爱你到这种程度了，我还会去做让你伤心的事吗？

(31) 既然错过，还要回头吗？

（二）“肯定陈述＋正反问”句联表示推断性因果关系。例如：

(32) 既然收据是假的，借条会不会也是假的？（方华《苍天有眼》）

(33) 既然国家对收费问题有明确规定，那么是否还存在乱收费现象？（毕全忠《教育部有关负责人谈高校毕业生就业时强调不得向毕业生收取不合理费用》，载《人民日报》1998 年 6 月 29 日）

（三）“肯定陈述＋特指问”句联表示推断性因果关系。这种情况比较常见。例如：

(34) 既然还能过得去，谁愿主动被“吃”掉？（何伟、任之《“联”字擎起这片天——从石药集团跳跃发展看强强联合》，载《人民日报》1998 年 4 月 14 日）

(35) 既然都是漳州水仙，还有多大的差别呢？（汪守德《冰清玉洁水仙花》，载《人民日报》1998 年 1 月 10 日）

(36) 既然面料太差，那为什么设计师没有去开发？（《人民日报》1998 年 4 月 17 日）

有时可以不用“既然”。例如：

(37) 税务局都这么干，谁还愿意缴税呢？（凡一平《博士彰文联的道德情操》，载《小说月报·原创版》2005 年第 2 期）

(38) 工人可以下岗，为什么大学老师就不可以？（李楠《他们为什么批评北大改革》，载《新闻周刊》2003 年第 7 期）

（四）“否定陈述＋是非问”句联表示推断性因果关系。例如：

(39) 社会政治结构既然不包括在社会存在里，难道它又是属于社会意识的吗？

(40) 福尔摩斯先生，您既然不肯明确地告诉我，那么您能给我一点启发吗？（北）

（五）“否定陈述＋正反问”句联表示推断性因果关系。例如：

(41) 她看上去脸色不好，她是不是病了呀？（王璞《毕业合影》，载《收获》2003 年第 2 期）

(42) 既然在某些企业中，这种情况不可避免，那么政府部门是不是应该及早做些什么？（《人民日报》1998 年 5 月 12 日）

（六）“否定陈述＋特指问”句联表示推断性因果关系。例如：

(43) 既然不信任我，又何必把我请到清泉来呢？（张廷竹《盛世危情》，载《小说月报》2005 年增刊）

9.2.2.2　“陈述＋祈使”句联表示推断性因果关系

（一）“肯定陈述＋肯定祈使”句联表示推断性因果关系。例如：

(44) 既然您想了解我的看法，那就请往下读吧。(北)

(45) 该剧本既然已经你们扶植，你们还是扶植到底吧！（梁晓声《京华闻见录》）

(46) 你既然有诀窍，赶快说啊！（高阳《红顶商人胡雪岩》）

(二)“肯定陈述＋否定祈使”句联表示推断性因果关系。例如：

(47) 既然父亲说是大人的书，你就别费那个冤枉心了。(北)

(48) 你既然已当了工人，就不要改来改去了。(北)

(49) 既然人家势力大，你还是不要得罪人家！（北）

(三)“否定陈述＋肯定祈使”句联表示推断性因果关系。例如：

(50) 既然找不到吴大哥的家人，咱们就认他做干哥哥吧！（飘飘《失忆 13 年》，载《读者》2005 年第 20 期）

(51) 你既然这么不相信我，你就走好啦。(北)

(52) 既然他不要印泥，就改送他一方印章吧！（北）

(四)“否定陈述＋否定祈使”句联表示推断性因果关系。例如：

(53) 既然我们已经没有希望了，也别让外面的人抱着不切实际的希望。(张贤亮《绿化树》)

(54) 既然你如此地“不宽容”，就不要怪我不客气了。(张炜《柏慧》)

(55) 既然不想离，就别老说气话。(王朔《过把瘾就死》)

(56) 既然不喜欢喝酒，就不要喝嘛……(北)

9.2.2.3　“陈述＋感叹”句联表示推断性因果关系

(57) 既然你们认识，那就太好了！

(58) 侦缉队长高兴，看来这房子确实是好啊！（霍达《穆斯林的葬礼》）

9.2.2.4　“疑问＋陈述”句联表示推断性因果关系。例如：

(59) 千百年的历史规律你违抗得了吗？我看你是当官当到头了。(张廷竹《盛世危情》，载《小说月报》2005 年增刊)

9.2.2.5　“疑问＋祈使”句联表示推断性因果关系

常见的有以下四种情况：

(一)“是非问＋肯定祈使”句联表示推断性因果关系。例如：

(60) 你今天累了吧？躺下睡一会儿。(张心庆《我的父亲张大千》，载《读者》2005 年第 10 期)

(61) 都听清楚了吗？开始操作。(毕淑敏《心灵游戏》，载《新剧本》2005 年第 3 期)

(62) 懂我说的意思吗？好，你回去休息吧！（杜鹏程《保卫延安》）

有时，前面的是非问往往表示反问。例如：

(63) 不是您叫我等着么？您有话就讲吧。(曹禺《雷雨》)

(64) 你不也有点首饰么？你拿出来给你妈开开眼。(曹禺《雷雨》)

(65) 难道你现在还不知道？请看我脸上无奈的苦笑！(余华《战栗》)

(66) 老爸不是有一匹马吗？收下这孩子的马草。(许申高《别饿坏了那匹马》，载《读者》2002 年第 14 期)

(二)“是非问＋否定祈使”句联表示推断性因果关系。例如：

(67) 你那也叫“活儿”？别不要脸啦！(老舍《龙须沟》)

(68) 您不是允许我还去念书吗？我求您别再跟我提这些事了。(杨沫《青春之歌》)

(三)“特指问＋肯定祈使”句联表示推断性因果关系。例如：

(69) 你们天天在一起，怎么会不知道？快说！(端木蕻良《打屁股》，载《读者》2004 年第 22 期)

(四)“特指问＋否定祈使”句联表示推断性因果关系。例如：

(70) 什么事瞒得了人？趁早别讨打。(张爱玲《金锁记》)

9.2.2.6　“疑问＋感叹”句联表示推断性因果关系

(71) 不觉得累吗？您看起来真是充满能量啊！

(72)(土司)还需要有什么借口吗？说这话的人比我还傻啊！(阿来《尘埃落定》)

以上二例是“是非问＋感叹”句联表示推断性因果。前一小句用是非问句表示说话者一种主观上的推测臆断，后一小句用感叹句表示在前面的主观推断性因果下的进一步推断性因果。

9.2.2.7　“祈使＋疑问”句联表示推断性因果关系

常见的有以下四种情况：

(一)“肯定祈使＋是非问”句联表示推断性因果关系。例如：

(73) 愿它使你勇敢。你真正把那些人杀死了？(阿来《尘埃落定》)

(74) 看，两个小球了！快解除了罢？(巴金《寒夜》)

(75) 你快给人家！怎么你没有钱？(付慧君《生死场》，载《剧作家》2005 年第 4 期)

(76) 快走吧，还有什么东西么？(杨沫《青春之歌》)

(二)“否定祈使＋是非问”句联表示推断性因果关系。例如：

(77) 魏三大伯，别难过啦！您是没有路费回家吧？(杨沫《青春之歌》)

(78) 崔秀玉，别哭！是想妈妈吗？(杨沫《青春之歌》)

(79) 姐姐，别啰嗦啦！你一定是个共产党员吧？（杨沫《青春之歌》）

（三）“肯定祈使＋正反问”句联表示推断性因果关系。例如：

(80) 快交出你的手来，是不是有什么秘密啊？（汤宏英《可不可以不在乎》，载《儿童文学》2005年第9期）

（四）“否定祈使＋正反问”句联表示推断性因果关系。例如：

(81) 别来劲啊，给你脸了是不是？（北）

9.2.2.8 “祈使＋感叹”句联表示推断性因果关系

(82) 你少管闲事罢！也不知你受了人家多少小费！（张爱玲《沉香屑》）

该例句是“否定祈使＋感叹”句联表示推断性因果。祈使句表示说话人的某种祈使要求，后面用感叹句表示说话人之所以有这种祈使要求，是做出了某种推断。

9.2.2.9 “感叹＋陈述”句联表示推断性因果关系

(83) 来的好快呀！大概医生希望早些太平下来。（白桦《淡出》）

(84) 啊呀，天，你长得多秀气！你一定是从天上掉下的仙女。

9.2.2.10 “感叹＋疑问”句联表示推断性因果关系

(85) 这样的温暖，今天夜里山草也许就绿起来了罢？（老舍《济南的冬天》）

(86) 先生的听力棒极了，你家人肯定非常高兴吧？（《漫画与幽默》，载《读者》2003年第22期）

(87) 呦，这么大了，上学了吧？（张廷竹《盛世危情》，载《小说月报》2005年增刊）

以上三例是“感叹＋是非问”句联表示推断性因果。

(88) 你太贫了，你是不是喝多了？（王新军《俗世》，载《小说月报》2004年增刊）

上面这例是“感叹＋正反问”句联表示推断性因果。

(89) 他真解气！那你为什么不告发他这路人呢？（毕淑敏《心灵游戏》，载《新剧本》2005年第3期）

上面这例是“感叹＋特指问”句联表示推断性因果。

9.3 假设关系的句类配置

假设关系的句类配置包括单纯句类配置和复合句类配置。

9.3.1 假设关系的单纯句类配置

假设关系可以由同一种语气类型的小句联结，形成单纯句类配置，主要有两种。

9.3.1.1 陈述句联表示假设关系

陈述小句联结可以表示假设关系。有下面四种情况：

（一）肯定陈述句联表示假设关系。基本语表形式：“如果……就……”。例如：

(1) 如果字如其人，那么，书房也如其人。（德兰《求》，载《收获》1982年第1期）

(2) 如果她帮他，那么他就还有希望。（王大进《禅意》，载《小说月报》2004年第7期）

(3) 如果我还能抽出时间，一定和你去。（葛水平《陷入大漠的月亮》，载《小说月报·原创版》2005年第3期）

前项除了用“如果”，有时也用“假如”、“要是”、“倘”、“的话”等，后项可用可不用“那么”、“就”等。例如：

(4) 假如厂主愿意打呢，祥子陪着！（老舍《骆驼祥子》）

(5) 当时要是知道反动的坏爸爸去投敌叛国，就会立即去报告公安局。（邓刚《光天化日海蓝蓝》，载《小说月报·原创版》2005年第5期）

(6) 倘能够到北京见到毛主席，那将是他一生最大的幸福。（巴金《杨林同志》）

(7) 角色定下来的话，我就通知你。（凡一平《撒谎的村庄》，载《小说月报·原创版》2005年第5期）

有时“如果”等关系词语和“的话”合用。例如：

(8) 如果让我改变世界的话，我就在每个城市都建造两个水上乐园。（北）

(9) 假使真有能力把供销干下去的话，他肝胆涂地也要报知遇之恩。（高晓声《陈奂生包产》，载《人民文学》1982年第3期）

(10) 要打官司的话，板子该打在你身上。（黄晓廷《陷落》，载《中篇小说选刊》1999年第1期）

有时前项用“如果说”，表示假设某种提法或情况。例如：

(11) 如果说我在泰山路上是翻着什么历史稿本，那么现在我才算翻到我们民族的真正宏伟的创业史。（杨朔《泰山极顶》）

(12) 如果说上次火卖村人把照相师傅奉为上宾，那么这次就把他当是个贼。（凡一平《撒谎的村庄》，载《小说月报·原创版》2005年第5期）

(13) 对于我，如果说也有幸福的时代，那就是在农村度过的童年岁月。（孙犁《澹定集·答吴泰昌同志》，载《花城》1982年第3期）

（二）“肯定陈述＋否定陈述”句联表示假设关系。肯定陈述句表示假设前提，否定陈述句表示假设结果。基本语表形式：“如果……就不/没……”。例如：

(14) 如果生活失去了令人向往的前景和理想，那么就不会召唤人们紧张地全力以赴地去工作。（赵丹涯《蓝天，也是属于你的》，载《芙蓉》1983年第4期）

(15) 倘若上班干活出现个闪失，那就对不起革命烈士的在天之灵了。(邓刚《光天化日海蓝蓝》，载《小说月报·原创版》2005 年第 5 期)

(16) 要是死去的那个人还活着，她就不用风来雨去担惊受怕的了。(衣向东《女出租车司机》，载《小说月报·原创版》2005 年第 5 期)

(17) 万一有人要跟你约会，你就不能去了。(范小青《女同志》，载《小说月报·原创版》2005 年第 5 期)

(18) 劫匪真像她说的这么心软，就不会出来干这行当了。(衣向东《女出租车司机》，载《小说月报·原创版》2005 年第 5 期)

有时合用“如果”等关系词语和“的话”。例如：

(19) 如果单独送我一人的话，真有点不值得。(北)

(20) 假如这张脸上曾有过一些美的东西的话，今天却已经荡然无存了。(周梅森《小镇》，载《花城》1983 年第 2 期)

(21) 如果这个时候还能悬崖勒马的话，那么弗林就不会犯欺骗和违抗军令罪。(北)

有时后项省去“那么”、“就”等。例如：

(22) 如果遭遇台风，这些反动的坏蛋们是绝不会来抢救社会主义的渔民的。(邓刚《光天化日海蓝蓝》，载《小说月报·原创版》2005 年第 5 期)

(23) 要想拥有这些先进武器，代价不小。(关林《解放军引进武器提升战力》，载《特别关注》2005 年第 12 期)

(三)“否定陈述＋肯定陈述”句联表示假设关系。否定陈述句表示假设前提，肯定陈述句表示假设结果。基本语表形式：“如果不 / 没……就……”。例如：

(24) 如果我不按规定复学，我的学籍就要被取消了。(凡一平《撒谎的村庄》，载《小说月报·原创版》2005 年第 5 期)

(25) 如果国庆节时潘老师的信还没有到，我就写信跟他道歉。(凡一平《撒谎的村庄》，载《小说月报·原创版》2005 年第 5 期)

(26) 我们推车时，如果一不小心，就会掉下去。(何亚京《蜀道行》)

有时用“如果”以外的关系词语表示假设。例如：

(27) 他们要是不放弃这几个牲口呢，他也跟着完事。(老舍《骆驼祥子》)

(28) 看样子，我再不走，秋分嫂子就要用擀面杖把我轰出去了！(孙犁《风云初记》)

(29) 有朝一日真的没饭吃了，我就到中南海门前给你们要饭吃。(阎纲《作家与稿费》，载《读者》2005 年第 18 期)

(30) 辛姨，你不讨厌我的话，我会常来。(阿耀《序奏》，载《小说月报》1983年第2期)

有时配合使用“如果”等关系词语和“的话”。例如：

(31) 如果不算痴人说梦的话，这至少也是荒唐可笑的。(北)

上面的例子所假设的情况都是未然的，有时也表示反事实假设。例如：

(32) 如果没有司马迁，中华民族的兴衰史、苦难史、辉煌史，会出现巨大的空白。(郭保林《千秋太史公》，载《读书文摘》2005年第6期)

(33) 要不是我在场，她那小拳头就捶在小涛身上了。(汤保华《情感分析》，载《小说家》1983年第2期)

(34) 要不是因为出了这场斗殴事件，人们也许早就把他忘得一干二净了。(伊始《斗殴》，载《百花洲》1983年第1期)

有时这种配置用来表示选择的可能。例如：

(35) 如果不是一个好吃嫩草的老牛，那就有可能是一个像稻草人一样一直守望着麦田的鳏夫。(鬼子《鬼子小说二题·爱情细节》，载《小说月报·原创版》2005年第5期)

上例，如果省去“如果”，就是一个选择句式了。

(四)否定陈述句联表示假设关系。基本语表形式：“如果不/没……就不/没……”。例如：

(36) 如果不是高度近视的王贤良在堤坡上与一头驴子相撞，辣辣根本就不可能跳下水。(池莉《你是一条河》)

(37) 如果冲突不可避免，那么眼泪有时候未必是坏事。(吴志翔《蓦然之间的一种心痛》，载《读者》2005年第20期)

(38) 如果笑不起来，便不是成功的作品。(初中《语文》第一册)

(39) 我们的工作要是做得不好，别人就无法了解妇联工作的情况。(范小青《女同志》，载《小说月报·原创版》2005年第3期)

有时配合使用“如果”等关系词语和“的话”。例如：

(40) 如果没有自信心的话，你永远也不会有快乐。(北)

有时只在前项用“如果”等关系词语，或只在后项用“就”等关系词语。例如：

(41) 如果母亲不告诉我这个故事，我永远想不到。(王鼎均《一方阳光》，载《读者》2005年第20期)

(42) 我考不上大学，就不可能走出去。(葛水平《陷入大漠的月亮》，载《小说月报·原

创版》2005 年第 3 期）

(43) 没有强大的国防力量，就不会有和平的建设局面。（关林《解放军引进武器提升战力》，载《特别关注》2005 年第 12 期）

有时不用关系词语。例如：

(44) 人不犯我，我不犯人。

(45) 没有规矩，不成方圆。

以上假设都是未然事实，也有反事实的假设。例如：

(46) 父亲如果回到家不那么累，就不会给我们找后妈了。（柳叶儿《我为父亲办婚礼》，载《特别关注》2005 年第 12 期）

(47) 那晚上要不是老娘下了他的蒙汗药，那北京姑娘就莫想活命了。（谢璞《寻找》，载《芙蓉》1982 年第 3 期）

(48) 要不是学生们呼喊，他恐怕都不会走到那个空座位坐下。（凡一平《撒谎的村庄》，载《小说月报・原创版》2005 年第 5 期）

9.3.1.2 疑问句联表示假设关系

疑问小句相互联结可以表示假设关系。主要有六种情况：

（一）是非问句联表示假设关系。在肯定前项是非问的基础上后项又提出是非问。例如：

(49) 送到孤儿院吗？那孩子从小不就没有家庭的温暖？（非鱼《爸爸不再捉迷藏》，载《特别关注》2005 年第 7 期）

上例是说“如果送到孤儿院，那孩子从小不就没有家庭的温暖？”又如：

(50) 不是你？是他妈的畜生？（老舍《龙须沟》）

（二）“是非问＋特指问”句联表示假设关系。在肯定前项是非问的基础上后项又提出特指问。例如：

(51) 真的么？那么太太对你呢？（曹禺《雷雨》）

（三）“是非问＋正反问”句联表示假设关系。在肯定前项是非问的基础上后项又提出正反问。例如：

(52) 妮可，你有空吗？今天我可不可以请你做我的小工？（凌霜降《纯银耳钉上的爱情温度》，载《深圳青年》2005 年第 8 期上）

（四）“特指问＋是非问”句联表示假设关系。例如：

(53) 人家说，老人家那么高寿，得插多少支蜡烛？寿糕还不成了马蜂窝？（毕淑敏《预约死亡》）

(五)“正反问＋是非问”句联表示假设关系。例如：

(54) 若有个老鼠爬到你的水晶杯上去了，你会不会用石头去打它？你难道不怕打碎你自己的水晶杯吗？(古龙《萧十一郎》)

(55) 想不想放松一下？一起去听歌？(细腰《去吧，去吧，放你一条生路》，载《当代青年》2005年第8期)

(六)正反问句联表示假设关系。例如：

(56) 你是否不玩了？我能不能接手？(刘墉《创造自己》)

9.3.2　假设关系的复合句类配置

假设关系可以由不同语气类型的小句联结，形成复合句类配置，主要有七种。

9.3.2.1　“陈述＋疑问”句联表示假设关系

常见的有以下七种情况：

(一)“肯定陈述＋是非问”句联表示假设关系。例如：

(57) 如果你来，你能够在这样的地方快乐地生活吗？(陈谦《残雪》，载《小说月报》2004年增刊)

(58) 如果这些受害者是你们的父母妻子，你还会对公诉席大发嘘声吗？(周梅森《国家公诉》，载《收获》2003年第2期)

(59) 假如因此我们要终生住在这里，不是也很幸福么？(杨沫《青春之歌》)

(二)“肯定陈述＋正反问”句联表示假设关系。例如：

(60) 叶检，如果抗诉驳回，你们是不是就此罢手啊？(周梅森《国家公诉》，载《收获》2003年第2期)

(61) 如果参加了你这个师的战友会，还参不参加你军的战友会？(张廷竹《盛世危情》，载《小说月报》2005年增刊)

(三)“肯定陈述＋选择问”句联表示假设关系。例如：

(62) 如果是“教”，是教化之教，还是宗教之教？(张立文《中国哲学几个问题的研究评析》，载《人民日报》1998年7月11日)

(63) 如果在相同的旅游季节，走相同的旅游路线，那么，是参加旅行社组织的旅行团合算，还是自己安排料理一路的吃、住、行、玩更省钱？(夏中农《自助旅游与团队旅游哪种更合算？》，载《人民日报》1998年3月13日)

(64) 如果可以选择，是当谦让的虎弟弟好，还是当英雄狼狗好，还是当小霸王京叭好，还是当献音乐也献蛋糕的小孩子好？(陈祖芬《虎也温柔，狗也多情》，载《生态文化》2005年第1期)

(四)“肯定陈述+特指问”句联表示假设关系。例如:

(65)如果我一辈子就在那个乡村中学当个老师，那么到了现在我会是一番怎样的心境呢?(王新军《俗世》，载《小说月报》2004年增刊)

(66)如果我真的和她走到了一起，会是个什么样子?(王新军《俗世》，载《小说月报》2004年增刊)

(67)倘若孩子的小脑瓜终日被爆米花、桂花糊塞得满满当当的，它还能装进什么呢?(鲍良言、文朴《13岁进北大，他并不是神童》，载《家庭》2004年第4期)

(68)周秀丽真被判了死刑，我们长山的干部们会怎么想啊?(周梅森《国家公诉》，载《收获》2003年第2期)

(五)“否定陈述+是非问”句联表示假设关系。例如:

(69)如果别处不保，阿克苏能独善吗?(喻晓《白水城梦水》，载《人民日报》1998年5月8日)

(70)他不去，我这个常务副局长能说去吗?(王新军《俗世》，载《小说月报》2004年增刊)

(71)一个人，一个男人，他在事业上还不算一帆风顺的话，就会是幸福的吗?(王新军《俗世》，载《小说月报》2004年增刊)

(六)“否定陈述+正反问”句联表示假设关系。例如:

(72)如果标明这些内容，是不是能少出几个给家庭经济造成巨大损失的未成年人?(李明《收费电话，给人个措手不及》，载《质量万里行》1997年第12期)

(73)如果刘青松晚节不保，这会不会是因为我的过错?(王新军《俗世》，载《小说月报》2004年增刊)

(七)“否定陈述+特指问”句联表示假设关系。这种情况比较常见。例如:

(74)如果小小不是现在这个样子，我的心境又该是什么样子呢?(王新军《俗世》，载《小说月报》2004年增刊)

(75)如果说几家单位联合整治都不见显效，那么问题出在哪里呢?(董伟《机场路何日成坦途》，载《人民日报》1998年7月19日)

(76)如果没有汤显祖、李渔、洪升、孔尚任及其传奇，怎会有明清两代的戏剧繁荣?(周传家《剧本创作是关键》，载《人民日报》1998年1月24日)

有时前项不用表示假设的关系词语。例如:

(77)没有了这一切，谁会扑下身子去干工作?(王新军《俗世》，载《小说月报》2004年增刊)

(78) 你不提几个真正肯为自己卖力干事的手下，你的工作怎么上去？（王新军《俗世》，载《小说月报》2004 年增刊）

9.3.2.2 “陈述＋祈使”句联表示假设关系

（一）“肯定陈述＋肯定祈使”句联表示假设关系。例如：

(79) 如果你连怎么活着都像是淡忘了的话，那么请你去看看《亚马逊蝌蚪》。（星竹《亚马逊蝌蚪》，载《读者》2005 年第 20 期）

(80) 如果我走了，你一定要娶白云凤。（佚名《极端爱情之六种感动》，载《读者》2002 年第 9 期）

(81) 假如你必须洗澡，那就洗温水吧。(Stephen Leacock《怎样才能活到 200 岁》，杨小平译，载《读者》2002 年第 12 期）

(82) 姆妈若是精神还好，就去照顾三姐吧。（周宛润《五妹妹的女儿房》，载《小说月报·原创版》2005 年第 2 期）

（二）“肯定陈述＋否定祈使”句联表示假设关系。例如：

(83) 如果敌人在你的射程内，别忘了你也在他的射程内。（佚名《美军作战守则》，载《读者》2003 年第 23 期）

(84) 如果你失败了，千万不要忘记吸取教训。（无名氏《一些有意义的忠告》，载《读者》2002 年第 12 期）

(85) 如果再有类似的电话打进来，一定不要忘记按下录音键。(张廷竹《盛世危情》，载《小说月报》2005 年增刊）

(86) 外头人知道了，可别怪我！（张爱玲《琉璃瓦》）

（三）“否定陈述＋肯定祈使”句联表示假设关系。例如：

(87) 如果不爱我，如果我不值得你爱，那么……告诉我实话吧！（杨沫《青春之歌》）

(88) 如果您不想为您买回家的物品感到后悔，那么，不妨先吃点后悔药吧！（北）

(89) 如果不信，请算一算吧！（北）

（四）“否定陈述＋否定祈使”句联表示假设关系。例如：

(90) 如果你没有别的根据，就不要胡猜疑了。（北）

(91) 如果来不成，可别再等我了。（北）

9.3.2.3 “陈述＋感叹”句联表示假设关系

（一）“肯定陈述＋感叹”句联表示假设关系。例如：

(92) 要是大嫂当了队长，把花洞收拾起来，那该多好！（邢福义《汉语复句研究》，商务印书馆 2001 年版）

(93) 光是姑妈一个人来，多好！（王瑞芸《姑父》，载《小说选刊》2005 年第 6 期）

(94) 万一要是问起我情况来，我该多尴尬呀！（从维熙《北国草》）

(95) 合资的事要谈崩了，你我罪孽深重啊。（邢福义《汉语复句研究》，商务印书馆 2001 年版）

(96) 和他们一比……呵，我多么不幸！（杨沫《青春之歌》）

（二）“否定陈述＋感叹”句联表示假设关系。例如：

(97) 如果没有她的陪伴，我在北京的日子将会多么难挨……（池莉《紫陌红尘》）

9.3.2.4　“疑问＋陈述”句联表示假设关系

把疑问的肯定内容作为假设的前提，然后用陈述句做出结论。例如：

(98) 如果把我腰斩呢？我那苦命的老娘肯定不同意。（张廷竹《盛世危情》，载《小说月报》2005 年增刊）

(99) 你想下海跟我一起干吗？随你挑一下属公司去当总经理。（张廷竹《盛世危情》，载《小说月报》2005 年增刊）

(100) 还有吗？我也要一把。（鬼子《大年夜》，载《小说月报》2004 年第 12 期）

9.3.2.5　“疑问＋祈使”句联表示假设关系

常见的有以下六种情况：

（一）“是非问＋肯定祈使”句联表示假设关系。例如：

(101) 你要进来谈谈么？那请进来坐坐吧！（曹禺《日出》）

(102) 你回去吗？我们两人一路走。（废名《碑》）

（二）“是非问＋否定祈使”句联表示假设关系。例如：

(103) 回学校？那好，千万可别乱跑阿！（杨沫《青春之歌》）

(104) 四凤有什么不检点的地方么？请您千万不要瞒我。（曹禺《雷雨》）

（三）“特指问＋肯定祈使”句联表示假设关系。“特指问＋肯定祈使”句联表示假设关系时，同时表套合关系。例如：

(105) 有什么事？太太你请吩咐吧。（阿来《尘埃落定》）

(106) 你们还有什么意见？说吧。（张廷竹《盛世危情》，载《小说月报》2005 年增刊）

(107) 要什么待遇呢？尽管开口。（张廷竹《盛世危情》，载《小说月报》2005 年增刊）

（四）“特指问＋否定祈使”句联表示假设关系。例如：

(108) 你写什么词句？可不要那俗的。（北）

（五）“正反问＋肯定祈使”句联表示假设关系。例如：

(109) 你在京是否也买到了？望速来信。（傅敏编《傅雷家书》，辽宁教育出版

社 2004 年版）

(110) 你读过了没有？我去找来给你看。（张爱玲《琉璃瓦》）

(111) 有事没？没事出来喝酒吧！（叶倾城《母爱，生命不能承受之轻》，载《读者》2003 年第 22 期）

（六）“正反问＋否定祈使”句联表示假设关系。例如：

(112) 芥末、酱油、嫩姜丝你要不要？最好别放错。（孙建成《一个人的来和去》，载《小说月报》2004 年第 11 期）

(113) 你这校长还想不想当？别问了。

(114) 好东西呀，要不要？别后悔哟。

9.3.2.6　“疑问＋感叹”句联表示假设关系

(115) 你把这些话告诉你妹妹没有？那该在愫细的脑子里留下多么坏的印象！（张爱玲《沉香屑》）

(116) 如果一个痞子当上了皇帝呢？……那才叫有理想有抱负哩！（鄢烈山《独夫民贼的政治哲学》，载《杂文选刊》2003 年第 8 期）

9.3.2.7　“祈使＋陈述”句联表示假设关系

(117) 大娘，不要急！再找找！也许会找到的。（史雁飞《滑落的泪水》）

(118) 明天你看着街上，你会看见我。（列夫·托尔斯泰《同情》，何吉贤等译，载《读者》2002 年第 14 期）

(119) 你看看我的成绩单子，就知道他不喜欢我。

9.4　条件关系的句类配置

条件关系的句类配置包括单纯句类配置和复合句类配置。

9.4.1　条件关系的单纯句类配置

条件关系可以由同一种小句联结，形成单纯句类配置，主要有三种。

9.4.1.1　陈述句联表示条件关系

陈述小句联结可以表示条件关系。

（一）肯定陈述句联表示条件关系。包括下面几种情况：

第一，足够条件。基本语表形式：“只要……就……”。“只要”的位置比较灵活。例如：

(1) 只要你能说，我就能办。（罗望子《非暴力征服》，载《小说月报·原创版》2005 年第 3 期）

(2) 队长唐国芳只要一见到韦龙和韦凤，就心里发麻、发毛。(凡一平《撒谎的村庄》，载《小说月报·原创版》2005 年第 5 期）

(3) 一旦遇到泥泞坎坷，车就抛锚。(何金霞《嫁人如搭车》，载《特别关注》2005 年第 12 期）

有时把“只要”和“一……就……”结合起来用。例如：

(4) 只要一低头，就能瞧见她。(冯骥才《临街的窗》)

第二，必备条件。基本语表形式：“只有……才……”。例如：

(5) 只有经常接近广大的群众，才能增加自己的勇气。(《周恩来选集》上卷）

(6) 她的回答是惟有像她那样从容地观察，而且在工笔手绘中渗透进感情，并丝丝缕缕地从心灵深处升出哲思，才能表达出昆虫的神奇。(刘心武《丑虫》，载《读者》2004 年第 8 期）

有时只用“才”。例如：

(7) 鸟类每天要吃下和自己体重相等的食物，才能保持恒温。(北）

(8) 正是他的自告奋勇，牺牲或者说出卖了自家的牛，才使谎言变得真实、圆满。(凡一平《撒谎的村庄》，载《小说月报·原创版》2005 年第 5 期）

有时也用“除非……才……”。例如：

(9) 除非你给我二百元，我才肯冒这个险。(北）

(10) 除非现交四千元，他才答应将他的女儿带走。(北）

第三，倚变条件。常用格式“越……越……”。例如：

(11) 越是家境败下去，越要翻上来。(贾平凹《鸡窝洼的人家》，载《十月》1984 年第 2 期）

(12) 针灸师越是这么说，张碟越是面如土色。(罗望子《非暴力征服》，载《小说月报·原创版》2005 年第 3 期）

有时两项以上连用。例如：

(13) 他越跟陶慧贞接触，就越觉得她是一块无价之宝，也就越怕这块无价之宝失落他人之手。(黄继树《女贞》，载《清明》1983 年第 3 期）

有时使用格式“越……更……”。例如：

(14) 会议沉默的时间越长，有勇气打破僵局的发言者就更少。(李国文《花园街 5 号》，载《十月》1983 年第 4 期）

(二)“肯定陈述＋否定陈述”句联表示条件关系。有下面三种情况：

第一，足够条件。基本语表形式：“只要……就不 / 没……”。例如：

(15) 只要我能活下去，我就决不能让这个叛徒漏网。(峻青《党员登记表》)

(16) 弄堂里的吵架，只要是开始吵了，就没有也不可能有避开众人的意思了。(徐晓民《乘风凉》，载《读者》2005 年第 20 期)

有时只在前项用“只要”。例如：

(17) 只要能救她，我马里不怕拼命。(邓刚《光天化日海蓝蓝》，载《小说月报·原创版》2005 年第 5 期)

有时用格式“一……就不 / 没……”。例如：

(18) 这个意念一产生，就再也不能根除。(凡一平《撒谎的村庄》，载《小说月报·原创版》2005 年第 5 期)

(19) 你一来了，连市里的会都不要她参加。(范小青《女同志》，载《小说月报·原创版》2005 年第 5 期)

有时“只要”和“一……就不 / 没……”合用。例如：

(20) 男孩子只要一看到我，眼里就没有其他女孩了。(范小青《女同志》，载《小说月报·原创版》2005 年第 5 期)

第二，必备条件。例如：

(21) 只有手拉着手，我们才不会被风吹倒。

第三，倚变条件。基本语表形式：“越……越不……”。例如：

(22) 大概越是出色的作家，越不肯放松对自己的语言的铸炼。

(三)“否定陈述＋肯定陈述”句联表示条件关系。有下面三种情况：

第一，足够条件。基本语表形式：“只要不 / 没……就……”。例如：

(23) 只要家的地址不变，我们就会心安若素。(程云《有一个地址是不会变的》，载《读者》2004 年第 7 期)

(24) 只要没人吭声，也许首长也就知道自己错了。(范小青《女同志》，载《小说月报·原创版》2005 年第 5 期)

有时用“一不 / 没……就……”。例如：

(25) 一不当心就会造成手术事故。

“只要”可以和“一不 / 没……就……”合用。例如：

(26) 只要那些人一不注意，他就从瓜园跑进旁边的棉花田里。

有时后项不用“就”。例如：

(27) 只要你不靠近沙滩边缘的树木，一切都会太平无事。

(28) 只要不再见到王先生，我随便住什么样的招待所都成。(池莉《紫陌红尘》)

第二，必备条件。基本语表形式："只有不／没……才……"。例如：

(29) 只有不畏攀登，才能登上高峰采得仙草。

有时用"除非……才……"。例如：

(30) 除非塌得无法再住人，才来一两个泥水匠，用些素泥碎砖稀松的堵砌上——预备着再塌。(老舍《骆驼祥子》)

第三，倚变条件。基本语表形式："越不／没……越……"。例如：

(31) 越吃不上，越想吃。

(四) 否定陈述句联表示条件关系。大体有三种情况：

第一，足够条件。基本语表形式："只要不／没……就不／没……"。例如：

(32) 只要你们不杀他，老百姓就不会闹乱子。

(33) 为人不做亏心事，半夜敲门心不怵。

有时"只要"条件句居后。例如：

(34) 打死不要紧，只要不是罚工钱停生意。(夏衍《包身工》)

第二，必备条件。基本语表形式："只有不／没……才不／没……"。例如：

(35) 只要手脚不闲着，便不会走到绝路。(老舍《贺年》)

有时也用"除非不／没……才不／没……"。例如：

(36) 除非没有知识，才没有凭借来讨论。(北)

第三，倚变条件。例如：

(37) 越不行，越没人理。

9.4.1.2　疑问句联表示条件关系

疑问小句联结可以表示条件关系。例如：

(38) 是不是女儿只要做到有一点点好，爸爸就觉得她很好很好了？(北)

(39) 为什么越是接近文明的近代，阿拉善的脾气越来越大？(傲腾《阿拉善的生态警报》，载《人民日报》1998年7月31日)

9.4.1.3　祈使句联表示条件关系

祈使小句联结可以表示条件关系。例如：

(40) 看在我的份上，你就原谅他吧。

(41) 好好跳，让你上台。(苏童《伤心的舞蹈》)

9.4.2　条件关系的复合句类配置

不同句类联结可以表示条件关系，主要有四种。

9.4.2.1　“陈述＋疑问”句联表示条件关系

常见的有以下六种情况：

（一）“肯定陈述＋是非问”句联表示条件关系。例如：

(42) 只要你愿意离开，你不是就可以离开吗？（琼瑶《寒烟翠》）

(43) 只要想办法，还能做不好？（李准《李双双小传》）

(44) 只要我活着，你就永远不会死心？（琼瑶《鬼丈夫》）

（二）“肯定陈述＋正反问”句联表示条件关系。例如：

(45) 你只要摸摸我的脸，也会认出我来的，是不是？（北）

（三）“肯定陈述＋特指问”句联表示条件关系。例如：

(46) 世界上只要有着虹和我，其他一切，又有什么关系呢？（冰心《空屋》）

(47) 只要我们相爱，为什么不会？（琼瑶《匆匆，太匆匆》）

(48) 只要有决心，哪儿有改不了的道理？（巴金《秋》）

（四）“否定陈述＋是非问”句联表示条件关系。例如：

(49) 只要她不疤不麻不瞎，还会没人要吗？（张爱玲《金锁记》）

(50) 只要她没急坏了，咱们心里不就消停了吗？（老舍《全家福》）

（五）“否定陈述＋正反问”句联表示条件关系。例如：

(51) 只要不是坏的丑的恶的，都值得我们一做是不是？（北）

（六）“否定陈述＋特指问”句联表示条件关系。例如：

(52) 只要云楼不轻视我，我还在乎什么呢？（琼瑶《彩云飞》）

(53) 只要不影响功课，为什么不可以交男朋友？（北）

9.4.2.2　“陈述＋祈使”句联表示条件关系

一般表示足够条件。有四种情况：

（一）“肯定陈述＋肯定祈使”句联表示条件关系。例如：

(54) 只要你认为我是梅花盗，只要你认为我真是那么恶毒的女人，你就杀了我吧。（北）

(55) 只要你的灵魂里是觉得海在那儿叫唤你，去吧，去到那港口上。（北）

(56) 只要口袋里有钱，就请来吧。（北）

（二）“肯定陈述＋否定祈使”句联表示条件关系。例如：

(57) 只要你能回去，别忘了窗外先咳嗽声再进屋。（北）

(58) 只要我在任，别想搞数字游戏。（北）

(59) 只要自己愿意，不要管别人说什么。（北）

(60) 只要有我在，你就不用害怕。(北)

(三)“否定陈述＋肯定祈使”句联表示条件关系。例如：

(61) 在星罗棋布的商业网点间，只要你不觉得累，就由着性子去逛吧。(北)

(62) 只要你不嫌窄别，搬来就是了！(北)

(四)“否定陈述＋否定祈使”句联表示条件关系。例如：

(63) 只要没有接到我的命令，就不能撤离。(北)

(64) 只要你喜欢的东西没有妨碍人，也不会伤害人，你实在不需向别人解释的。(北)

9.4.2.3 “陈述＋感叹”句联表示条件关系

(65) 在这里只要能够找到职业，找到安身之处，该是多么令人高兴啊！(杨沫《青春之歌》)

9.4.2.4 “疑问＋感叹”句联表示条件关系

(66) 认不得？——除非他化成灰！(周克芹《许茂和他的女儿们》)

该例是“是非问＋消极感叹”句联表示条件关系。前一小句用是非问句表示某种情况的成立，后一小句用感叹句表示情况成立所需要的条件。

9.5 目的关系的句类配置

目的关系的句类配置包括单纯句类配置和复合句类配置。

9.5.1 目的关系的单纯句类配置

目的关系可以由同一种语气类型的小句联结，形成单纯句类配置，主要有三种。

9.5.1.1 陈述句联表示目的关系

陈述小句联结可以表示目的关系。

(一)肯定陈述句联表示目的关系。有两种情况：

第一，获取性目的。有时在前项用“为了”等。例如：

(1) 为了让女儿放心，她把手中的药片吃了下去。(衣向东《女出租车司机》，载《小说月报·原创版》2005年第5期)

(2) 为了牵制苏军的行动，美国对于中国军队的现代化，突然热心起来。(关林《解放军引进武器提升战力》，载《特别关注》2005年第12期)

有时在后项用“以便”。例如：

(3) 老赵尽力使车子跑得平稳，以便总指挥睡得安宁。(杜鹏程《工地之夜》)

(4) 我们现在只能先从我们的内部查起，以便脱掉我们的干系。(鄢国培《巴山月》，载《长江》1982 年第 3 期)

有时前项也可用“以”、“借以”、“好”、“为的是”等关系词语。例如：

(5) 聪明的女儿则想利用这笔钱去医学院念书，以实现她当医生的梦想。(聂茂编译《学会爱人》，载《读者》2005 年第 17 期)

(6) 她把一名男华侨请到家中做客，事后在小镇上闲逛，借以增辉。(毛志成《小镇风情》，载《当代》1983 年第 3 期)

(7) 敌人还是要拼死争夺，好使自己的主力不致颠覆。(魏巍《谁是最可爱的人》)

(8) 他打算买几个有趣的玩具带回去，为的是让孩子们高兴高兴。(范晓主编《汉语的句子类型》，书海出版社 1998 年版)

有时用“之所以……是为了……”。例如：

(9) 他的瓜之所以切开论牙卖，在很大程度上是为了控制瓜籽的外流。(张武《瓜王轶事》，载《小说月报》1982 年第 2 期)

第二，免除性目的。常在后项用“以免”、“免得”、“省得”等。例如：

(10) 他叫姑娘再慢慢转动老人的脸到另外一边，放手后迅速离开，以免把她拍进去。(凡一平《撒谎的村庄》，载《小说月报·原创版》2005 年第 5 期)

(11) 黄小风在动身之前尽量想做到细致一些，免得把一个很单纯的朱米领出去搞得手忙脚乱。(葛水平《陷入大漠的月亮》，载《小说月报·原创版》2005 年第 3 期)

(12) 现在你爹回到家了，我能在跟前伺候，省得麻烦别人了。(李西岳《农民父亲》，载《小说月报》1999 年第 10 期)

(二)“肯定陈述＋否定陈述”句联表示目的关系。例如：

(13) 这是壮族安置垂死的人的习俗，为的是死后不把床背到阴间。(凡一平《撒谎的村庄》，载《小说月报·原创版》2005 年第 5 期)

(三)“否定陈述＋肯定陈述”句联表示目的关系。有两种情况：

第一，获取性目的。例如：

(14) 乔不得不给他买了一只呼机，以便她随时都可以呼喊。(罗望子《非暴力征服》，载《小说月报·原创版》2005 年第 3 期)

第二，免除性目的。例如：

(15) 不称职的教师决不能滥竽充数，以免误人子弟。(北)

(16) 一般凡在国际获过奖的产品，厂商都不敢冒风险再送参评，以免落选丢

荣誉。(北)

(四)否定陈述句联表示目的关系。例如:

(17)即使在三年困难时期,市场上买不到煤油,牛福也不惜高价弄几斤,不让儿子闲着。(程贤章、廖红球《彩色的大地》)

9.5.1.2　疑问句联表示目的关系

疑问小句联结可表示目的关系。例如:

(18)叶桑,我们能不能到大自然中的花前月下散散步?免得让这里的音乐糟蹋我们?(方方《暗示》)

(19)我把你留在家里做什么?好让你给韩家惹来更多麻烦吗?好让你寻机和柯起轩藕断丝连吗?(琼瑶《鬼丈夫》)

9.5.1.3　祈使句联表示目的关系

祈使小句联结可以表示目的关系。有四种情况:

(一)肯定祈使句联表示目的关系。例如:

(20)白兰,你过来,让我告诉你。(丁玲《重逢》)

(21)你应该到乡上和县上走一走,看能不能贷下款。(路遥《平凡的世界》)

(二)否定祈使句联表示目的关系。例如:

(22)田大嫂,不要,别给鬼子搜查到了!(于伶《警号》)

(三)肯否祈使句联表示目的关系。例如:

(23)还请你们陆续看,以防……别给他们听见。

(24)快下来,别弄脏我的锅!(冯德英《迎春花》)

(25)你把我干妈的脸蒙起来,不要叫她老人家受了惊吓。(路遥《平凡的世界》)

(26)你就由着她吧,别为了丁点小事就鸡飞狗跳的。(徐承伦《高老庄》,载《十月》2005年第2期)

(四)否肯祈使句联表示目的关系。例如:

(27)班中不要饮酒,晚上别熬夜,以饱满的精神状态保证生产经营的正常有序。(影儿《欢乐祥和度国庆》)

(28)别动,别动,让我给你拍张照。(榛生《桑椹树姑娘》,载《萌芽》2005年第1期)

(29)大家不要乱,让我说几句。(柯灵《秋瑾传》)

上面三例都是获取性的目的关系。

9.5.2　目的关系的复合句类配置

目的关系可以由不同语气类型的小句联结，形成复合句类配置，有五种。

9.5.2.1　“陈述＋疑问”句联表示目的关系

这种情况比较少见。主要有两种情况：

（一）“陈述＋是非问”句联表示目的关系。例如：

(30) 迢迢千里，独个儿漂漂泊泊的留在异邦，为的是那见鬼的博士名衔吗？（梁凤仪《弄雪》）

(31) 你走过千山万水寻来，要的就是这样的结果？（陈谦《残雪》，载《小说月报》2004 年增刊）

(32) 儿子不在了，她就和布娃娃说话，睡觉，免得留下她一个人难熬孤独？（北）

（二）“陈述＋特指问”句联表示目的关系。例如：

(33) 莘莘学子，勤学苦读，为的是什么？（北）

(34) 我出来打工，帮人家做老妈子，又为的是哪一个？（北）

9.5.2.2　“陈述＋祈使”句联表示目的关系

(35) 好啊，为了表示庆祝，走，请你吃晚饭！（徐则臣《三人行》，载《小说选刊》2005 年第 6 期）

(36) 我开了两个房间，张市长您休息一下吧。（张廷竹《盛世危情》，载《小说月报》2005 年增刊）

9.5.2.3　“陈述＋感叹”句联表示目的关系

(37) 为了给你供电，我们多么辛苦啊！

(38) 都是为了他，她受了这许多委屈！（张爱玲《心经》）

9.5.2.4　“疑问＋祈使”句联表示目的关系

常见的有以下四种情况：

（一）“是非问＋肯定祈使”句联表示目的关系。例如：

(39) 想要电视台的摄像吗？让你的婚礼摄像与众不同！

(40) 大家能帮我一起为苦命的姑姑祈福吗？让她的生命延续。

(41) 能给大家详细地讲解一下吗？让更多的人了解这方面的知识。

（二）“是非问＋否定祈使”句联表示目的关系。例如：

(42) 街头水果片能吃吗？酷暑天气别让“病从口入”。

(43) 你看见那些绽放的花儿了吗？别忘了用心体会世界的美好。

(44) 爱她就要说出来，你做到了吗？别让自己留下的只有遗憾和痛苦。

(三)“特指问＋肯定祈使”句联表示目的关系。例如：

(45) 谁带了封条？把箱箱柜柜都封起来。(梁斌《红旗谱》)

(四)“正反问＋肯定祈使”句联表示目的关系。例如：

(46) 我的三篇新稿看了没？帮我实现愿望嘛！（西西《读来读去》，载《女友》2005 年第 3 期校园版）

9.5.2.5 “祈使＋陈述”句联表示目的关系

主要有两种情况：

(一)“肯定祈使＋陈述”句联表示目的关系。例如：

(47) 请你把它们的位置准确标在这张地图上，以便我军在攻城时避开。(北)

(48) 你留个电话，以便将处理情况通知你。(北)

(49) 请慢些走路，以便我能跟得上您。(北)

(50) 我们尽量走荫凉吧，免得你的手总那么举着，像没完没了地给谁敬礼似的。(陈染《私人生活》)

(二)“否定祈使＋陈述”句联表示目的关系。例如：

(51) 不要转移存放地点，以便今后查找时不致搞错。(北)

(52) 不许乱征收费用，以便降低菜贩的经营成本，降低零售价格。(北)

(53) 不准随便发表意见，以免人们误以为是周总理的指示。(北)

(54) 不许向外乱说，不准对基层干部指手画脚，以免干扰地方工作。(北)

(55) 莫坐热石头，免得生坐板疮。(沈从文《边城》)

9.6 小 结

因果类关系包括说明因果、推断性因果、假设、条件和目的等关系，它们的句类配置都有单纯句类配置和复合句类配置，但是差异较大。

从单纯句类配置来看，说明因果能形成四种单纯句类配置，推断性因果、假设、条件和目的关系能形成三种单纯句类配置，假设则只能形成两种单纯句类配置。

从复合句类配置来看，说明因果关系能形成十二种，推断性因果关系能形成十种，假设关系能形成七种，目的关系能形成五种，条件关系能形成四种。

因果类句联的句类配置概况，见表 12。

表 12　因果类句联的句类配置

句类配置 \ 句联关系		因果类				
		说明因果	推断性因果	假设	条件	目的
单纯句类配置	陈＋陈	＋	＋	＋	＋	＋
	疑＋疑	＋	＋	＋	＋	＋
	祈＋祈	＋			＋	＋
	感＋感	＋	＋			
复合句类配置	陈＋疑	＋	＋	＋	＋	＋
	陈＋祈	＋	＋	＋	＋	＋
	陈＋感	＋	＋	＋	＋	＋
	疑＋陈	＋	＋	＋		
	疑＋祈	＋	＋	＋		＋
	疑＋感	＋	＋	＋	＋	
	祈＋陈	＋		＋		＋
	祈＋疑	＋	＋			
	祈＋感	＋	＋			
	感＋陈	＋	＋			
	感＋疑	＋	＋			
	感＋祈	＋				

第 10 章　转折类句联的句类配置

转折类句联，包括转折关系、让步关系和假转关系，其中让步关系又包括实让关系、虚让关系、总让关系和忍让关系。它们的句类配置包括单纯句类配置和复合句类配置，不过具体的句类配置类型存在种种差异，下面分别加以考察。

10.1　转折关系的句类配置

转折关系的句类配置可以是单纯句类配置，也可以是复合句类配置。

10.1.1　转折关系的单纯句类配置

转折关系可以由同一种语气类型的小句联结，形成单纯句类配置，有四种。

10.1.1.1　陈述句联表示转折关系

（一）肯定陈述句联表示转折关系。常用转折词“但”。例如：

(1) 雨是停了，但天却已经漆黑了。（凡一平《撒谎的村庄》，载《小说月报·原创版》2005 年第 5 期）

有时也用“可是”、“然而”、“却”、“不过”、“就是”、“其实”等表示转折。例如：

(2) 父亲想把失去的一切赢回来，可是母亲摇摇头。（罗望子《非暴力征服》，载《小说月报·原创版》2005 年第 3 期）

(3) 她眼里含着泪花，却勉强笑着。（王火《夜的悲歌》，载《十月》1982 年第 4 期）

(4) 马兑早就认识马丽丽，只不过过去隔着距离。（胡学文《旅途》，载《小说月报》2004 年第 7 期）

(5) 他以为他很了解我，其实他很傻。（杨争光《越活越明白》，载《收获》1999 年第 3 期）

有时既用“但”又用“却”。例如：

(6) 战争摧毁了几乎所有，但列宁格勒却保住了所有珍贵的粮食品种。（洋洋《希望的种子》，载《读者》2005 年第 17 期）

值得注意的是，有的转折是在平列的基础上生成的。例如：

(7) 他既希望周奉宛能办成此事，却又怕她弄不好捅出麻烦来。(张笑天《没有画句号的故事》，载《收获》1983 年第 1 期)

(8) 爱情既是一首优美的歌曲，但也是难谱的乐章，难弹的琴。(从维熙《北国草》，载《收获》1983 年第 3 期)

(9) 他一方面说你是“无巧不成书”，另一方面却又“无巧不看书”。(陆文夫《误会与巧合》，载《钟山》1982 年第 3 期)

(二)“肯定陈述＋否定陈述”句联表示转折关系。基本语表形式：“……，但不 / 没……”。例如：

(10) 我的身体还算是硬朗的，但眼睛和耳朵都已不太灵光。(季羡林《牛棚杂忆》)

(11) 针灸师知道乔乔会回来的，但没有想到她回来得这么快。(罗望子《非暴力征服》，载《小说月报·原创版》2005 年第 3 期)

有时用“然而”、“可是”、“却”、“不过”、“只是”、“就是”等表示转折。例如：

(12) 女人话里的辛辣味儿令她反感，然而不能说这些话没有一点道理。(朱崇山《生活的轨迹》，载《长城》1983 年第 3 期)

(13) 环境险恶，人心叵测，可是他们从未失去过做人的根本。(李辉《解冻时节》，载《收获》1999 年第 3 期)

(14)“保长”身上很热，却又不敢用力扇扇子。(叶元《巴牛皮和退休的老局长》，载《百花洲》1983 年第 4 期)

(15) 我们的防治工业向来是习惯大批量生产，利润大，麻烦小，只不过打不进国际市场罢了。(黄蓓佳《秋色宜人》，载《收获》1983 年第 4 期)

(16) 一个人的大脑，是很有潜力的，只是没有开发。(阿成《哈尔滨人》)

(17) 父亲独自挑起家庭的重担，就是不愿与母亲成亲。(万丑《嗜酒如命的父亲》，载《特别关注》2005 年第 12 期)

有时也可用“竟然”、“居然”等来表示转折。例如：

(18) 他们接到公司的命令前去寻找，竟然连船壳的碎片或人的衣物都看不到。(邓刚《光天化日海蓝蓝》，载《小说月报·原创版》2005 年第 5 期)

(19) 石崽去提铁筐，居然双手没托起。(刘恪《秘密》，载《小说月报·原创版》2005 年第 3 期)

(三)“否定陈述＋肯定陈述”句联表示转折关系。基本语表形式：“不 / 没……，但……”。例如：

(20) 我不知道天使在什么地方，但我知道，妈妈和天使是一样的。(尹玉生编译《踏着天使的脚印》，载《读者》2005 年第 17 期)

(21) 他没告诉李正这些，但李正很快就知道了。(杨争光《越活越明白》，载《收获》1999 年第 3 期)

有时也可用“却”、“可是”、“不过”、“反而”、“反倒”、“就是”等表示转折。例如：

(22) 他也许连“爱情”两个字都不会写，却用这种极端的方式，给了“爱情”最好的注解。(彩霞《傻儿》，载《小说月报·原创版》2005 年第 12 期)

(23) 我和父亲的隔阂表面上没有了，可心里还是纠缠着疙瘩。(柳叶儿《我为父亲办婚礼》，载《特别关注》2005 年第 12 期)

(24) 他本来压根不想给传辉介绍什么对象，只不过把这作为一种助兴的话题而已。(程乃珊《蓝屋》，载《钟山》1983 年第 4 期)

(25) 蓝宝贵也不劝他们，反而津津有味地看他们吵。(凡一平《撒谎的村庄》，载《小说月报·原创版》2005 年第 5 期)

(26) 他没有意识到母亲是在焦急地寻找他，反倒以为母亲是在欣赏儿子的能耐。(邓刚《光天化日海蓝蓝》，载《小说月报·原创版》2005 年第 5 期)

(27) 说实在的，这药糖没有什么好吃，就是五颜六色的好看罢了。(初中《语文》第一册)

有时“但”等关系词语和“却”合用。例如：

(28) 他自己田里生出来的东西一天一天不值钱，而镇上的东西却一天一天贵起来。(范晓主编《汉语的句子类型》，书海出版社 1998 年版)

(29) 我没来过这山村，但对连贯这一带村子的这条山区铁路却很熟悉。(铁凝《东山下风景》，载《长城》1983 年第 3 期)

有的转折是在反递的基础上生成的。例如：

(30) 那水呢，不但不结冰，倒反在绿萍上冒着点热气。(老舍《济南的冬天》)

(四) 否定陈述句联表示转折关系。基本语表形式：“不 / 没……但不 / 没……”。例如：

(31) 针灸师不知道柔芳是否话里有话，但看不惯她的派头。(罗望子《非暴力征服》，载《小说月报·原创版》2005 年第 3 期)

(32) 我和他们交流得不坏，但在他们面前总有点不自在。(王小波《优越感种种》，

载《读者》2005年第20期）

(33) 我并不是现在就要你做决定，但也不能拖太长时间。（范小青《女同志》，载《小说月报·原创版》2005年第5期）

有时也可用“但”以外的转折词。例如：

(34) 金钱并非一切，只是常不够用。（理由《幸福是0.25》，载《读者》2005年第20期）

(35) 我这个系主任还没有明令免职，可是印把子却不知道是从什么时候起从我手中滑掉了。（季羡林《牛棚杂忆》）

有的转折是在平列的基础上生成的。例如：

(36) 这么些年，既听不到他们一点点自我批评，可也听不到他们一句互相埋怨的话……（白峰溪《风雨故人来》，载《十月》1983年第5期）

10.1.1.2　疑问句联表示转折关系

疑问小句相互联结可以表示转折关系。大体有五种情况：

（一）是非问句联表示转折关系。在肯定前项是非问的基础上，后项提出逆转性的是非问。例如：

(37) 你说司空曙是我杀的？你看我像是个杀人的凶手吗？（古龙《萧十一郎》）

上例是说：“你说司空曙是我杀的，可是你看我像是个杀人的凶手吗？”例如：

(38) 这也叫猫吗？猫还能这么瘦小？（陈祖芬《地球上不是只有人住》，载《青年文摘》2005年第4期）

(39) 在困苦的环境中我会最先放弃我的爱人？我是这样的人吗？（佚名《孔雀的悲哀》，载《品位读友》2004年第5期）

（二）“是非问＋特指问”表示转折关系。前项是非问往往有肯定的倾向，在此基础上后项提出逆转性的特指问。这种情况比较常见。例如：

(40) 它不是在动吗？可那能说明什么问题？（陈明从《怎样使一窝蚂蚁发生动乱》，载《青年文摘》2005年第9期红版）

(41) 大多数企业采购、销售、定价、投资、分配等不少方面的权力不是已经很“自主”了吗？可是，结果怎么样呢？

有的特指问是问原因的，用“为什么”或“怎么”。例如：

(42) 你不躲？那你上次怎么连自己的报告都不敢给老板送？（安子《走，去坐老板旁边的座位》，载《深圳青年》2005年第8期）

（三）“特指问＋是非问”表示转折关系。例如：

(43) 你现在来这儿干什么？不看看你妈找四凤怎么样了？（曹禺《雷雨》）

(44) 你究竟是一个什么样的所在？你的绿坡赭岩下竟会蕴藏着那么多的强悍和狂躁？（余秋雨《千年庭院》）

（四）特指问句联表示转折关系。例如：

(45) 你们不要不愿意听，你们哪一个人不是我辛辛苦苦养到大？可是现在你们哪一件事做的对得起我？（曹禺《雷雨》）

(46) 同样的道理，哪个父母不是对子女做了万般的牺牲与奉献？而子女有几人在青少年时就大大地回馈父母？（刘墉《创造自己》）

（五）“正反问＋特指问”表示转折关系。例如：

(47) 你饶了我最主要的是饶了你自己好不好？为什么非要选择这些绝顶可恶的罪名折磨自己？（毕淑敏《预约死亡》）

10.1.1.3　祈使句联表示转折关系

祈使小句相互联结，可以表示转折关系。有四种：

（一）肯定祈使句联表示转折关系。例如：

(48) 要兼听，但要有主见。

(49) 老贾，你用吧！用完可得还我。（老舍《西望长安》）

（二）否定祈使句联表示转折关系。例如：

(50) 别高估我，但更不要低估我！

(51) 不要恐高，但千万不要追涨。

（三）肯否祈使句联表示转折关系。例如：

(52) 你应当珍惜友谊，但你不可依赖朋友。

(53) 你拿去由着性子花吧，败光了别来找我。（苏童《红粉》）

(54) 你去吧！你可别再和小姑娘到河沿去玩……（萧红《生死场》）

（四）否肯祈使句联表示转折关系。例如：

(55) 不要你想我，但要记得我。

(56) 抓一项工作，不要急于求功求利，但要争效求绩；办一件事情，不要盲目求快，但要雷厉风行。

10.1.1.4　感叹句联表示转折关系

感叹小句相互联结，可以表示转折关系。主要有五种情况：

(一)积极感叹句联表示转折关系。例如：

(57) 那女人对我真好，看护我真周到，可现在却不知道她跑到什么地方去了啊！(阳翰笙《两面人》)

(58) 你真不愧是将门之子，我们简直把你错瞧了！(阳翰笙《李秀成之死》)

(二)消极感叹句联表示转折关系。例如：

(59) 我还以为是哪个不要脸的肉头呢，原来是你个肉头呀！(刘庆邦《到城里去》，载《十月》2003年第3期)

(60) 我好糊涂的把你害了，到底不是我的主张哪！(谷剑尘《绅董》)

(三)中性感叹句联表示转折关系。例如：

(61) 中国还没拿过诺贝尔奖呢，也没见谁因此伤自尊了呀！(雪欢《我很丑》，载《萌芽》2003年第5期)

(62) 这就是你女儿啊，长得都不像你！(陈宁子《挺好的我们》，载《萌芽》2002年第8期)

(四)"积极感叹＋消极感叹"表示转折关系。例如：

(63) 可爱的一对，现在竟死了！(袁昌英《孔雀东南飞》)

(64) 这是千妥万妥的事哪！谁知我的千算万算却虚此一算哪！(谷剑尘《绅董》)

(65) 好一个聪明标致的大嫂，可惜却嫁了一个又矮又胖的笨男人！(孙瑜《小玩意》)

(66) 好极了，好极了！只这一个还不够呀。(章泯《东北之家》)

(五)"消极感叹＋积极感叹"表示转折关系。例如：

(67) 错过了这千载难逢的机会啦！可是机会还是有的啊！(史东山《八千里路云和月》)

10.1.2　转折关系的复合句类配置

十二种复合句类配置都可以表示转折关系。

10.1.2.1　"陈述＋疑问"句联表示转折关系

常见的有以下八种情况：

(一)"肯定陈述＋是非问"句联表示转折关系。例如：

(68) 我有种想哭的冲动，可世界相信眼泪吗？(《相信自己，你可以》，载《中国大学生》2002年第6期)

(69) 说起来也算是拿得起放得下跟得上时代潮流的女性，但骨子里那份儿对家、对节的依恋还不是剪不断理还乱？(杨雪梅《近乡情更切(人生一得)》，载《人民日报》

1998年2月4日）

（二）“肯定陈述＋正反问”句联表示转折关系。例如：

(70) 人人喊真抓实干，人人知道科技兴农，然而是否真的抓得真真切切、干得实实在在呢？（董宏君《瑶岭缘何有新篇》，载《人民日报》1998年7月9日）

（三）“肯定陈述＋选择问”句联表示转折关系。例如：

(71) 把青年学生培养成才当然是高等学校的首要任务，但是，培养出的人才是用的还是看的？（北）

（四）“肯定陈述＋特指问”句联表示转折关系。例如：

(72) 咱们北大一些大院系有一百六七十人，外校同类院系有的只六七十人，但别人出的成果为什么并不少？（李楠《他们为什么批评北大改革》，载《新闻周刊》2003年第7期）

(73) 你是大学生，有书读，有事做，可是，我，我这样的算个什么呢？（杨沫《青春之歌》）

(74) 他们激起我关于幸福过往的臆想，可我又哪里是那种能偿还得起幸福代价的人？（白雪《上海故事》，载《萌芽》2003年第10期）

（五）“否定陈述＋是非问”句联表示转折关系。例如：

(75) 我没有再爱别人的权利，但是不爱你的权利我还是有的吧？（北）

（六）“否定陈述＋正反问”句联表示转折关系。例如：

(76) 服务员的行动，看起来也许不那么规范，但这种符合客人需要的灵活，是不是更有效的规范呢？（北）

(77) 该乡的农民负担确实没有突破5%，但事实上，该乡农民的人均纯收入是不是在以每年100元钱的速度递增呢？（北）

（七）“否定陈述＋选择问”句联表示转折关系。例如：

(78) 现在的小学老师大概不会无分别地禁止看小说了，但是是加以指导，还是放任不管呢？（北）

(79) 现在83岁的说法，一般都不用了，但是她到底是81岁还是82岁呢？（北）

（八）“否定陈述＋特指问”句联表示转折关系。例如：

(80) 这些事现在知道的人已经不多了，然而老一辈人怎么会忘记呢？（张颖《献上我们的一颗心——纪念周恩来百年诞辰》，载《人民日报》1998年2月24日）

(81) 周秀丽被捕前的事不说了，怎么对长山检察院的抗诉也这么不满呢？（周梅

森《国家公诉》，载《收获》2003年第2期）

10.1.2.2　“陈述＋祈使”句联表示转折关系

（一）“肯定陈述＋肯定祈使”句联表示转折关系。例如：

(82) 我饶了你们，但你们要把这位老农的房子烧掉3次。（北）

(83) 自然界有许多你们不懂的东西，但你们要永远记住，自然界有自己的规律，它不会蒙蔽善于观察的人。（北）

(84) 我很替你抱憾，但是请你把这件事情平心静气地看吧。（北）

（二）“肯定陈述＋否定祈使”句联表示转折关系。例如：

(85) 或许你对很多琐碎的细节已经习以为常，但请千万不要忽略了藏在这些细节里的爱。（青衿编译《本周太太不在家》，载《读者》2002年第2期）

(86) 我在影片《周恩来》中扮演了一个令人讨厌的角色，但是请朋友们不要讨厌我。（北）

（三）“否定陈述＋肯定祈使”句联表示转折关系。例如：

(87) 我们并不想为难你，但你必须如实回答我们的问题。（北）

(88) 我不会伤害你，但你得帮助我女儿。（北）

（四）“否定陈述＋否定祈使”句联表示转折关系。例如：

(89) 我不打你，但你不要觉得你作恶没人惩罚你。（北）

(90) 我不想出卖郭燕，但你别逼我。（北）

(91) 我两不相助，但你们千万不可伤了孩子。（北）

10.1.2.3　“陈述＋感叹”句联表示转折关系

（一）“肯定陈述＋感叹”句联表示转折关系。例如：

(92) 别看她是一个女同志，笛子吹得却很到家呢！（邢福义《汉语复句研究》，商务印书馆2001年版）

(93) 那我比你小，可看上去比你老多啦！（周宛润《五妹妹的女儿房》，载《小说月报·原创版》2005年第2期）

(94) 我是战士，却没有牺牲在疆场上啊！（张廷竹《盛世危情》，载《小说月报》2005年增刊）

(95) 我现在是家大业大，可心里苦啊！（周宛润《五妹妹的女儿房》，载《小说月报·原创版》2005年第2期）

(96) 这一点我跟你完全一样，但是赶热闹这件事也并不怎么容易啊！（玛拉沁夫

《茫茫的草原》）

(97) 人都老了，优越感不减当年啊！（王新军《俗世》，载《小说月报》2004年增刊）

(98) 一个“粗人”，感情却是这样的细！（汪曾祺《寂寞和温暖》）

（二）“否定陈述＋感叹”句联表示转折关系。例如：

(99) 铁木尔离开家乡还不到两年，可知道了多少新鲜事呵！（玛拉沁夫《茫茫的草原》）

(100) 最后的祈祷时不许睁眼睛，对我这个闲不住的孩子可太难了！（萧乾《校门内外》）

(101) 我们年纪太小了，根本谈不到。可是……可是他们一个个的都那么认真！（张爱玲《茉莉香片》）

10.1.2.4 “疑问＋陈述”表示转折关系

(102) 陪同者说：“您不想和他们聊一聊吗？”但是蒙博多急忙转身离去。（张廷竹《盛世危情》，载《小说月报》2005年增刊）

(103) 你们俩早就认识了吗？嘿，可没想到。（杨沫《青春之歌》）

10.1.2.5 “疑问＋祈使”句联表示转折关系

大体有以下五种情况：

（一）“是非问＋肯定祈使”句联表示转折关系。例如：

(104) 凋零吗？看一看那连绵的山岚，望一望那金色的麦浪！（王瑞《松花湖的冬天》）

(105) 知道还问？倒是你，把你的事说点给我们听罢。（张爱玲《红玫瑰与白玫瑰》）

（二）“是非问＋否定祈使”句联表示转折关系。例如：

(106) 你相信那个？别忘了我们已经是孩子的妈妈了。（姜月娥《远方有什么》，载《读者》2003年第21期）

(107) 真要留你么？别太得意。（钱钟书《围城》）

(108) 云翁的意思是恐怕别人家来拉了他们去罢？——这倒不必过虑。（茅盾《子夜》）

（三）“特指问＋肯定祈使”句联表示转折关系。例如：

(109) 这笔钱我给你出怎么样？但你要答应我一个条件。（王祥符《榴莲》，载《小说月报》2004年第11期）

(110) 谁又管得了？我朱老巩就要管管！（梁斌《红旗谱》）

（四）“特指问＋否定祈使”句联表示转折关系。例如：

(111) 有什么高招？但别告诉我给自己弄个耳塞。

（五）“正反问＋否定祈使”句联表示转折关系。例如：

(112) 少爷要不要去看看他？牢里不能随便进去。（阿来《尘埃落定》）

10.1.2.6 “疑问＋感叹”句联表示转折关系

(113) 我要看见你，必得到这来么？你姑妈不准我上门呢！（张爱玲《沉香屑》）

(114) 你想家了吗？才搬来两天啊！（周学军《羊肠子胡同里的阴谋》）

以上二例是“是非问＋感叹”句联表示转折关系。前一小句用是非问句表示说话人针对所否定的情况的提问，后一小句用感叹句表示突然转折，说明说话人所否定情况的依据。

(115) 早知如此，何必当初呢？可惜知道这个道理的人太少了！（阿来《尘埃落定》）

(116) 人，谁不是可怜的，可怜不了那么许多！（张爱玲《沉香屑》）

(117) 一路上你咋没有说起呢？有朋友就好啊！（葛水平《陷入大漠的月亮》，载《小说月报·原创版》2005年第3期）

(118) 他为什么这样兴奋？蘑菇是可以吃的呀！（汪曾祺《黄油烙饼》）

以上四例是“特指问＋感叹”句联表示转折关系。前面用特指问表示说话人对自己未知的部分进行提问，后面用感叹句表示突然转折，说明说话人所否定情况的依据。

10.1.2.7 “祈使＋陈述”句联表示转折关系

（一）“肯定祈使＋肯定陈述”句联表示转折关系。例如：

(119) 你应答应他的要求，但他同时也应补给你必要的管理费用。（北）

（二）“肯定祈使＋否定陈述”句联表示转折关系。例如：

(120) 宰了我吧，可是金八不会饶了你……（北）

(121) 你就这样一直下去吧，但我受不了。（北）

（三）“否定祈使＋肯定陈述”句联表示转折关系。例如：

(122) 请人为您服务后不要忘记付小费，但过多的小费会引起误解。（北）

(123) 不要低估孩子的理解能力，但在孩子能接受的时候考虑再婚。（北）

(124) 叫你别让他们过来！你偏要让他们过来见我！（余华《活着》）

（四）“否定祈使＋否定陈述”句联表示转折关系。例如：

(125) 对这样的女人，我们不要去理睬，但更犯不着去招惹呀！（北）

10.1.2.8 “祈使＋疑问”句联表示转折关系

(126) 你就按照他的遗言去做吧，不过斯坦梅兹应该是单身的不是吗？（北）

(127) 你别走……可是，几点了？（北）

10.1.2.9 "祈使＋感叹"句联表示转折关系

(128) 你也别太在意，不过他也太不像话了。

(129) 唉，别看是亲儿子，还是比不上人家金枝玉叶啊！（北）

(130) 哼，别看咱们的胡同小啊，背乡出好酒！（北）

(131) 他说别看这么破败的一处地方，但牌子值钱啊！（北）

10.1.2.10 "感叹＋陈述"句联表示转折关系

（一）"感叹＋肯定陈述"句联表示转折关系。例如：

(132) 夜里多冷！那孩子的军毯居然滑落了！（刘墉《人生真相》，载《读者》2002年第19期）

(133) 很冷、很冷！但是，哈尔滨人非常热情。（簸尘《魇》，载《剧作家》2005年第3期）

（二）"感叹＋否定陈述"句联表示转折关系。例如：

(134) 我多么想让你做我的老婆啊，可我结束不了我的婚姻。（葛水平《陷入大漠的月亮》，载《小说月报·原创版》2005年第3期）

(135) 他多想再看姑娘一眼啊！可是他不忍心让姑娘知道这个悲惨的消息。（晓杨《他令情人节风靡世界》，载《读者》2002年第9期）

10.1.2.11 "感叹＋疑问"句联表示转折关系

主要有三种情况：

（一）"感叹＋是非问"句联表示转折关系。例如：

(136) 你的觉悟高啊！可你就不怕腐蚀党和国家的领导干部吗？（杨利民《铁人轶事》，载《新剧本》2005年第4期）

(137) 你记性真好！……可你不觉得委屈了绫卿么？（张爱玲《心经》）

(138) 这和右派分子的言论很像咧！还说我是分子！？（白桦《淡出》）

（二）"感叹＋正反问"句联表示转折关系。例如：

(139) 你长得真漂亮啊！但是你有没有想过这漂亮有一天也会离你而去？

（三）"感叹＋特指问"句联表示转折关系。这种情况比较常见。例如：

(140) 新鲜！我怎么跟家里人说？（郭宝昌《大宅门》）

(141) 小冯——好同志！可是戴愉为什么就不睁开眼看一看呢？（杨沫《青春之歌》）

(142) 他真解气！那你为什么不告发他这路人呢？（毕淑敏《心灵游戏》，载《新

剧本》2005年第3期)

(143) 那些日子，真过瘾！啥人讲文化大革命一点点好处没有呀？(白桦《淡出》)

以上四例都是“感叹+特指问”句群表示转折关系。

(144) 多好的孩子，怎么得这病！(胥嘉山《菊花太阳》，载《读者》2002年第11期)

(145) 多少年锲而不舍的奋斗啊，难道就这样完了吗？(古野《神戏》，载《人民文学》1999年第5期)

(146) 看上去的确很困难啊，怎么前两年没有听他说起呢？(周宛润《五妹妹的女儿房》，载《小说月报·原创版》2005年第2期)

以上三例都是“感叹+特指问”句联表示转折关系。

10.1.2.12 “感叹+祈使”句联表示转折关系

(147) 酒有的是！但千万别喝醉了。

(148) 还有更好的呢！不过你先帮我洗衣服。

10.2 让步关系的句类配置

10.2.1 实让关系的句类配置

让步关系的句类配置包括单纯句类配置和复合句类配置。

10.2.1.1 实让关系的单纯句类配置

实让关系的单纯句类只有陈述句联一种。

(一) 肯定陈述句联表示实让关系。基本语表形式：“虽然……但是……”。例如：

(1) 虽然他老人家已经逝世了，但是他老人家的遗体还完好地保存在毛主席纪念堂里。(凡一平《撒谎的村庄》，载《小说月报·原创版》2005年第5期)

(2) 虽然，黑夜笼罩着他，但是我仍然看到了他脸上的忧伤。(廖静文《往事依依》，载《收获》1982年第4期)

有时前项用“虽然”，后项配合使用“却”、“可是”、“不过”、“也”、“还”等。例如：

(3) 他虽然只有三十六岁，却已经在球场上打了十八九年了。(鲁光《敬你一杯酒》，载《人民文学》1982年第1期)

(4) 穷虽穷，可那是她的家。(范小青《萌芽》，载《人民文学》1982年第3期)

(5) 他虽然笨，也晓得共产党历来主张集体化。(高晓声《陈奂生包生产》，载《人民文学》1982年第3期)

(6) 母亲虽然感到不安，还是把钱交给了儿子。(聂茂编译《学会爱人》，载《读

者》2005年第17期)

有时前项用“虽然说”，表示让步性的提法。例如：

(7)虽然说,好歹得把医生请来看一次,其实我比母亲还清楚,没有钱,这事办不到。(沈从文《夫妇》)

(8)我们这些卖票的，开车的，虽说有个职业，其实全是“在业游民”。(初中《语文》第三册)

有时前项也用“尽管”、“固然”等表示让步。例如：

(9)尽管周红娜事先打过招呼，孙燕还是觉得潘树林怎么那么黑呀。(万方《空镜子》，载《小说月报》2000年第2期)

(10)生理上的残疾固然可怕,但心理上的残疾更使人担忧。(秦春《两地书》,载《读者》2005年第17期)

有时后项合用“但”和“却”。例如：

(11)虽然安徒生的父母很穷，但他接受教育的时间却很早。(麦子的心《在很久很久以前》，载《读者》2005年第19期)

(二)“肯定陈述＋否定陈述”句联表示实让关系。基本语表形式：“虽然……但是不/没……”。例如：

(12)虽然最高层已经作了决定,但更多的人并不知道内情。(董保存《走进怀仁堂》)

(13)虽然她渴望着与二木头相聚，但是她从未替她的处境担忧。(叶永烈《严慰冰案件始末》)

有时与“虽然”配合使用的是“却”等关系词语。例如：

(14)孙国海虽然也同在一个机关大院,却不是个伸长耳朵听是非的人。(范小青《女同志》，载《小说月报·原创版》2005年第5期)

(15)虽然阻止了她们的婚姻，却没能阻止住他们的感情。(柳叶儿《我为父亲办婚礼》，载《特别关注》2005年第12期)

有时前项用“虽然说”表示让步性的提法。例如：

(16)北京虽说是故乡，然而已没有亲人。(苏叔阳《故土》)

有时前项用“尽管”、“固然”等关系词语表示让步。例如：

(17)他们心里固然重男轻女，却并不像某些城里人所想象的那样，对亲生的闺女，会失却父爱。(刘心武《民工老何》，载《收获》1999年第3期)

(18)尽管他料到了白兰兰的冷淡，但没想到她如此绝情。(胡学文《旅途》，载《小说月报》2004年第7期)

（三）“否定陈述句＋肯定陈述句”表示实让关系。基本语表形式：“虽然不/没……但是……”。例如：

(19) 虽然，我不赞成他熬夜，但我赞成他刻苦、努力。（肖复兴《聪明只是一张漂亮的糖纸》）

(20) 他虽然弄不清梁家本身的家谱世系，但对于青史留名的回回却是听说过的。（霍达《穆斯林的葬礼》）

有时前项用“尽管”等表示容认的事实。例如：

(21) 小雅的普通话尽管不十分纯正，却具有一种特殊高雅的味道。（余杰《说还是不说》）

(22) 尽管我对自己没有失去信心，但是对这些“革命家”我却是完全没有办法了。（季羡林《牛棚杂忆》）

（四）否定陈述句相互联结表示实让关系。基本语表形式：“虽然不/没……，但是不/没……”。例如：

(23) 我和我的儿子虽然没有在心理上出现过那么明显的残疾，但我们都曾经那么自欺欺人地不敢正视残疾。（秦春《两地书》，载《读者》2005年第17期）

(24) 我们虽然舍不得她，可也没有办法留住她。（柳叶儿《我为父亲办婚礼》，载《特别关注》2005年第12期）

有时前项用“尽管”等表示容认的事实。例如：

(25) 尽管没有塑料外壳，也不能算是违规产品。（方壶斋《在美国“驾驶”自行车》，载《读者》2005年第17期）

(26) 尽管她没有脸面回来，可她忘不了针灸师的话。（罗望子《非暴力征服》，载《小说月报·原创版》2005年第3期）

(27) 下头儿固然不可过于冒犯，上头儿更不能得罪。（苏叔阳《故土》，载《当代》1984年第1期）

10.2.1.2　实让关系的复合句类配置

大致有三种复合句类配置可以表示实让关系。

10.2.1.2.1　“陈述＋疑问”句联表示实让关系

常见的有以下七种情况：

（一）“肯定陈述＋是非问”句联表示实让关系。例如：

(28) 精神文明建设虽然取得了显著成绩，但是，生活中不是还常见淡妆浓抹的小姐拳脚相加、西装革履的先生满嘴脏话、豪华轿车中飞出浓痰吗？（袁晞《精神文明要反复说》，载《人民日报》1998年3月15日）

(29) 晋鄙老将军虽然无辜被害，到了那时候在九泉之下也是能够瞑目的吧？（郭沫若《虎符》）

(30) 他固然有“怕麻烦”的一面（也许是遁词），但更重要的恐怕还是钱的威力吧？（杨洪立《小心“猪作饵”（金台随感）》，载《人民日报》1998年8月7日）

（二）“肯定陈述＋正反问”句联表示实让关系。例如：

(31) 妇女儿童这个虽受到党和政府重视，但在社会中尚显柔弱的群体，他们维系家庭、社会和谐的那份温情和率真能否得到足够的呵护？（晓方《用爱去编织温馨》，载《人民日报》1998年7月3日）

（三）“肯定陈述＋选择问”句联表示实让关系。例如：

(32) 你嘴里尽管答应着，可你心里是明白还是糊涂？

（四）“肯定陈述＋特指问”句联表示实让关系。例如：

(33) 现在，虽然我已经工作，但一个月200多块钱的工资怎么够维持一家人的生活？（黄湘云《妈妈，你在哪里》，载《人民日报》1998年6月10日）

(34) 职工也会算账，到别的企业去，虽然可能多挣几百块，但老了怎么办？（冉永平《再就业难在哪儿》，载《人民日报》1998年1月19日）

(35) 虽然总体上社会主义市场经济要有一种企业能生能死、职工能进能出的机制，但具体到哪一个单位，企业的经营效益为什么不好？（李忠杰《为什么是“重大政治问题”》，载《人民日报》1998年6月11日）

(36) 虽然最终捧起金光闪闪的大力神杯的只有一个队，但谁不企盼着将它捧回自己的家园，去接受父老乡亲们的盛大欢迎呢？（陈昭《吹尽狂沙始到金》，载《人民日报》1998年6月26日）

（五）“否定陈述＋是非问”句联表示实让关系。例如：

(37) 史更新的伤虽然还没有好，说说话还能不行吗？（北）

(38) 尽管邦子与佐山无任何关系，但男人们就是这样的吗？（北）

（六）“否定陈述＋正反问”句联表示实让关系。例如：

(39) 你活着的时候，虽然没有人敢背叛你，等你死了之后，这些人是不是会继续效忠你的子孙呢？（北）

（七）“否定陈述＋特指问”句联表示实让关系。例如：

(40) 虽然没有犯错误，但工作中不称职、得不到多数群众拥护的领导干部，怎样处理？（赵相如《浙江地矿厅处理不称职干部》，载《人民日报》1998年1月11日）

(41) 好人与好官，层次虽然不同，但是“皮之不存，毛将焉附”？（奚旭初《好人与好官》，载《人民日报》1998年7月29日）

10.2.1.2.2　“陈述＋祈使”句联表示实让关系

（一）“肯定陈述＋肯定祈使”句联表示实让关系。例如：

(42) 一个人生命虽然短暂，但要活得有质量，要有宽度和厚度。（墨林《周国忠其人其文》）

(43) 尽管许多医生也同意这个方法，但要注意，它需要你的身体十分健壮。（北）

（二）“肯定陈述＋否定祈使”句联表示实让关系。例如：

(44) 现在的日子虽然好过了，但不要忘了你哥和你上学时午饭连红薯都没有的日子。（北）

(45) 虽然现在又过了一关，但是别抱太大希望。（北）

（三）“否定陈述＋肯定祈使”句联表示实让关系。例如：

(46) 我虽不相信你会改邪归正，但你至少要诚实。（北）

（四）“否定陈述＋否定祈使”句联表示实让关系。例如：

(47) 虽然一时三刻在水下还看不见、捞不着，别着急。（北）

(48) 虽然她也一点不知道，不要让读信人以为她身临其境。（北）

10.2.1.2.3　“陈述＋感叹”句联表示实让关系

(49) 穷虽穷，可那是她的家啊！（邢福义《汉语复句研究》，商务印书馆2001年版）

(50) 虽是贫寒之家，撑起它来也是多么不容易！

10.2.2　虚让关系的句类配置

虚让关系可以由相同句类联结而成单纯句类配置，也可以由不同句类联结而成复合句类配置。

10.2.2.1　虚让关系的单纯句类配置

虚让关系的单纯句类配置只有陈述句联一种。

（一）肯定陈述句联表示虚让关系。基本语表形式：“即使……也……”。例如：

(51) 即使向中国出口由军工厂生产的民用产品，也必须得到国防部书面的许可。（关林《解放军引进武器提升战力》，载《特别关注》2005年第12期）

(52) 即使是来喝喜酒，也仍然穿得很老土。（范小青《女同志》，载《小说月报·原创版》2005年第5期）

有时后项不用“也”，用“仍然”、“照样”等关系词语。例如：

(53) 你即使是将水烧得沸滚，海参照样会融化得糨糊一样的一塌糊涂。(邓刚《光天化日海蓝蓝》，载《小说月报·原创版》2005 年第 5 期)

上例，可添上“也”。看实例：

(54) 即使别人做错了事，你也仍然应该尊重他。(苏珊、肖特《获取富有人生的 93 堂课》)

有时前项不用“即使”，而用“即便”、“就算”、“就是”、“纵然”等。例如：

(55) 即便有相遇的时候，也仅仅是点头或笑一笑。(葛水平《陷入大漠的月亮》，载《小说月报·原创版》2005 年第 3 期)

(56) 就算他当场骂了你，他还是在暗中帮了你不少忙的。(范小青《女同志》，载《小说月报·原创版》2005 年第 5 期)

(57) 你就是重复把它们扔下去一百次，它还会重新一百次的愚蠢。(邓刚《光天化日海蓝蓝》，载《小说月报·原创版》2005 年第 5 期)

(58) 哪怕有一天你走入非洲原始森林之中，也会变成一群猴子或大猩猩的头领。(俞敏洪《五种能力支撑你的美好人生》)

(59) 纵然他有三头六臂，也难逃今日一死。(范晓主编《汉语的句子类型》，书海出版社 1998 年版)

有时后项插入“但”类词，凸显转折。例如：

(60) 即使自己有很多对的意见，但是还要听人家的意见，把人家的好意见吸取过来……(《周恩来选集》上卷)

(61) 即使人山人海，男人们的眼光却总是一眼就能看到灵秀。(肖克凡《远山沉没》，载《小说月报》1996 年第 11 期)

(二)“肯定陈述＋否定陈述”句联表示虚让关系。基本语表形式：“即使……也不……”。例如：

(62) 即使她有多高超的音乐素养，也决不会给观众留下太多美感的东西。(李国文《花园街 5 号》，载《十月》1983 年第 4 期)

(63) 即使是被他打成那样，她也决不轻易在他面前哭出声来。(邓刚《光天化日海蓝蓝》，载《小说月报·原创版》2005 年第 5 期)

有时前项不用“即使”，而用“即便”、“就算”、“就是”等。例如：

(64) 即便是糖水，他也不能每天都带。(阿龙《六岁的小小男子汉撑起一个家》，载《读者》2005 年第 18 期)

(65) 就算现在万丽提出来要走，也不可能走得那么快。(范小青《女同志》，载《小说月报·原创版》2005年第5期)

有时“但”类词嵌入后项。例如：

(66)(如果她承袭了这笔财产，) 即使是合法的，但也不光彩。(姜滇《清水湾，淡水湾》，载《十月》1982年第3期)

(三)“否定陈述＋肯定陈述”句联表示虚让关系。基本语表形式：“即使不/没……也……”。例如：

(67) 即使有的店员不客气，他们心里也坦然。(陈草《船跑香港》，载《芙蓉》1985年第2期)

(68) 就算他酒量当真无底，肚量却总有底。(金庸《射雕英雄传》)

(四)否定陈述句联表示虚让关系。基本语表形式：“即使不/没……也不……”。例如：

(69) 即使不太圆满，下面的人也不能把部长怎么样。(范小青《女同志》，载《小说月报·原创版》2005年第5期)

10.2.2.2　虚让关系的复合句类配置

虚让关系的复合句类主要有三种。

10.2.2.2.1　“陈述＋疑问”句联表示虚让关系

常见的有以下五种情况：

(一)“肯定陈述＋是非问”句联表示虚让关系。例如：

(70) 即使我说出来，人们就会相信我吗？(杨冬成《全息传真机》，载《科幻世界》1996年第10期)

(71) 即使我死了，你还会继续干下去吗？(罗伯特·西尔弗伯格《宝藏》，孙维梓编译，载《科幻世界》1998年第2期)

(72) 即使是陷阱，他们能不闯一闯吗？(张系国《船》，载《科幻世界》1995年第5期)

(二)“肯定陈述＋正反问”句联表示虚让关系。例如：

(73) 即使考中了，老人家是不是真肯守信？(琼瑶《白狐》)

(三)“肯定陈述＋特指问”句联表示虚让关系。这种情况比较常见。例如：

(74) 她们即使有心维持尊严，又有几个能做到呢？(琼瑶《海鸥飞处》)

(75) 即使去买，又为什么一定要买你写的那本呢？(郑军《关于科幻创作的断想》，载《科幻世界》1997年第12期)

(76) 就算你能跑出去，到外边怎么生活？（陈冲《不自然的黑色》）

（四）“否定陈述＋是非问”句联表示虚让关系。例如：

(77) 即使被所有的人不齿，也默默坚持吗？（彭柳蓉《眩惑》，载《科幻世界》1996年第9期）

(78) 即使燕王不催，将军自己也不好意思总拖下去吧？（北）

(79) 就算不假，但你难道会将她们的死活放在心上？（北）

（五）“否定陈述＋特指问”句联表示虚让关系。例如：

(80) 即使不是绝对快活的情怀，那又何妨呢？（张晓风《情怀》）

(81) 我就算不是孩子，你又能对我怎么样？（北）

10.2.2.2.2　“陈述＋祈使”句联表示虚让关系

（一）“肯定陈述＋肯定祈使”句联表示虚让关系。例如：

(82) 即使你下部队了，这一天你也要打电话回家祝贺。（万舒《忆大哥秦基伟》）

(83) 即使徐总经理同意这个解决办法，你二人也要到公安机关去自首、悔过。（陈建功、赵大年《皇城根》）

(84) 即使你的经济状况很好，也要鼓励孩子用自己的双手去劳动挣钱。（北）

（二）“否定陈述＋肯定祈使”句联表示虚让关系。例如：

(85) 即使你目前还没有人可以让你“授权”，你也要开始想想这方面的事。（北）

(86) 即使不会喝酒，也要少许喝一点。（北）

(87) 即使没有人在身边监督，也要认认真真对待每一件事。（北）

（三）“肯定陈述＋否定祈使”句联表示虚让关系。例如：

(88) 即使你出自著名的学府，也不要时常以此来炫耀。（北）

(89) 那马也怪，除了他，即使你亲热地叫它“伙计”，也别想骑上去。（马识途《专车轶闻》）

(90) 即使牛排像牛皮，面包像黑炭，也不要抱怨。（北）

（四）“否定陈述＋否定祈使”句联表示虚让关系。例如：

(91) 即使不能赢也不要输。（北）

(92) 即使不愿饮也不要坚决地推辞。（北）

(93) 即使等不到也不要糊里糊涂地结婚！（张洁《爱，是不能忘记的》）

10.2.2.2.3　“陈述＋感叹”句联表示虚让关系

(94) 给他们带个好去，他们也高兴啊！（邢福义《汉语复句研究》，商务印书馆2001年版）

(95) 就是学生讲演，也不至于被杀死呀！（郑振铎《街血洗去后》）

(96) 您就是借我俩胆儿，我也不敢在您面前玩这种“小儿科”的把戏呀！（杜卫东《吐火女神》，载《小说月报》2004 年增刊）

10.2.3　忍让关系的句类配置

忍让关系的句类配置有单纯句类配置和复合句类配置。

10.2.3.1　忍让关系的单纯句类配置

忍让关系的单纯句类配置主要有三种。

10.2.3.1.1　陈述句联表示忍让关系

陈述小句相互联结，可以表示忍让关系。

（一）肯定陈述句联表示忍让关系。基本语表形式：“宁可……也……”。例如：

(97) 宁可孤注一掷，也要弄个明白。（朱春雨《大地坐标上的赋格》）

(98) 他宁愿少喝点水，也要刷牙洗脸的。（马步升《被夜打湿的男人》，载《小说月报·原创版》2005 年第 5 期）

(99) 她宁肯自己挨饿，也要把公有的几升米匀给贫苦的农友。（毛岸青、邵华《我们爱韶山的红杜鹃》）

（二）“肯定陈述＋否定陈述”句联表示忍让关系。基本语表形式：“宁可……也不……”。例如：

(100) 他们宁可把这种痛苦深埋在心底，也不肯让亲人为自己分担半分。（北）

(101) 我宁可过敏，也不敢让计部长给我代酒。（范小青《女同志》，载《小说月报·原创版》2005 年第 5 期）

(102) 她们宁愿进桑拿房，也不愿进入推拿诊所。（罗望子《非暴力征服》，载《小说月报·原创版》2005 年第 3 期）

有时后项嵌入“但”类关系词，凸显转折。例如：

(103) 他宁肯承担舆论和道德的谴责，但不能眼睁睁地葬送自己和莲莲未来的幸福。（张弦《银杏树》，载《小说月报》1982 年第 6 期）

有时前项不用关系词语，只在后项用“也”。例如：

(104) 他们都想吃水库浇的粮食，也不愿落下没有人心的坏名声。（杨争光《越活越明白》，载《收获》1999 年第 3 期）

（三）“否定陈述＋肯定陈述”句联表示忍让关系。基本语表形式：“宁可不……也……”。例如：

(105) 宁可不要头上的乌纱，也要保住他的企业。（范小青《女同志》，载《小

说月报·原创版》2005年第5期)

(106) 宁肯不吃饭，也得满满小酒壶。(浩然《能人楚世杰》，载《长城》1982年第3期)

(四)否定陈述句联表示忍让关系。基本语表形式:“宁可不……也不……”。例如:

(107) 她宁可几年不添一件新衣服，可房里决不能断了花卉。(程乃珊《蓝屋》，载《钟山》1983年第4期)

10.2.3.1.2　疑问句联表示忍让关系

疑问小句相互联结，可以表示忍让关系。例如:

(108) 卖酒的人难道也宁可喝水，却不喝酒么？(古龙《小李飞刀》)

(109) 宁可屈从田家人，而不愿冒任何风险去保护这个小本子？(陆天明《苍天在上》)

10.2.3.1.3　祈使句联表示忍让关系

祈使小句相互联结，可以表示忍让关系。主要有两种情况:

(一)肯定祈使句联表示忍让关系。例如:

(110) 我们宁肯少盖一座楼，少上一个项目，也要保证加快港口建设。(北)

(111) 我们宁肯停产三天，也要等上吉林的长丝。(北)

(二)肯否祈使句联表示忍让关系。例如:

(112) 你宁肯去看看蚂蚁搬家，也别往那方面去动心思。(徐怀中《西线轶事》)

10.2.3.2　忍让关系的复合句类配置

忍让关系的复合句类配置只有“陈述＋祈使”句联一种。

(一)“肯定陈述＋肯定祈使”句联表示忍让关系。例如:

(113) 宁肯少上几个项目，也要保证精神文明建设的必需资金。(北)

(二)“否定陈述＋肯定祈使”句联表示忍让关系。例如:

(114) 宁可不看别的，一定要串胡同。(北)

(115) 宁可不吃饭，也要办起五邑大学。(北)

(三)“肯定陈述＋否定祈使”句联表示忍让关系。例如:

(116) 你宁可失了自由，也别弃掉你的身份。(北)

(117) 我宁可他待我更凶些，也别娶新妈妈。(北)

(118) 宁可丢掉钱袋，也别违约食言。(北)

(四)“否定陈述＋否定祈使”句联表示忍让关系。例如:

(119) 宁肯不演，也别糟蹋。

10.2.4　总让关系的句类配置

总让关系有单纯句类配置，也有复合句类配置。

10.2.4.1　总让关系的单纯句类配置

总让关系的单纯句类只有陈述句联一种。

(一) 肯定陈述句联表示总让关系。基本语表形式："不管/无论/不论……都/也……"。例如：

(120) 不管你如何忙碌，都应在星期天抽个空，带孩子到爷爷奶奶家探望老人。(林弘谕《看不见的存在》，载《读者》2005年第18期)

(121) 无论讲得多么生动和激动，也是白讲。(邓刚《光天化日海蓝蓝》，载《小说月报·原创版》2005年第5期)

(122) 这项工作，无论有多少困难，我们都敢于承担。(杨志杰《选拔》，载《当代》1983年第3期)

有时后项不用"都"、"也"，而用"总"、"总是"、"总之"、"还是"、"只是"、"起码"、"难免"等。例如：

(123) 不管她如何地勤俭、刻苦、自励，日子总是过得十分艰难。(姜滇《清水湾，淡水湾》，载《十月》1982年第3期)

(124) 不管春哥说话多么难听，他(培南)还是笑眯眯的。(叶辛《发生在霍家的事》，载《十月》1983年第6期)

(125) 不管姐姐怎么数落、怨恨，小伙子只是低着头。(常庚西《深山新喜》，载《长城》1982年第1期)

(126) 无论我怎样小心翼翼地躲着她，难免会有几次碰面。(汪雅云《木莲》，载《读者》2004年第7期)

有时前项不用"不管"、"无论"、"不论"，而用"任凭"等词。例如：

(127) 任凭高秋江吆喝来吆喝去，忍气吞声的日子还得老老实实先过着。(北)

(128) 任凭我们怎么说，她依然走了。(肖复兴、肖复华《一片小树林》，载《青海湖》1983年第6期)

有时为了凸显转折，嵌入"但"类词。例如：

(129) 不管身上有些什么毛病，可干起工作来那股玩命劲，就像着了魔似的。(古华《相思树女子客家》，载《长江》1984年第1期)

(130) 不论我们争论得多么激烈，但是过后照样工作。(北)

(二)"肯定陈述+否定陈述"句联表示总让关系。基本语表形式："无论/不管……

都不／没……”。例如：

(131) 不管别人怎么说，我都不在意。(罗望子《非暴力征服》，载《小说月报·原创版》2005 年第 3 期)

(132) 不管人们怎么说，她都没有明显的反应。(徐孝鱼《山风》，载《收获》1983 年第 6 期)

(133) 大婶，你无论说什么，我都不会生你的气。(顾笑言《洪峰通过峡谷》，载《花城》1983 年第 3 期)

有时后项不用“都”、“也”。例如：

(134) 无论出现什么情况，在他告辞时，她总不会忘记给他钱。(马步升《被夜打湿的男人》，载《小说月报·原创版》2005 年第 5 期)

(135) 从此无论怎么联系呼叫，始终没有回音。(邓刚《光天化日海蓝蓝》，载《小说月报·原创版》2005 年第 5 期)

有时前项不用“不管”、“无论”、“不论”，而用“任凭”等词。例如：

(136) 任凭马骏友怎么喊她，她也不回头。(从维熙《北国草》，载《收获》1983 年第 3 期)

有时为了凸显转折，嵌入“但”类词。例如：

(137) 无论你说了我什么，无论因为你的话，我遭了多少难堪的境遇，但我一点不怨恨你。(杨沫《风雨十年家国事》，载《花城》1983 年第 6 期)

(138) 敌人无论怎样对党进行恶毒攻击，造谣中伤，但铁一般的事实是怎样诬蔑也改变不了的。(沈醉《我这三十年》)

(三)“否定陈述＋肯定陈述”句联表示总让关系。基本语表形式：“无论／不管……不／没……都……”。例如：

(139) 无论多么不舍，我们还是要挥手告别了。

(140) 凡是朋友赠送的礼物，不管它多么不起眼，父亲都是极其珍视的。(舒乙《老舍的收藏故事》，载《焦点·风土中国》2008 年第 1 期)

(四) 否定陈述句联表示总让关系。基本语表形式：“无论／不管……不／没……都不／没……”。例如：

(141) 有人触犯了法律，不管这法律条款在众多人眼中显得多么不重要，应该受到的惩罚一点都不能少。(张放《美国社会并非“有钱能使鬼推磨”》)

(142) 不管我多么不愿意面对这个现实，都没有用。

10.2.4.2　总让关系的复合句类配置

总让关系的复合句类配置主要有三种。

10.2.4.2.1　“陈述＋疑问”句联表示总让关系

常见的有以下三种情况：

(一)“陈述＋是非问”句联表示总让关系。例如：

(143) 不论多穷，一年里不换十来个眼珠亮亮的来坐样儿？(徐志摩《巴黎的鳞爪(一)》)

(144) 无论怎样，我总比你那个小难民有意思吧？(老舍《残雾》)

(145) 无论小偷的脚步多么轻,它都能立刻扬起愤怒之呼声将鄙贱惊退？(朱湘《画虎》)

(二)“陈述＋正反问”句联表示总让关系。例如：

(146) 对于这项高空工作，无论是在制造方面或在研究及训练方面，是否抓得很紧？(北)

(147) 英军在登陆时无论用哪种旗帜，英军参加的情况会不会泄露出去？(北)

(三)“陈述＋特指问”句联表示总让关系。例如：

(148) 不管钱多少，怎么能卖人呢？(朱邦复《东尼！东尼！》)

(149) 五六十年代，无论是搞活动，还是开会，谁发过纪念品？(北)

(150) 潘祖年还是要立嗣，可是无论是嗣一个儿子还是孙子，孙媳达于又怎么处呢？(姚芳藻《大克鼎的旧主人》)

10.2.4.2.2　“陈述＋祈使”句联表示总让关系

主要有两种情况：

(一)“肯定陈述＋肯定祈使”句联表示总让关系。例如：

(151) 不管第一次恋爱是不是成功，但必须都得讲真的。(晓白《学校轶事》，载《小说家》1997年第3期)

(152) 不论我官司胜诉、败诉，你总要把钱给我。(北)

(153) 无论你今后如何打算，都要把我们共同的未来放在首位。(北)

(二)“肯定陈述＋否定祈使”句联表示总让关系。例如：

(154) 不管怎样吧，你可千万别把这回事告诉给栗晚成。(老舍《西望长安》)

(155) 不管你怎样卖力气，要强，你可就别成家，别生病，别出一点岔儿。(老舍《骆驼祥子》)

(156) 不论怎么打，你自己不要倒！(北)

(157) 无论她怎么说，侦探长，别放了她！(北)

10.2.4.2.3　“陈述＋感叹”句联表示总让关系

(158) 不管武器多么厉害，和这样的野兽格斗，也不容易沾上风啊！(北)

10.3 假转关系的句类配置

假转关系的句类联结丰富多样，有单纯句类配置，也有复合句类配置。

10.3.1 假转关系的单纯句类配置

假转关系有四种单纯句类配置。

10.3.1.1 陈述句联表示假转关系

陈述小句相互联结，可以表示假转关系。

(一) 肯定陈述句联表示假转关系。基本语表形式："……否则……"。例如：

(1) 这五分之一的差事，还是政策照顾的，否则就只能光拿那点下岗的生活保障金过日子了。(鬼子《鬼子小说二题·爱情细节》，载《小说月报·原创版》2005 年第 5 期)

有时前项添加"因为"、"幸亏"、"只有"、"除非"或能愿动词等。例如：

(2) 她和沙马耳虎因为化了装，不然，进城难出城也难。(宇心《雾中鼓声》，载《昆仑》1983 年第 1 期)

(3) 幸亏河水是浑浊的，不然，映出她的脸一定很难看。(姜滇《清水湾，淡水湾》，载《十月》1982 年第 3 期)

(4) 只有快快逃离了这个地方，不然会发疯的。(徐蕙照《折桂》，载《小说月报》1996 年第 12 期)

(5) 除非这一剑先将他刺死，否则自己下盘必被击中。(金庸《笑傲江湖》)

(6) 这话该说了，否则会让莹莹太难堪。(马未都《生命》)

(二)"肯定陈述＋否定陈述"句联表示假转关系。基本语表形式："……否则……不 / 没……"。例如：

(7) 他步伐加快，像是穿越火海，否则，他可能走不出那亲情燃烧的层层包围。(凡一平《撒谎的村庄》，载《小说月报·原创版》2005 年第 5 期)

(8) 麻烦的是海螺必须是从海里捕捉出来的心弦，否则做不成这道菜。(邓刚《光天化日海蓝蓝》，载《小说月报·原创版》2005 年第 5 期)

有时前项使用"因为"、"幸亏"、"只有……才……"、"除非"等词。例如：

(9) 幸亏寄出去了，要不永远对不起孩子们。(吟秋《一诺千金》，载《读者》2005 年第 17 期)

(10) 除非你到克山病区去，否则不会放你。(张抗抗《在丘陵和湖畔，有一个人……》)

(11) 兴许哪句话让人抓住了小辫子，不然决不会处分他。(理由《九死一生》，载《十月》1983 年第 2 期)

(三)“否定陈述+肯定陈述”句联表示假转关系。例如：

(12) 只因(几个年轻人)还不了解昨晚发生在松毛林子中的事，不然他会挨一顿好打。(宇心《冷子司琪》)

(13) 幸亏这家伙没吃，否则这笑话就闹大了。(余纯顺《走出阿里》，载《小说月报》1996年第12期)

(14) 只可惜天上没有神灵，要不，我得哀求神灵保佑你……(谢璞《寻找》，载《芙蓉》1982年第3期)

(15) 割草可不能碰了坏天气呀，不然要泡汤的。(楚良《新演诸葛》，载《作品与争鸣》1982年第7期)

(四)否定陈述句联表示假转关系。例如：

(16) 可惜师伯那时不在，否则令狐大哥也不会身受重伤了。(金庸《笑傲江湖》)

(17) 她一定还不晓得她的心上人走失，否则不会那么愉快。(刘同兴《威风乡人》，载《当代》1983年第1期)

10.3.1.2　疑问句联表示假转关系

疑问小句相互联结可以表示假转。例如：

(18) 难道那个卞秃头把他们的私下交易都说出来了？要不然，姓周的怎么会如此强硬呢？(林正正、康延平《故乡月》，载《长江》1983年第1期)

(19) 那还能不填上吗？留着它干什么呀？(老舍《龙须沟》)

(20) 你难道是瞎子？他那么大一个人你会看不见？(古龙《萧十一郎》)

后两例都可以添加“否则”、“不然”类词语：“那还能不填上吗？不然留着它干什么呀？”“你难道是瞎子？不然他那么大一个人你会看不见？”

10.3.1.3　祈使句联表示假转关系

祈使小句相互联结，可以表示假转关系。

(一)肯定祈使句联表示假转关系。例如：

(21) 你说呀，爸爸……要不，你就点点头吧，爸爸！(蒋金彦《梦》，载《人民文学》1982年第12期)

(22) 要么杀了它，不然，就卖掉它。(邢福义《试论“A，否则B”句式》，载《中国语文》1983年第6期)

(23) 棉籽饼做饲料一定要发酵处理，否则——小心中毒！

(24) 让你去洗就得去洗，小心揍你。(苏童《妻妾成群》)

(二)否定祈使句联表示假转关系。例如：

(25) 看了别骂我，否则别看。

(26) 电脑差的别进，否则死机别怪我。

(27) 不要灌水，否则别怪我手狠!

(三)肯否祈使句联表示假转关系。例如：

(28) 好事做到底，否则别做!

(29) 建侯，你说话小心，回头别懊悔……(钱钟书《猫》)

(四)否肯祈使句联表示假转关系。例如：

(30) 出门逛街，那些什么金项链、金耳环最好不要戴，否则小心贼人一把拉下就抢走!

(31) 妈，别理这东西，您小心吃了他们的亏。(曹禺《雷雨》)

(32) 千万不能这样！让你爸知道了，小心把你腿打断。(路遥《人生》)

10.3.1.4　感叹句联表示假转关系

感叹小句相互联结，可以表示假转关系。例如：

(33) 搞点小游戏多活跃气氛啊，否则人类社会该多寂寞。

(34) 幸亏有这么好的机会解释啊，否则真是太冤枉了!

10.3.2　假转关系的复合句类配置

假转关系的复合句类配置大致有十种。

10.3.2.1　“陈述+疑问”句联表示假转关系

常见的有以下六种情况：

(一)“肯定陈述+是非问”句联表示假转关系。例如：

(35) 我当然有这些冲动，否则还是男子汉？(安顿《单身隐私》)

(36) 幸得那些人喝醉了，不然你不要吃亏了？(王跃文《国画》)

(二)“肯定陈述+正反问”句联表示假转关系。例如：

(37) 除非他学过物体的真实含义，否则，他的知觉是不是毫无意义的呢？(北)

(三)“肯定陈述+特指问”句联表示假转关系。例如：

(38) 地基处理肯定有问题，要不然怎么会一垮到底呢？(北)

(39) 除非我能找到萧家的五个子女，否则，我要这块地做什么？(琼瑶《苍天有泪》)

(40) 现在这单位还挺轻松的，要不然怎么有时间来玩呢？(琼瑶《海鸥飞处》)

(四)“否定陈述+是非问”句联表示假转关系。例如：

(41) 我尽量不穿超短裙，否则别人一看，那也叫腿？(北)

（五）“否定陈述＋正反问”句联表示假转关系。例如：

(42) 上次的事幸好没成，要不然就错失了这次的良机，是不是？（北）

（六）“否定陈述＋特指问”句联表示假转关系。例如：

(43) 没有穷人就不行，不然谁去劳动呢？（北）

(44) 这位间谍当然不成其为间谍，否则哪有这般便宜？（李梧龄《不堪回首》）

(45) 说不定她真的不在这世界上了，要不然，为什么她不理我？（琼瑶《碧云天》）

10.3.2.2　“陈述＋祈使”句联表示假转关系

（一）“肯定陈述＋肯定祈使”句联表示假转关系。例如：

(46) 打胜仗，少流血，还能学到许多本事，否则，你就跟着窝囊去吧。（张正隆《雪白血红》）

(47) 除非你的话能给人安慰，否则最好保持沉默。（北）

(48) 报告会上除非被逼得没有办法，否则，还是隐讳一点为好吧。（北）

(49) 我这水果是很好的，不然你去别家比较比较。

（二）“否定陈述＋肯定祈使”句联表示假转关系。例如：

(50) 不是开玩笑的，否则你打我！

(51) 那不是黄色和有害信息网站，否则你骂我祖宗十八辈！

（三）“肯定陈述＋否定祈使”句联表示假转关系。例如：

(52) 烂脚也得照常的去巡街站岗，要不然就别挣那六块洋钱！（老舍《我这一辈子》）

(53) 除非特别想看和喜欢提前知道剧情，否则别进来。

（四）“否定陈述＋否定祈使”句联表示假转关系。例如：

(54) 除非别无选择，否则别来这儿。

(55) 我的事用不着你管，否则你就别怪我翻脸不认人。

10.3.2.3　“陈述＋感叹”句联表示假转关系

(56) 都是海棠那死丫头插一杠子，要不俺妹子和长锁是多好的一对呀！（邢福义《汉语复句研究》，商务印书馆2001年版）

(57) 要么是十六结婚，不然就——拉倒！（邢福义《汉语复句研究》，商务印书馆2001年版）

(58) 可惜我当年不认真，要不也弄个博士念念，多好！（徐则臣《三人行》，载《小说选刊》2005年第6期）

10.3.2.4　“疑问＋陈述”表示假转关系

(59) 方形地板很像地砖是不是？不然你也不会搞错。

10.3.2.5　“疑问＋祈使”句联表示假转关系

(60) 现在抛售你赚钱吗？否则就别卖！

(61) 为什么不早点告诉我？我一定要把那烂人做了！(仇晓慧《摇滚时期的爱情》，载《萌芽》2005 年第 6 期)

10.3.2.6　“疑问＋感叹”句联表示假转关系

(62) 有中文字幕吗？否则看着太费劲了！

10.3.2.7　“祈使＋陈述”句联表示假转关系

(一)“肯定祈使＋肯定陈述”句联表示假转关系。例如：

(63) 你们必须对此做出解释！否则我将上告中国皇帝。(范稳《水乳大地》)

(64) 你动作快一点，要不我们就迟到了。(柏合编译《冬天里的两个秘密》，载《读者》2002 年第 10 期)

(65) 快回家吧！一会儿又累了。(张云峰《寻找玫瑰》)

(二)“肯定祈使＋否定陈述”句联表示假转关系。例如：

(66) 那就把床给他们留下，要不他们晚上没地方睡觉了。(余华《许三观卖血记》)

(67) 还不去买喜糖喜烟，不然就不给证！(吴童子《噫嘻》)

(68) 你得下决心克服一切困难，否则就一事无成。(老舍《鼓书艺人》)

(三)“否定祈使＋肯定陈述”句联表示假转关系。例如：

(69) 请不要在床上吸烟，否则落地的灰烬可能就是你自己。(《言论》，载《读者》2003 年第 24 期)

(70) 别拉我，不然我跟你急。(陈帮和《“神童”三弟》，载《读者》2002 年第 2 期)

(71) 你别喝了，你再喝会出事的。(余华《许三观卖血记》)

(四)“否定祈使＋否定陈述”句联表示假转关系。例如：

(72) 别耽搁，要不，我会忍不住让他给我留起来的。(邢福义《汉语复句研究》，商务印书馆 2001 年版)

(73) 你别这样，路人看了多不好。(叶络《看不见的爱》，载《读者》2002 年第 14 期)

10.3.2.8　“祈使＋疑问”句联表示假转关系

(74) 让你的手指头动弹动弹吧，要不然，以后怎么往手上戴结婚戒指呢？(北)

10.3.2.9　“祈使＋感叹”句联表示假转关系

(75) 你千万别抽上了！不然，就是个标准的摩登老太爷！(张爱玲《心经》)

10.3.2.10　“感叹＋陈述”句联表示假转关系

(76) 她也很高兴见到你啊，否则早就走了，不等在家里了。(梁晓声《感觉日本》)

(77) 下场雨多好呀，不然，庄稼都早死了。

10.4 小　　结

转折类关系包括转折关系、让步关系和假转关系，它们都有单纯句类配置和复合句类配置，但有较大差异。

从单纯句类配置来看，转折关系和假转关系都能形成四种，忍让关系能形成三种，实让、虚让和总让关系都只能形成一种。

从复合句类配置来看，转折关系能形成十二种，假转性关系能形成十一种，而实让、虚让、忍让和总让关系能形成三种，忍让关系只能形成一种。

转折类关系的句类配置概况，见表13。

表13　转折类句联的句类配置

句类配置 \ 句联关系		转折类					
		转折	让步				假转
			实让	虚让	忍让	总让	
单纯句类配置	陈＋陈	＋	＋	＋	＋	＋	＋
	疑＋疑	＋			＋		＋
	祈＋祈	＋			＋		＋
	感＋感	＋					＋
复合句类配置	陈＋疑	＋	＋	＋		＋	＋
	陈＋祈	＋	＋	＋	＋	＋	＋
	陈＋感	＋	＋	＋		＋	＋
	疑＋陈	＋					＋
	疑＋祈	＋					＋
	疑＋感	＋					＋
	祈＋陈	＋					＋
	祈＋疑	＋					＋
	祈＋感	＋					＋
	感＋陈	＋					＋
	感＋疑	＋					＋
	感＋祈	＋					

第 11 章 “否则”的隐省规律

“否则”是汉语里边一个重要的关系词语，大体相当于“如果不这样，那么”，可以构成“p，否则 q”句式。关于“p，否则 q”句式的关系类型，向来有争议。[1]

“p，否则 q”句式主要包括释因式、推因式、条件式、选言式、祈使式、能愿式。[2] 据考察发现，条件式、祈使式和能愿式在一定条件下可以隐去“否则”，例如：

(1) 小马！别过河，别过河，你会淹死的！（彭文席《小马过河》）

(2) 除非被人驳得体无完肤，他决不轻易的放弃自己的主张与看法。（老舍《四世同堂》）

(3) 金三爷不能把个常叫“打倒日本鬼子”的小外孙子带着到处跑，也不能跟自个儿的闺女吵；没准儿会让邻居听了去，报告日本人。（老舍《四世同堂》）

由于能愿式与祈使式都属于道义情态式，因此我们集中探讨条件式和祈使式中“否则”隐省的有关规律。

11.1 条件式中的“否则”隐省

11.1.1 条件式隐省“否则”的限制条件

（一）条件式中，“否则”前有正面条件或假设的结果，“否则”不能隐去。例如：

(1) 除非我写什么文章，我才找出书来，不然，我也很少看了。（孙犁《和郭志

[1] 关于“p，否则 q”句式的关系类型，比较有代表性的观点有这么几种：黎锦熙 (1924) 认为“否则”是表反推因果的选择连词；王力 (1944) 把“否则 B”分析为条件式，而把“A，否则 B”看作申说式；吕叔湘 (1942—1944) 认为“A，否则 B”属于假设句，其中“‘否’一字代表一个条件小句（倘若不如此），‘则’字接上后果小句”；丁声树等 (1961) 认为“否则 B”是一种特殊的条件句；黎锦熙、刘世儒 (1962) 认为“否则”表“虚拟反推”，并解释说“否则”虽包含“假设”“因果”和“转折”等因素，但从语意和语势上属于选择范畴；林裕文 (1962) 指出，“A，否则 B”是包含两个条件句的联合复句；邢福义 (1983) 认为“否则”关联的是假转句；王维贤等 (1994) 把“A，否则 B”句式独立为一类；王元祥 (2000) 认为，“否则”前后不是假设关系和转折关系，而是因果关系、选择关系和并列关系；徐阳春 (2002) 把“A，否则 B”区分为因果式和条件式。

[2] 邢福义：《试论“A，否则 B”句式》，载《中国语文》1983 年第 6 期。

刚的一次谈话》)

(二)条件式中，“否则”后是疑问句，而“否则”前后表示条件和问逆条件的结果，“否则”一般不能隐去。试比较：

(2) 你的衣服破得太厉害，除非眼睛闭起来，不然会看不到吗？(柳残阳《鹰扬天下》)

(3) 除非是袭人来，否则还能有什么好消息？(湍梓《袭人恋》)

例(2)是说“除非眼睛闭起来，才看不到，如果眼睛不闭起来，会看不到吗？”“不然”不能隐省；例(3)“否则”前后项表示类同，意思是，“除非是袭人来，才是好消息，如果不是袭人来，还能有什么好消息？”其中的“否则”似乎可以隐省。看个实例：

(4) 除非送到宝塔集去，乡下哪有输液的设备呢？(戴厚英《流泪的淮河》)

(二)条件式隐省“否则”的句法诱因和效应

《现代汉语虚词例释》解释说，“除非……才……，否则……不(没有)……”简化为“除非……否则……不(没有)……”，进一步简化为“除非……不(没有)……”。第一步简化只是隐去了必备条件的结果，“除非”依然表示必备条件，相当于“只有”，句式没有发生本质变化；第二步简化条件式，隐去了“否则”，“除非”表示必备条件或排除条件，句式发生质的变化。“否则”之所以能够隐去，并引起句式变化，应该是缘于两点：第一，“除非”有表示“除了”的介词用法，例如：

(5) 除非没有屁眼儿的人，谁也不会这么狠！(老舍《四世同堂》)

第二，汉语有表示排除义的“除了p，q”复句句式，例如：

(6) 无论何人要认识什么事物，除了同那个事物接触，即生活于(实践于)那个事物的环境中，是没有法子解决的。(毛泽东《实践论》)

在“除了p，q”复句句式的诱导下，在类推作用下，条件式形成“除非p，q”的复句句式，这种句式可两解，既可认为是条件式隐省了“否则”，还可看作“除非”表排除，功能由介词扩展为了连词。例如：

(7) 除非你赔偿上八十块钱，我一定免你的职！(老舍《四世同堂》)

例(7)的意思可以表述为：除非你赔偿上八十块钱才没事，否则，我一定免你的职！或：除非你赔偿上八十块钱，否则，我一定免你的职！或：除了你赔偿上八十块钱，我一定免你的职！

“否则”隐去的条件式，在用英语翻译时，往往得译出排除义来。例如：

(8) 除非受热，物质不会有膨胀的趋向。[1]

[1]　赵嚚：《“除非、莫非、若非、无非”的英译拾零》，载《大学英语》1994年第4期。

Substances have no tendency to expand, unless they are heated.

(9) 除非有紧急情况，这个窗户不准打开。[1]

This window must be no opened except in emergency.

条件式的“否则”隐去后，句序相对自由灵活了，“除非”小句可以后置，而这是“只有”所不能的。试比较：

(10) 家中的事，个人的职业与收入，通通不许说，除非彼此是极亲近的人。(老舍《春来忆广州》)

(11) 除非彼此是极亲近的人，家中的事，个人的职业与收入，通通不许说。

11.2 祈使式中的“否则”隐省

11.2.1 祈使式隐省“否则”的限制条件

(一) 祈使式中，“否则”后面又是祈使句时，“否则”不能隐去。例如：

(1) 快起来，否则别怪我……(唐萱《小姐难为》)

(二) 祈使式中，“否则”后面跟着疑问句时，“否则”不能隐去。如：

(2) 你还是把那口大锅先放下吧，不然怎么拉得出来？(魏巍《地球的红飘带》)

(三) 祈使式中，“否则”后含有“就、便”等引出结论的关系词语，构成“否则……就……”格式，“否则”不能再隐去。例如：

(3) 你还是把他装到麻袋里，别让人看见，否则就把买米的全吓跑了。(苏童《米》)

(四) 祈使式里，“q”并非明确表示未然的或尚待证实的事，“否则”隐去后意思会发生变化。例如：

(4) 快去，不然又迟到了。(罗伟章《妻子与情人》)

例 (4)，“又迟到了”的未然是靠“否则”激活的，“否则”隐去后，“又迟到了”表示既成事实，而非逆祈使的结果。

11.2.2 祈使式隐省“否则”的句法诱因和效应

祈使式隐去“否则”有两种句法诱因：第一，祈使式是反证结构，“q”可以看作祈使“p”的原因或理由；第二，汉语里存在“祈使＋原因”的句法槽。

祈使式的代表形式是“还是 p 吧，否则 q”。前项表示祈使，后项表示逆祈使的结果，后项能用来反证前项祈使的必要性。既然如此，“q”就可以理解为发出祈使“p”的原因或理由。例如：

(5) 你们快走吧，不然我冷静下来会后悔的。(谈歌《天下荒年》)

---

[1] 赵嚚：《“除非、莫非、若非、无非”的英译拾零》，载《大学英语》1994 年第 4 期。

例(5)，我之所以劝你们走，正是由于我冷静下来会后悔的缘故。“不然”可以换成“因为”：“你们快走吧，因为我冷静下来会后悔的。”看个实例：

(6)我们把他们赶走吧，因为他们会把嘴里叼的种子吐到地上。(冰心《石榴女王》)

例(6)，他们会把嘴里叼的种子吐到地上是不赶走他们的后果，用来作为祈使的理由，如果要强调反证，“因为”可以换成“不然”：“我们把他们赶走吧，不然他们会把嘴里叼的种子吐到地上。”

祈使式里，凡是能隐去的“否则”都可以换成“因为”，但是反过来不一定行，这是由于“因为”后面所带的小句情形较多，除了逆祈使的结果，还可以是顺祈使的结果、祈使的前提。例如：

(7)心疼别人吧，因为那就是心疼你自己。(魏不不《很久不心疼》，载《读者》2002年第13期)

(8)不要再邮寄拐杖了，因为父亲身边有我。(得林《不要再邮寄拐杖》，载《读者》2002年第13期)

例(7)，“因为”后是顺祈使的结果，“因为”不能换成“否则”，例(8)，“因为”后是祈使的前提，“因为”也不能换成“否则”。

“否则”隐去后，祈使式变成了祈求和祈求的原因，随之而来的是，句序上也灵活自由了，试与例(9)比较：

(9)我冷静下来会后悔的，你们快走吧。

11.3　“否则”隐省的潜势条件

总的来看，对于“p，否则q”句式，若要“否则”隐去，“p，q”句式至少要具备三个潜势条件：①能够否定“非p”；②可以假设“非p”；③“q”是假设“非p”的结果。

选言式表示情况的选择或情况的交替，没有“否则”就构不成选择。三个条件都不符。例如：

(1)我什么都要做到最好，将来，要么不嫁，否则一定要做个好妻子……(岑凯伦《甜心别玩火》)

释因式、推因式的“p”表示原因，往往是已然的事实或固然的事理，不符合条件①；况且“q”很容易被看作是“p”的结果，不符合条件③。例如：

(2)因为厦门没人来，不然他们一定会寄来……(林语堂《纪元旦》)

(3)幸亏没穿鞋，不然非把鞋底跑个大窟窿不可！(老舍《小坡的生日》)

(4) 可惜我没有碰上，否则我一定会看到她像接待解放军战士那样的高兴。(姜德明《离宫外边》)

(5) 看来，今天晚上，他们来得太及时了，否则，两位老人又要吃好多苦呢。(金戈、刘军《陈毅系列传记》之《张伯驹与陈毅的交往》)

条件式的前项“除非 p”表示排除条件，祈使式和能愿式的前项都蕴含了能否定“非 p”。

条件式的前项“除非 p”表示条件，一般是未然的或尚待证实的，祈使式也是未然的或尚待证实的。那么，它们的否定形式“非 p”自然也是未然的或尚待证实的，这就为假设提供了可能。

条件式的后项一般是未然的或尚待证实的，而且往往是反面的结果，不容易和正面的结果相混，能体现假设“非 p”的结果。祈使式和能愿式对于后项的要求多些，未然的可以隐去“否则”，非未然的一般不能。

11.4 小　结

“否则”是汉语里边一个重要的关系词语，可以构成“p，否则 q”句式。这个句式主要包括释因式、推因式、条件式、选言式、祈使式、能愿式六种格式，其中条件式和祈使式在一定条件下可以隐去“否则”。“否则”的隐去有着逻辑、语义和句法等方面的诱因，而“否则”隐去后又会对句式产生影响，甚至使句式发生变异。

第12章　“否则”的焦点投射功能

“否则”具有焦点定位功能，也就是焦点投射功能，“否则”的焦点投射域就是“否”在前文的否定范围。句联中“否则”的焦点投射受哪些因素和条件的制约和影响？“否则”的焦点投射对句联结构的生成又会产生怎样的效应？朱斌(2011)从语义关联的角度考察了“如果A，那么B，否则C”格式的“否则”焦点定位和投射辖域。本书拟从句联结构的层次、关系的角度，探讨“否则”的焦点投射规律。请看下面的句子：

(1) 只剩下它们了，因为它们的肉有毒，不然，也早绝种了。

(2) 较长的歌剧，他们是从未看完便离场的，因为他们必须赶在斯通帕加斯9号关门前到家，否则就要给看门人小费。

上面这两个句子都含有“因为p，否则q”，但是句联的结构层次并不同，“否则”的焦点投射域也不相同。例(1)，“因为”只管前分句“它们的肉有毒”，而管不到后分句“不然，也早绝种了”，“不然”的假设否定范围是“因为它们的肉有毒”，意思是“如果不是因为他们的肉有毒，也早绝种了”。因此，例(1)的结构层次和关系是：“p’，‖[因果]因为p，|[假转]否则q。”例(2)的“因为”管着后面两部分“他们必须赶在斯通帕加斯9号关门前到家，否则就要给看门人小费”，“否则”的假设否定范围不包括“因为”，只是“他们必须赶在斯通帕加斯9号关门前到家”，意思是“如果他们不赶在斯通帕加斯9号关门前到家，就要给看门人小费”。因此，例(2)的结构层次和关系是：“p’，|[因果]因为(p，‖[假转]否则q)。”

下面分别考察“因为p，否则q”两种句联结构的层次关系，并讨论一些相关的句式，比较分析“否则”的焦点投射规律。

12.1　“因为p，|否则q”与“否则”焦点投射

12.1.1　隐果式与“否则”焦点投射

先看例句：

(1)1953年，上海夏天的天气热得邪乎，既不刮风，也不下雨，身上衣服总是汗湿的，

因为班上还有女同胞，不然我们肯定会光着膀子在教室里“开夜车”。

上例中的“因为”标示原因，但这个原因引发的结果没有直接表达出来，而是用“不然”引出了逆原因的结果。逆因之果是正因之果的反对面，正因之果可以反推出来：“因为班上还有女同胞，所以我们才没有光着膀子在教室里‘开夜车’。”“不然”的假设否定范围，即焦点投射域是“因为班上还有女同胞”，意思是“要不是因为班上还有女同胞，我们肯定会光着膀子在教室里‘开夜车’”。

这种格式的层次关系是：“因为p，|［假转］否则q。”“否则”的焦点投射域是“因为p”。这种格式通过逆原因的结果，强调原因的必要性，完整的必要性因果及其“否则”式为：“因为p，所以才p'，否则q。”相比之下，完整的必要性因果不仅有正面结果，也有逆原因的结果，从正反两方面证实原因的必要价值。看两个实例：

(2) 正因为有这些内在的实际理由，所以人们才肯于遵守，否则早就有人造反了。

(3) 因为看你对这事很迫切，我才把这件事告诉你的，否则，我根本不会讲。

12.1.2　显果式与“否则”焦点投射

有时，“因为p，否则q”格式并不是孤立地显现，“因为p”的结果也会出现，大体又分析因式、推因式和补因式三种。

12.1.2.1　析因式

基本格式为：“(之所以)p'，是因为p，否则q。”例如：

(4) 当时你之所以走错了房间是因为你睡眼朦胧、意识不清、没有完全从睡眠中清醒过来的缘故，否则你是不会走错门的。

上例，“否则”的焦点投射域是“因为你睡眼朦胧、意识不清、没有完全从睡眠中清醒过来的缘故”，“否则”式的意思是“如果不是因为你睡眼朦胧、意识不清、没有完全从睡眠中清醒过来的缘故，你是不会走错门的”。

有时，“(之)所以”不出现，例如：

(5) 我没有认出来……是因为我没看见，否则我一定可以认出您来的。

(6) 米斯拉能活着只不过是因为营地就在附近，要不然这些人就直接在沙漠里杀了他，然后把他剥个精光。

有时，“是因为”前带有某些个语气或情态成分，如“也许、大概、完全、当然、正、就、只不过、主要”等，这些成分表示的是说话人对所分析原因的主观态度，“否则”的焦点投射域并不包括这些主观成分，例如：

(7) 她之所以能当上棉纺公会的执行委员，主要是因为和史步云的亲戚的关系，否则，保险连委员也当不上。

有时，“因为”前不一定用“是”，但也是分析原因，可以补出“是”来，例如：

(8) 人之所以乐为太师，太师之所以可贵，正因为有此碰头，否则蔡太师与县令时文彬、押司宋江、保正晁盖何以异哉!

有时，“(之)所以”和“因为”前的“是”都不用，例如：

(9) 叶孤城负伤，只因为有人暗算了他，否则唐天仪根本无法出手。

有时，析因部分用复杂句式从多方面对原因进行分析，例如：

(10) 他上那儿去，明白吧，就是因为他吓坏了，因为他不能不有所防备，要不然就被人告发了。

(11) 我以为鲁加伊这只红毛公犬很像大叔，它若是人，它就会把大叔养在自己身边，不是因为大叔驰骋有素，就是因为他与人和衷共济，不然怎么会把他养在身边。

上面析因式所举例句的层次关系可以概括为：“(之所以)p’，‖[因果]是因为p，|[假转]否则q。”“否则”的焦点投射域是“因为p”。

另外，析因式还有另外一种层次关系：“(之所以)p’，|[因果]是因为p，‖[选择]否则q。”“否则”的焦点投射域也是“因为p”。例如：

(12) 尽管概念不能成为私人财产，发明的流动不会大大减少，这是因为出于热爱事业而从事发明的发明家人数足以使发明保持适当的流动；否则就是因为对自己的发明保密并用发明谋利的发明家，可以从早期阶段的发明中赚取足够的独占利润，来补偿他本人为发明所支付的费用。

12.1.2.2 推因式

基本格式为：“既然p’，是因为p，否则q。”例如：

(13) 既然有如此的反应，一定是因为刚刚说的隐含了一些事实，否则一般人是不会因为话没说到痛处就如此生气的。

这种格式的结构层次和关系可分析为：“既然p’，‖[推断]是因为p，|[假转]否则q。”“否则”的焦点投射域是“因为p”。

12.1.2.3 补因式

基本格式为：“p’，因为p，否则q。”有两种情况：第一，“否则”的焦点投射域是原因“因为p”。如例(1)，结构层次和关系的符号表达式为：“p’，‖[因果]因为p，|[假转]否则q。”

第二，“否则”的焦点投射域是结果“p’”，例如：

(14) 睡觉自然也要脱衣服，但得穿上软底毛靴，因为失重妨碍血液正常地流向双脚，否则就会冻伤。

上例，“否则”的否定范围是“穿上软底毛靴”，“因为失重妨碍血液正常地流向双脚”不仅不是“否则”的否定对象，相反还是“否则”的前提：“因为失重妨碍血液正常地流向双脚，如果不穿上软底毛靴就会冻伤。”这例的层次关系好像有两种分析法：

分析法一：得穿上软底毛靴，｜[因果]因为失重妨碍血液正常地流向双脚，‖[并列]否则就会冻伤。

这种分析法认为，“否则就会冻伤”也是原因，是用逆反活动的结果来作原因，“得穿上软底毛靴，因为不穿的话就会冻伤”。这样，例子中就有两个原因，一个用“因为”标示的前提作因，一个用“否则”标示的逆行动的结果作因。

分析法二：得穿上软底毛靴，‖[因果]因为失重妨碍血液正常地流向双脚，｜[假转]否则就会冻伤。

这种分析法，把前提因和行动果看成是一个整体，是一个层次，其中原因是行动的背景条件，之所以把行动提前，是为了与上文的语义连贯。行动是这个因果表达的重心，“否则”对因果行动的行动重心进行否定。如果脱离语境，这个句子可以把行动的前提因提前，使得“否则”与否定的行动接近：“因为失重妨碍血液正常地流向双脚，得穿上软底毛靴，否则就会冻伤。”

比较两种分析法，第二种分析法要更妥帖一些。实际上，前提因和结果共现，再用“否则”否定结果的常规表达式是：“因为p，｜[因果]所以p’，‖[假转]否则q。”“p’”在语意上往往表示条件或含有道义情态，有时也表示断定等。例如：

(15) 因为通常我的阅读速度很快，除非我集中注意，否则很难发现一些细小的印刷错误。(条件)

(16) 因为顾客为不特定多数，风险较大，因此必须多获取一点毛利，否则不容易经营下去。(道义)

(17) 因为它们有同类的声调系统，同类的辅音和元音系统；所以，它们一定有联系，否则不会如此相似。(断定)

12.2 “因为(p，否则q)”与“否则”焦点投射

“因为(p，否则q)”中“p，否则q”共同构成原因，此原因的结果一般是要出现的，形成因果式或果因式。

12.2.1 因果式

基本格式为：“因为(p，否则q)，所以r。”这种用法并不多见，“p”往往表

示条件或含有道义情态。例如：

(1) 因为除非写流行小说，否则光凭稿费收入不足以糊口，所以才不得已找个谋生的职业。

(2) 因为他必须服从敌人，否则就会丧生，于是这种服从便不能成为罪恶。

例 (1) 的原因是“除非写流行小说，否则光凭稿费收入不足以糊口”，整句的意思是“因为除非写流行小说，如果不写流行小说光凭稿费收入不足以糊口，所以才不得已找个谋生的职业。”例 (2) 的原因是“他必须服从敌人，否则就会丧生”，句子的意思是，“因为他必须服从敌人，如果他不服从敌人就会丧生，于是这种服从便不能成为罪恶。”因此，这种格式的层次关系为：“因为 (p，‖ [假转] 否则 q)，｜ [因果] 所以 r。”这种格式里的“否则”的焦点投射域是“p”。格式中的“p”和“否则 q”是正反两方面的原因。

12.2.2 果因式

果因式又分析因式和补因式。

12.2.2.1 析因式

基本格式为：“之所以 r，是因为 (p，否则 q)。”其中“p，否则 q”大致有条件式、道义式和选择式几种。例如：

(3) 她的嘴唇很薄，薄得像菜刀的刀锋，她没有涂口红，大概是因为除非涂到下巴和人中上否则无处可涂的缘故。(条件式)

(4) 你做这件事是因为你不得不干，否则就会受到惩罚。(道义式)

(5) 她接待他们，是因为从小就认识他们，或者他们同某公爵夫人是姻亲，要不然就和某国君关系密切。(选择式)

析因式的层次关系可分析为：“之所以 r，｜ [因果] 是因为 (p，‖ [假转 / 选择] 否则 q)。”“否则”的焦点投射都是“p”。

12.2.2.2 补因式

基本格式为：“r，因为 (p，否则 q)。”这种格式的层次关系与“否则”的焦点投射又分两种情况。

12.2.2.2.1 情况一

格式层次关系为：“r，｜ [因果] 因为 (p，‖ [假转 / 选择] 否则 q)”，“否则”的焦点投射域是“p”。这种表达方式灵活多样，内容比较丰富。有时，“p”是一个小句，表示条件、道义、断定、选择等。例如：

(6) 这句话说明他无需撒谎来保留自己的土地或银钱，因为他除非自己愿意，否

则并不必需捐纳任何东西。(条件)

(7)依《商标法》第五条规定和《商标法实施细则》第七条规定，属于违法使用。因为，人用药必须使用注册商标，否则不能在市场销售。(道义)

(8)一个要回家去试试她的参加舞会的礼服，因为她这次来受坚信礼完全是为了这件礼服和舞会，否则她就决不会来的。(断定)

(9)一提到“如何管理”，企业或组织的负责人总会有点头痛。因为，管理这档事，要么就是去做，不然就是去讲。(选择)

有时，“p”由句联充当，表示并列类关系、因果类关系或转折类关系。

第一，“p”是某种并列类关系的句联。“否则”的焦点投射域是“p”，投射焦点是“p”或“p”的后部分。例如：

(10)邓散木印章的结体与章法能够变化出众多的面貌，除了他的艺术修养高，还因为他熟谙六书，懂得文字的演变由来，不然就难于因字制宜，增损参差，或者任意变化而不合规矩。(平列)

(11)假定我们只停留在第二阶段，津津乐道于女性的不同、女性的优越和女性的特殊性，你的帽子就扣对了，女性论也就再一次失去意义，因为女性论反抗的本应该是权力结构本身，而不是用一种权力来代替另外一种权力，否则，这第二阶段的态度只会使我们回到德·波伏娃之前的时代，虽然是以颠倒的形式。(对照)

(12)……因为，新鲜的水之不断流入土中，以及因水在土中的延伸而不断注入的空气，都是不可缺少的：水和空气把矿物和气体变为植物的养料，否则它们就会变为无用，甚至有毒。(解注)

(13)……也许因为那枝头的几片黄叶，或是那篱畔的几朵残花，在那些上边，是比较冬天更显示了生命，不然，是在那些上面，更使我忆起了生命吧。(选择)

第二，“p”是某种因果类关系句联。“否则”的焦点投射域是“p”，焦点投射在“p”的某部分。例如：

(14)安妮不肯把高太太说过的话告诉佑才，因为高太太的话，充满了火药味，实在很不适宜再说出来，否则会引起何家的不满。(因果)

(15)……因为生物之所以为生物，全在有这生命，否则失了生物的意义。(因果)

(16)这个倒是不必麻烦了，因为我若能在阁下的剑下逃生，我会自己去告诉他们，否则的话，阁下的话，他们也听不见了。(假设)

(17)机床行业必须与自己的用户建立密切的联系，特别是设计师们应深入用户作调查，因为只有这样，才有可能针对具体用户需要，设计出具有自身特色和特点的

产品来，否则就只能仿，很难创。(条件)

第三，“p”是某种转折类关系句联。“否则”的焦点投射域是“p”。焦点投射在“p”的转折后部分。例如：

(18) 安徽姑娘们招工的时候说好管吃管住，外加工资一百，小墩子想三个月每人给五百，老A便劝她三思而行，因为还有个劳务行市问题，可以多给点儿，算奖金，但不能太离谱儿，否则以后不好办。(转折)

(19)……因为伦理道德虽然天然是合乎理性的，但唯有通过主权者才能成为法律，否则我们把自然法称为不成文法就是一个大错误了。(实让)

(20) 这一要求既适用于私人投资者，也适用于政府机构，因为，即使是政府也期望它的钱能全部保值，否则是不会投资的。(虚让)

(21) 还可以想得再深些，如果民真能主，真依法而治，官好不好就关系不大，因为不管你心地如何，总不能不依法办事，否则民有力量让你下台，法有力量让你走进牢房。(总让)

12.2.2.2.2 情况二

格式的层次关系可以分析为：“r，｜[因果]因为(p，‖[并列]否则q)”，“否则”的焦点投射域是结果“r”。这种情况比较少见，看个例子：

(22) 我希望这个理解能通过新闻宣传纠正过来，因为这样对这批青年也有好处，不然选上去的就会很骄傲，没选上去的觉得自己没有希望了。

上例，“不然”的焦点投射域是意愿的活动内容“这个理解能通过新闻宣传纠正过来”，意思是，“如果这个理解不能通过新闻宣传纠正过来，选上去的就会很骄傲，没选上去的觉得自己没有希望了”。“不然”假设否定意愿的活动内容，从而产生了反面结果，这个反面结果是可以作原因的。我们可以直接说“我希望这个理解能通过新闻宣传纠正过来，因为不然(的话，)选上去的就会很骄傲，没选上去的觉得自己没有希望了”。实际上，言语中不乏“因为否则”的直接组配，例如：

(23) 这个我只能讲得比较笼统，不能讲得太详，因为否则的话要引的材料太多实在也不合适。

(24) 这是一种重要的功能，因为否则我们就会被无数想要挤入到意识中来的心理内容压倒和淹没。

(25) 梅森对上述这个提议马上表示反对，不过，到最后还是同意了，因为，要不然，他们就得报送最高法院等候法官的裁决。

值得一提的是，这种格式与12.1.2.3补因式中“否则”的焦点投射域是结果“p’”

的格式“p’，‖[因果]因为p，|[假转]否则q”有点类似，但又不同。两种格式的“否则”的焦点投射域都是结果，但是“因为p”的原因有差别，一种是前提因，一种是顺结果的结果作因。由于前提因和结果的联系紧密，而顺结果的结果作因与逆结果的结果作因联系紧密，所以两种格式的结构层次和关系并不一样。

12.3 小　结

“因为p，否则q”各种句联结构的层次关系与“否则”的焦点投射情况，见表14。

表14　“因为p，否则q”的标记层次、因果配置、层次关系和“否则”焦点投射域

关系标记层次	因果配置		句联层次关系	“否则”焦点投射域
因为p， |否则q	隐果式		因为p，|[假转]否则q	因为p
	显果式	析因	(之所以)p’，‖[因果]是因为p，|[假转]否则q	因为p
		推因	既然p’，‖[推断]是因为p，|[假转]否则q	因为p
		补因	p’，‖[因果]因为p，|[假转]否则q	因为p；p’
因为(p， 否则q)	因果式		因为(p，‖[假转]否则q)，|[因果]所以r	p
	果因式	析因	之所以r，|[因果]是因为(p，‖[假转/选择]否则q)	p
		补因	r，|[因果]因为(p，‖[假转/选择]否则q)	p
			r，|[因果]因为(p，‖[并列]否则q)	r

从中，我们可以获得一些认识：

第一，句联的句法层次与“否则”的焦点投射相互适应。如在“因为p，否则q”形式中，结构层次“因为p，|否则q”与“否则”的焦点投射域与“因为p”或结果“p’”对应；结构层次“因为(p，否则q)”与“否则”的焦点投射域与“p”或结果“r”对应。

第二，句联的小句隐现影响“否则”的焦点投射。如“因为p，|否则q”格式，省果式的“否则”焦点投射定然是“因为p”，显果式的“否则”焦点投射域可能是“因为p”，也可能是结果“p’”。

第三，句联句序影响“否则”的焦点投射。句序是句联焦点结构的重要参量，“否则”的焦点投射受其影响。比如“因为(p，否则q)”格式，因果式的“否则”焦点投射域为原因“p”，果因式的“否则”焦点投射域为原因“p”或结果“r”。

第四，句联的句法语义关系与“否则”的焦点投射有关联。同样是果因式，析因和推因的焦点在“因”，所以“否则”焦点投射也在“因”；但是补因式的焦点不一定在“因”，也可能在“果”，因此“否则”的焦点投射在“因”或“果”。

第五，语符序列具有层次性，焦点结构也具有层次性。比如，“较长的歌剧，他们是从未看完便离场的，｜[因果]因为他们必须赶在斯通帕加斯9号关门前到家，‖[假转]否则就要给看门人小费。”这个句联的第一层是因果关系，焦点结构的焦点是结果分句，第二层是假转关系，焦点结构的焦点是假转前分句。

第六，“否则”的焦点投射可以同层发生，也可以跨层进行。比如“r，｜因为(p，‖否则q)”中，“否则”可以在“p，‖否则q”这个层次把焦点投向同层的“p”，也可以跨层投向“r”。

第 13 章　释义基元词“指”类释义法

“指”可用于释义，例如：

【彩墨画】cǎimòhuà 名 指用水墨并着彩色的国画。

有时，释义“指”带上某些标记，比如“泛指”、“原指”、“现指”、“通常指”、“佛教指”、“也指”、“用来指”等。例如：

【官宦】guānhuàn 名 泛指做官的人。

【词调】cídiào 名 原指填词时依据的乐谱，乐谱失传后，也指每种词调作品的句法和平仄格式。

【宾馆】bīngguǎn 名 招待来宾住宿的地方。现指较大而设施好的旅馆。

【坐禅】zuòchán 动 佛教指排除一切杂念，静坐修行。

【深海】shēnhǎi 名 通常指水深超过 200 米的海域。

【ABC】A、B、C 是拉丁字母中的前三个。用来指一般的常识或浅显的道理（有时也用于书名）。

这些个标记是基本标记元素，可称“标元”，有的标元可以组合为复合标记，如“现泛指”、“现也泛指”等，这些复合标记可称“标组”。例如：

【宵小】xiāoxiǎo〈书〉名 盗贼昼伏夜出，叫作宵小。现泛指坏人。

【恩准】ēnzhǔn 动 指帝王或官吏准许臣民的请求，现也泛指批准（含诙谐意）。

本书在《现代汉语词典》（第 5 版）范围内，考察该词典中“指”类释义用法，完全归纳分析“指”的释义标元和标组。

13.1　“指”的释义标元

13.1.1　零标元

用“指”释义，有时单用“指”，即“指”不带任何标记，这叫零标元。这种用法主要用于名词、动词、形容词的释义，很少用于代词、数词、量词、副词、连词的释义。介词、助词、叹词和拟声词的释义中没有见到用“指”的。例如：

【才子】cái zǐ 名 指有才华的人。

【炒股】chǎo gǔ 动 指从事买卖股票活动。

【农用】nóng yòng 形 属性词。指为农业或农民所使用的。

【上相】shàng xiàng 形 指某人在相片上的面貌比本人好看。

【躲躲闪闪】duǒ・duoshǎnshǎn 形 状态词。指有意掩饰或避开事实真相。

【别人】bié・ren 代 人称代词。指自己或某人以外的人。

【二八】èr bā 数 指十六岁。

【回儿】huìr 量 指很短的一段时间。

【多么】duō・me 副 指较深的程度。(其他义项从略)

【此外】cǐwài 连 指除了上面所说的事物或情况之外的。

13.1.2　标　　元

A类：延标。这一类“指”标元一般标示所指对象的外延特征，包括：“泛指”、“借指”、“转指”、“兼指”、“特指”、“偏指”、“专指”、“单指”、“只指”、“仅指”、“俗指”、“婉指(婉辞，指)”、“谦指(谦辞，指)”、“敬指(敬辞，指)”。例如：

【位子】wèi・zi 名 ①人所占据的地方；座位。②借指职位。

【情人】qíngrén 名 ①相爱中的男女的一方。②特指情夫或情妇。

【鞭炮】biānpào 名 ①大小爆竹的统称。②专指成串的小爆竹。

【天火】tiānhuǒ 名 俗指由雷电或物质氧化时温度升高等自然原因引起的大火。

【合眼】héyǎn 动 ①合拢眼皮。②指睡觉。③婉指死亡。

B类：源标。这一类“指”标元标明这个意义是本义或古义，包括：“原指”、“原来指”、“本指”、“本义指”、“起初指”、“旧时指”、“旧指”、“古时指”、“古代指”、“历史上指”、“过去指”、“古书指”、“古书上指”、“古书里指”。例如：

【双管齐下】shuāng guǎn qí xià 本指画画时两管笔同时并用，比喻两方面同时进行。

【匠人】jiàngrén 名 旧指手艺工人。

【裨将】píjiàng 名 古代指副将。

【拦路虎】lánlùhǔ 名 过去指拦路打劫的匪徒，现在指前进道路上的障碍和困难。

隹 zhuī 古书上指短尾巴的鸟。

C类：申标。这一类“指”标元标明这个意义是引申义或现代意义，包括：“后指”、“后来指”、“后世指”、“现指”、“现在指”、“现代指”、“今指”。例如：

【中华】Zhōnghuá 名 古代称黄河流域一带为中华，是汉族最初兴起的地方，后来指中国。

【摇身一变】yáo shēn yī biàn 神怪小说中描写人物或妖怪一晃身变成别的形体。现指坏人改换面目出现。

D类：频标。这一类“指”标元标示所指对象的使用频率，包括：“多指”、“通常指”、“常指”、“通常(所)说的……指”、“一般指”、“主要指”、“习惯指”、“多半指”、“有时指”、“少指”、“一说指”。例如：

【班车】bānchē 名 有固定的路线并按排定的时间开行的车辆，多指机关、团体等专用的。

【保暖】bǎo // nuǎn 动 保持温度，通常指不让外部的寒气侵入。

【常温】chángwēn 名 一般指15℃－25℃的温度。

【家具】jiā · jù 名 家庭用具，主要指床、柜、桌、椅等。

E类：用标。这一类“指”标元是为了引述所要解释的词语，包括“用……指”、“用来指”。例如：

【陈世美】Chén Shìměi 名 戏曲《铡美案》中的人物，考中状元后喜新厌旧，被招为驸马而抛弃结发妻子，后被包公处死。用来指地位提高而变心的丈夫，也泛指在情爱上见异思迁的男子。

【执牛耳】zhíniú' ěr 古代诸侯订立盟约，要每人尝一点牲血，主盟的人亲手割牛耳取血，故用“执牛耳”指做盟主。后来指在某一方面居领导地位。

F类：联标。这一类“指”标元表示关联，起到连接释义的作用，包括：“不仅指”、“也指”、“又指”、“仍指”。例如：

【音质】yīnzhì 名 ①音色。②传声系统(如录音或广播)上所说的音质，不仅指音色的好坏，也兼指声音的清晰或逼真的程度。

【奖项】jiǎngxiàng 名 指某一种奖划分的不同类别，也指某一项奖。

G类：域标。这一类“指”标元标示所指对象的使用领域。又分以下十几种：

G1 时域：“在商、周时代指”、“秦以前指”、“汉时指”、“隋以后指”、“唐代以后指”、“金、元时代指”、“明代指”、“明清两代指”、“清代末年指”、“清代指”、“清末指”、“国民党统治时期指”、“抗日战争和解放战争时期指”、“20世纪60－70年代指”、“第一次世界大战时……，指”、“第二次世界大战期间……，指”、“赶车或操纵器械时指”。例如：

朕 zhèn 代 人称代词。秦以前指“我的”或“我”，自秦始皇起专用作皇帝的自称。

【钱谷】qiángǔ 名 ①货币和谷物。②清代指地方上财政方面的事务。

【赤脚医生】chìjiǎo yīshēng 20世纪60－70年代指农村里亦农亦医的医务工作人员。

G2 地域、人种域：“在我国指”、“在我国……，指”、“国际上指”、“外国人指”、“欧洲人指”、“某些国家和地区指”、“君主国家中指”、“北京一带指”、“香港等地指”、“牧区指”、“饭馆里指”、“影剧院、茶馆、酒店、饭馆等指”。例如：

【军婚】jūnhūn 名 在我国指夫妻一方为现役军人的婚姻。

【汉学】hànxué 名 外国人指研究中国的文化、历史、语言、文学等方面的学问。

【洋务】yángwù 名 香港等地指以外国人为对象的服务行业。

【白灾】báizāi 名 牧区指暴风雪造成的大面积的灾害。

G3 政法域：“封建社会里指”、“封建社会指”、“在封建时代指”、“封建时代指”、“君主时代指”、“科举时代指”、“宗法制度下指”、“封建礼教上指”、“封建礼教指”、“法律上指”、“司法上指”、“民法上指”、“刑法上指”。例如：

【白丁】báidīng 名 封建社会里指没有功名的人。

【节烈】jiéliè 形 封建礼教上指妇女坚守节操，宁死不受辱。

【录供】lùgòng 动 法律上指讯问时记录当事人说的话。

【过失】guòshī 名 ①因疏忽而犯的错误。②刑法上指应预见却没有预见而发生的危害社会的结果；民法上指应注意却没有注意而造成的损害他人的结果。

G4 经济域：

G4—1 工农业：“生产或其他工作上指”、“工业上指”、“化学工业上指”、“纺织上指”、“毛皮业上指”、“农业上指”、“林业上指”、“渔业上指”、“养鱼上指”。例如：

【炉龄】lúlíng 名 工业上指炉衬的使用期限，一般根据两次大修之间冶炼的次数和时数来计算。

【霜害】shuānghài 名 农业上指由于霜冻造成的灾害。

【轮养】lúnyǎng 动 渔业上指一个养鱼塘里，轮换着饲养不同种类的鱼。

G4—2 基建业：“土木建筑工程中指”、“土石方工程上指”、“工程上指”。例如：

【刚度】gāngdù 名 工程上指机械、构件等在受到外力时抵抗变形的能力。

G4—3 交通运输业：“交通部门指”、“运输部门指”、“交通运输部门指”、“交通运输指”、G4—5 信息通讯业：“通信联络上指”、“航空上指”、“航运上指”、

“航空部门指”、“铁路上指”、“拉人力车、三轮车、开出租车的指”。例如：

【车况】chēkuàng 名 交通运输部门指车辆的性能、运行、保养等情况。

【盲降】mángjiàng 动 航空上指飞机在能见度很低的情况下，依靠地面导航设设备在机场上降落。

【路规】lùguī 名 铁路上指有关火车运行的规章制度。

G4—4 金融业：“银行业中指”、“股市上指”、“证券交易市场上指”、“证券交易市场指”、“证券市场上指”、“证券市场指”、“会计上指”、“财务上指”。例如：

【底码】dǐmǎ 名 ①商业中指商品的最低售价。②银行业中指规定的最低限度的放款利息额。

【绩优股】jìyōugǔ 名 股市上指业绩优良，具有较高投资价值的股票。

【摊薄】tānbáo 动 证券市场指由于增发新股等使得分摊到每一股的利润相应减少。

【呆账】dāizhàng 名 会计上指收不回来的账。

G4—5 信息通讯业：“邮政部门指”、“电信业务中指”、“模拟通信中指”、“数字通信中指”、“在通信中……指”、“计算机网络上指”、“计算机系统上指”、“计算机系统中指”、“在计算机网络中……指”、“检字法上指”。例如：

【快信】kuàixìn 名 邮政部门指需要快速投递的信件。

【窄带】zhǎidài 名 数字通信中指传输速率低于 64 千比特 / 秒的带宽。

【文档】wéndàng 名 ①文件档案。②计算机系统中指保存在计算机中的文本信息。

G4—6 商业、餐饮服务业：“商业中指”、“商业上指”、“商业活动中指”、“商业部门指”、“商业用语，指”、“经商的人指”、“商店、饭馆、旅馆等指”、“商店或服务行业指”、“商店指”、“房产市场上指”、“餐饮、旅店等服务行业指”、“餐饮业指”、“炊事分工上指”、“饮食业中指”。例如：

【杂品】zápǐn 名 商业上指各种日用的零星物品。

【存底】cúndǐ 名 商店指储存待售的货物。

【外卖】wàimài ① 动 餐饮业指销售供顾客带离店铺的食品（一般指自己店铺现做的）。

G5 科学技术域。如：“自然科学上指”、“自然科学指”、“科学技术上指”、“物理学上指”、“无线电技术中指”、“在市电上指”、“在直流电路中指”、“光学上指”、“化学上指”、“数学上指”、“几何学上指”、“统计学上指”、“统计学中指”、“经济学上指”、“经济学中指”、“地理学上指”、“大地构造理论指”、“天文学上指”、“气象学上指”、“管理科学上指”、“建筑学上指”、“逻辑学指”、“人类学上指”、“人口学上指”、“考古学上指”、“生理学上指”、“生物分类学上指”、“生物学等学科指”、“生物学上指”、“植物学上指”、“心理学上指”、“遗传学上指”、“中医学上指”、“医学上指”、“哲学上指”、“哲学史上指”、“语言学上指”、“音韵学上指”、“语音学上指”、“语法上指”。例如：

【活体】huótǐ 名 自然科学指具有生命的物体，如活着的动物、植物、人体及其组织。

【交点】jiāodiǎn 名 数学上指线与线、线与面相交的点。

【凝聚体】níngjùtǐ 名 物理学上指固体和液体。

【痕量】hénliàng 名 化学上指极小的量，少得只有一点儿痕迹。

【地形】dìxíng 名 ①地理学上指地貌。②测绘学上地貌和地物的统称。

【光度】guāngdù 名 天文学上指天体的发光能力。由亮到暗可把恒星分为7级，即超巨星、亮巨星、巨星、亚巨星、矮星、亚矮星、白矮星。

【肉质】ròuzhì 名 生物学上指松软肥厚像肉一样的物质。

【情商】qíngshāng 名 心理学上指人的情绪品质和对社会的适应能力。

【物化劳动】wùhuà láodòng 经济学上指凝结或体现在产品中的劳动（跟“活劳动”相对）。也叫死劳动。

【软组织】ruǎnzǔzhī 名 医学上指肌肉、韧带等。

G6 宗教迷信、神话传说域：“宗教指”、“佛教指”、“禅宗指”、“佛教徒指”、“佛教用语，指”、“佛典中指”、“佛经中指”、“佛教、道教或神话故事中指”、“佛教、道教指”、“佛教、伊斯兰教指”、“佛教徒或道教徒指”、“基督教指”、“犹太教、基督教、伊斯兰教等宗教指”、“犹太教、基督教等指”、“犹太教、基督教圣经中指”、“犹太教、基督教指”、“宗教或神话中指”、“道教指”、“道家指”、“星相家指”、“迷信指”、“迷信的人指”、“迷信者指”、“迷信传说指”、“迷信传说中指”、“神话中指”、“传说中指”。例如：

【杀戒】shājiè 名 佛教、道教指禁止杀害生灵的戒律。

【教父】jiàofù 名 基督教指公元2—12世纪在制订或阐述教义方面有权威的神学家。

【前世】qiánshì 名 迷信指人生的前一辈子。

【酆都城】fēngdūchéng 名 迷信传说指阴间。

G7 影视、新闻出版域："电影、电视等指"、"电影、电视方面指"、"电影方面指"、"电影用语指"、"摄制影视片时指"、"编辑、出版单位指"、"排版、印刷上指"、"书刊中指"、"图书出版社发行部门指"、"线装书指"、"新式装订的书刊指"、"印刷上指"、"印刷业上指"。例如：

【画外音】huàwàiyīn 名 电影、电视等指不是由画面中的人或物体直接发出的声音。

【来稿】láigǎo ①(-∥-) 动 编辑、出版单位指作者投来稿件。② 名 编辑、出版单位指作者投来的稿件。

【封二】fēng'èr 名 书刊中指封面三的背面。

【全开】quánkāi 形 属性词。印刷上指整张的(纸)。

G8 艺术、教育域："曲艺上指"、"曲艺表演中指"、"戏剧方面指"、"戏曲表演上指"、"戏曲小说中指"、"戏曲演出中指"、"戏曲中指"、"京剧中指"、"二人转等曲艺中指"、"音乐上指"、"书法中指"、"园林艺术中指"、"雕塑工艺中指"、"童话里指"、"在《国际歌》中指"、"语文教学上指"。例如：

【荤口】hūnkǒu 名 曲艺表演中指低级、粗俗的话。(区别于"净口")。

【京白】jīngbái 名 京剧中指用北京话念的道白。

【音准】yīnzhǔn 名 音乐上指音高的准确程度。

【借景】jièjǐng 动 园林艺术中指借取园外之景或使园内各风景点互相衬托，连成一体。

G9 军事域："军事上指"、"军队中指"。例如：

【总攻】zǒnggōng 动 军事上指全线出击或全面进攻。

G10 医疗卫生域："中医指"、"中医上指"、"西医指"、"医药上指"、"中药上指"、"医疗上指"、"医疗部门指"、"医疗机构指"、"医院或诊疗所指"、"外科手术上指"。例如：

【寒热】hánrè 名 中医指身体发冷发热的症状。

【叩诊】kòuzhěn 动 西医指用手指或锤状器械叩击人体胸、腹等部位，借以诊断疾病。

【青皮】[2] qīngpí 名 中药上指未成熟的橘子的果皮或幼果。

G11 体育域："体育上指"、"体育运动上指"、"体育运动中指"、"体育比赛中指"、"球类比赛中指"、"球类、棋类比赛中指"、"某些球类比赛中指"、"篮球运动中指"、"足球等比赛中指"、"足球等球类比赛中指"、"足球、冰球、手球等运动指”、“围棋、象棋竞赛中指”、“围棋比赛中指”、“围棋等指”、“围棋中指”、“象棋、国际象棋赛中指”、“武术用语，指”。例如：

【爆发力】bàofālì 名 体育运动中指在短暂间突然产生的力量，如起跑、起跳、投掷、扣球时使出的力量。

【完胜】wánshèng 动 球类、棋类比赛中指以明显的优势战胜对手。

【中盘】zhōngpán 名 围棋中指布局以后，终盘之前的阶段。

G12 其他域：“言语交流中指”、“集邮中指”。例如：

【语感】yǔgǎn 名 言语交流中指人对词语表达的直觉判断或感受。

H 类：断标。这一类“指”标元表示判断，包括：“是指”、“即指”、“就是指”、“可以指”。例如：

【庚日】gēngrì 名 用干支来纪日时，有天干第七位“庚”字的日子。夏至三庚数伏，就是指夏至后的第三个庚日开始初伏。

13.2　“指”的释义标组

13.2.1　二元标组

由两类标元组合起来附加在“指”前进行释义。共有 25 组，分列如下：

(1)AH 标组。A 类标元在前，H 类标元在后，组合起来附在“指”前进行释义。只有 1 种：“只能指”。例如：

【如今】rújīn 名 时间词。现在。注意：“现在”可以指较长的一段时间，也可以指极短的时间，“如今”只能指较长的一段时间。

(2)BA 标组。B 类标元在前，A 类标元在后，组合起来附在“指”前进行释义。共有 6 种：“过去专指”、“起初专指”、“旧俗指”、“古代借指”、“旧时借指”、“古代特指”。例如：

【黑头】hēitóu 名 戏曲中花脸的一种，因勾黑脸谱而得名。起初专指扮演包公的角色，后来指偏重唱工的花脸。

【破五】pòwǔ（～儿）名 旧俗指农历正月初五，过去一般商店多在破五以后才开始营业。

【脂粉】zhīfěn 名 胭脂和粉，旧时借指妇女。

(3)BD 标组。B 类标元在前，D 类标元在后，组合起来附在“指”前进行释义。共有 2 种：“古时多指”、“旧时多指”。例如：

【雅人】yǎrén 名 高雅的人，旧时多指吟风弄月的文人。

(4)BF 标组。B 类标元在前，F 类标元在后，组合起来附在“指”前进行释义。

共有 3 种："旧时也指"、"过去也指"、"古代也指"。例如：

【画匠】huàjiàng 名 绘画的工匠。旧时也指缺乏艺术性的画家。

(5)BG 标组。B 类标元在前，G 类标元在后，组合起来附在"指"前进行释义。共有 7 种："古代传说中指"、"旧时戏曲行业指"、"古代刑法指"、"旧时统治者指"、"原是佛教用语，指"、"旧小说中指"、"旧式计时法指"。例如：

【蛟龙】jiāolóng 名 古代传说中指兴风作浪、能发洪水的龙。

【乱民】luànmín 名 旧时统治者指造反作乱的百姓。

(6)BH 标组。B 类标元在前，H 类标元在后，组合起来附在"指"前进行释义。共有 2 种："最早是指"、"较早的一种说法是指"。例如：

【生产要素】shēngchǎn yàosù 指生产某种商品时投入的各种经济资源。社会生产力发展阶段不同，其所含内容也不同。最早是指土地、资本、劳动；在知识经济得到发展后，科技、管理等也成为重要的生产要素。

(7)CA 标组。C 类标元在前，A 类标元在后，组合起来附在"指"前进行释义。共有 20 种："后泛指"、"后来泛指"、"后世泛指"、"现泛指"、"现在泛指"、"今泛指"、"后来借指"、"后借指"、"现借指"、"现在借指"、"今借指"、"后特指"、"后来特指"、"现特指"、"后专指"、"后来专指"、"现在专指"、"现专指"、"后转指"、"现仅指"。例如：

【策士】cèshì 名 封建时代投靠君主或公卿为其划策的人，后来泛指有谋略的人。

【伙伴】(火伴)huǒbàn 名 古代兵制十人为一火，火长一人管炊事，同火者称为火伴，现在泛指共同参加某种组织或从事某种活动的人，写作伙伴。

【踆乌】cūnwū 名 古代传说太阳中的三足乌，后来借指太阳。

【朴学】pǔxué 名 朴实的学问，后来特指清代的考据学。

(8)CD 标组。C 类标元在前，D 类标元在后，组合起来附在"指"前进行释义。共有 9 种："后来多指"、"后世多指"、"后多指"、"现代多指"、"现在多指"、"现多指"、"今多指"、"现在一般指"、"后来一般指"。例如：

【方家】fāngjiā 名 "大方之家"的简称，本义是深明大道的人，后多指精通某种学问、艺术的人。

【机米】jīmǐ 名 用机器碾出的大米。现在一般指用机器碾出的籼米。

(9)CE 标组。C 类标元在前，E 类标元在后，组合起来附在"指"前进行释义。共有 4 种："后用来指"、"后来用……指"、"后用……指"、"现用来指"。例如：

【揭竿而起】jiē gān ér qǐ 汉代贾谊《过秦论》："斩木为兵，揭竿为旗。后用"揭竿而起”指人民起义。

(10)CF标组。C类标元在前，F类标元在后，组合起来附在“指”前进行释义。共有5种：“现在也指”、“现也指”、“后来也指”、“后也指”、“……后，也指”。例如：

【人海战术】rénhǎi zhànshù 指单纯靠投入大量兵员作战的战术，后也指投入大量人力，单纯依靠人多做事的工作方法。

(11)CG标组。C类标元在前，G类标元在后，组合起来附在“指”前进行释义。只有1种：“现在簿记上指”。例如：

【过账】guò // zhàng 动过去指商业上把账目由甲账转入乙账，现在簿记上指把传票、单据记在总账上或把日记账转登在分账上。

(12)DA标组。D类标元在前，A类标元在后，组合起来附在“指”前进行释义。共有13种：“一般泛指”、“有时特指”、“通常专指”、“一般专指”、“多专指”、“有时专指”、“有时兼指”、“多偏指”、“多借指”、“有时只指”、“一般借指”、“常借指”、“有时借指”。例如：

【拉丁字母】lādīng zìmǔ 拉丁文（古代罗马人所用的文字）的字母。一般泛指根据拉丁文字母加以补充的字母，如英文、法文、西班牙文的字母。《汉语拼音方案》也采用拉丁字母。

【干草】gāncǎo 名 晒干的草，有时特指晒干的谷草。

【厂房】chǎngfáng 名 工厂的房屋，通常专指车间。

【回禄】Huílù〈书〉名 传说中的火神名，多借指火灾。

(13)DD标组。D类标元在前，D类标元在后，组合起来附在“指”前进行释义。只有1种：“通常多指”。例如：

【毛瑟枪】máosèqiāng 名 旧时对德国毛瑟(Mauser)工厂制造的各种手枪的统称。通常多指该厂制造的步枪。

(14)DE标组。D类标元在前，E类标元在后，组合起来附在“指”前进行释义。共有3种：“多用来指”、“常用来指”、“习惯上用来指”。例如：

【凶神】xiōngshén 名 迷信者指凶恶的神，常用来指凶恶的人。

(15)DF标组。D类标元在前，F类标元在后，组合起来附在“指”前进行释义。共有3种：“有时也指”、“通常也指”、“通常又指”。例如：

【收成】shōuchéng 名 庄稼、蔬菜、果品等收获的成绩，有时也指鱼虾等捕捞的成绩。

(16)DH 标组。D 类标元在前，H 类标元在后，组合起来附在“指”前进行释义。共有 3 种：“通常是指”、“通常所说……是指”、“通常所说……即指”。例如：

【灭火器】mièhuoqi 名 消防用具，通常是指钢筒里装着可以灭火的气体、泡沫等的化学物质，用时喷射在火上。

(17)FA 标组。F 类标元在前，A 类标元在后，组合起来附在“指”前进行释义。共有 8 种：“不仅指”、“也泛指”、“也借指”、“也特指”、“又特指”、“也专指”、“也单指”、“也兼指”。例如：

【打围】dǎ // wéi 动 许多打猎的人从四面围捕野兽，也泛指打猎。

【银屏】yínpíng 名 电视机的荧光屏。也借指电视节目。

【师长】shīzhang 名 老师赫尊长，也特指老师。

【佛祖】fózǔ 名 佛教徒指佛和开创宗派的祖师，也专指释迦牟尼。

(18)FE 标组。F 类标元在前，E 类标元在后，组合起来附在“指”前进行释义。只有 1 种：“也用来指”。例如：

【得其所哉】dé qí suǒ zāi 指得到适宜的处所。也用来指安排得当，称心满意。

(19)FH 标组。F 类标元在前，H 类标元在后，组合起来附在“指”前进行释义。只有 1 种：“也可以指”。例如：

【如今】rújīn 名 时间词。现在。注意：“现在”可以指较长的一段时间，也可以指极短的时间，“如今”只能指较长的一段时间。

(20)GA 标组。G 类标元在前，A 类标元在后，组合起来附在“指”前进行释义。共有 17 种：“中医泛指”、“科学技术上泛指”、“封建时代泛指”、“明清泛指”、“在我国特指”、“抗日战争时期特指”、“军事上特指”、“语音学上特指”、“在无线电收音机上特指”、“昆虫学上特指”、“殷代特指”、“明清两代专指”、“我国专指”、“有的地区专指”、“文学上借指”、“畜牧业上通常指”、“在与‘文字’并举时只指”。例如：

【病候】bìnghòu 名 中医泛指疾病反映出来的各种症候。

【党员】dǎngyuán 名 政党的成员，在我国特指中国共产党的成员。

【起复】qǐfù 动 ①古代官吏遭父母丧，手指未满期而应召任职。明清两代专指服父母丧期满后重新出来做官。

【素描】sùmiáo 名 ①单纯用线条描写、不加色彩的画，如铅笔画、木炭画、某种毛笔划等。素描是一切造型艺术的基础。②文学上借指文句简洁、不加渲染的朴素描写。

【公畜】gōngchù 名雄性牲畜，畜牧业上通常指留种用的。

(21)GB 标组。G 类标元在前，B 类标元在后，组合起来附在“指”前进行释义。共有 3 种：“气象学上旧指”、“我国古代指”、“中国古代指”、“我国历史上指”、“欧洲历史上指”。例如：

【无风】wúfēng 名 气象学上旧指 0 级风。

【辰星】chénxīng 名 我国古代指水星。

【中世纪】zhōngshìjì 名 欧洲历史上指封建社会时代。一般指公元 476 年西罗马帝国灭亡到公元 1640 年英国资产阶级革命这段时期。

(22)GD 标组。G 类标元在前，D 类标元在后，组合起来附在“指”前进行释义。共有 12 种：“中医通常指”、“物理学上通常指”、“数字通信中通常指”、“在我国通常指”、“封建时代多指”、“在我国历史分期上多指”、“在我国多指”、“我国习惯指”、“我国的习惯指”、“在汉语里主要指”、“宋代主要指”、“在我国一般指”、“在动物学中，一般指”。例如：

【超低温】chāodīwēn 名 比低温更低的温度，物理学上通常指低于 -272.15 的温度。

【现代】xiàndài 名 现在这个时代。在我国历史分期上多指五四运动到现在的时期。

【低等动物】dīděng dòngwù 在动物学中，一般指身体结构简单、组织及器官分化不显著的无脊椎动物。

(23)GE 标组。G 类标元在前，E 类标元在后，组合起来附在“指”前进行释义。共有 4 种：“文学作品中用来指”、“有的语法书用来指”、“迷信传说中用来指”、“道家用来指”。例如：

【杜康】dùkāng 名 相传最早发明酿酒的人，文学作品中用来指酒。

【虚无】xūwú 形 有而若无，实而若虚，道家用来指“道”(真理)的本体无所不在，但无形象可见。

(24)GF 标组。G 类标元在前，F 类标元在后，组合起来附在“指”前进行释义。共有 4 种：“兽医学上也指”、“实行双休日后也指”、“有的地区也指”、“作为印刷术语时仍指”。例如：

【胎儿】tāi'ér 名 母体内的幼体(通常指人的幼体，兽医学上也指家畜等的幼体)。

【咸菜】xiáncài 名 用盐腌制的某些菜蔬，有的地区也指某些酱菜。

(25)GG 标组。G 类标元和 G 类标元组合起来附在“指”前进行释义。共有 4 种：

“我国传说中指”、“我国国防上指”、“国际金融市场上指”、“西方法学中指”。例如：

【三线】sānxiàn 名我国国防上指后方，是支援前线的战略基地。

【私法】sīfǎ 名西方法学中指保护私人利益的法律，如民法，商法等（区别于“公法”）。

下面通过矩阵的形式把二元标组反映出来。

表 15 “指”释义二元标组

	A	B	C	D	E	F	G	H
A								+
B	+			+		+	+	+
C	+			+	+	+	+	
D	+			+	+	+		+
E								
F	+				+			+
G	+	+		+	+	+	+	
H								

13.2.2 三元标组

由三类标元组合起来附加在“指”前进行释义。共有 10 组，分列如下：

(1)BFA 标组。标元按照 B 类、F 类和 A 类的顺序组合起来附加在“指”前进行释义。只有 1 种：“过去也专指”。

左 zuǒ ② 名 方位词。东：山～（太行山以东的地方，过去也专指山东省）。（其他义项从略）

(2)CDE 标组。标元按照 C 类、D 类和 E 类的顺序组合起来附加在“指”前进行释义。共有 5 种：“现在一般用来指”、“现在多用来指”、“现在有时用来指”、“后多用……指”、“后多用来指”。例如：

【宫廷政变】gōngtíng zhèngbiàn 原指帝王宫廷内发生篡夺王位的事件。现在一般用来指某个国家统治集团少数人从内部采取行动夺取国家政权。

【碧血】bìxuè 名 《庄子·外物》：“苌弘死于蜀，藏其血，三年而化为碧”。后多用“碧血”指为正义事业而流的血。

(3)CEA 标组。标元按照 C 类、E 类和 A 类的顺序组合起来附加在“指”前进行释义。共有 3 种：“后来用……泛指”、“后用来泛指”、“后人用来借指”。

【殷鉴】yīnjiàn 名 《诗经·大雅·荡》：“殷鉴不远，在夏后之世。”意思是殷人灭夏，殷人的子孙应该以夏的灭亡作为鉴戒。后用来泛指可以作为后人鉴戒的前人失败之事。

(4)CFA标组。标元按照C类、F类和A类的顺序组合起来附加在“指”前进行释义。共有5种：“后也泛指”、“后来也泛指”、“现也泛指”、“后来也借指”、“现也借指”。例如：

【差使】chāi•shi 名 旧时指官场中临时委任的职务，后来也泛指职务或官职。也作差事。

(5)CFE标组。标元按照C类、F类和E类的顺序组合起来附加在“指”前进行释义。共有2种：“现在也用来指”、“后代仍用来指”。例如：

【穷形尽相】qióng xíng jìn xiàng 原指描写刻画十分细致生动，现在也用来指丑态毕露。

(6)DEA标组。标元按照D类、E类和A类的顺序组合起来附加在“指”前进行释义。只有1种：“常用来借指”。例如：

【硅谷】guīgǔ 名 美国加利福尼亚州北部圣克拉拉谷的电子工业中心，因生产电子工业基本材料硅片及地处谷地而得名。常用来借指高技术工业园区。

(7)DFA标组。标元按照D类、F类和A类的顺序组合起来附加在“指”前进行释义。共有3种：“有时也泛指”、“有时也专指”、“有时也特指”。例如：

【白米】báimǐ 名 碾净了糠的大米(区别于“糙米”)，有时也泛指大米。

(8)DFE标组。标元按照D类、F类和E类的顺序组合起来附加在“指”前进行释义。共有2种：“有时也用来指”、“一般也用来指”。例如：

【芸芸众生】yúnyún zhòng shēng 佛教指一切有生命的东西，一般也用来指众多的平常人。

(9)GBG标组。标元按照G类、B和G类的顺序组合起来附加在“指”前进行释义。共有2种：“我国古代政治哲学中指”、“我国古代哲学上指”。例如：

【太极】tàijí 名 我国古代哲学上指宇宙的本原，为原始的混沌之气。

(10)GDE标组。标元按照G类、D类和E类的顺序组合起来附加在“指”前进行释义。只有1种：“诗文中常用来指”。例如：

【阆苑】làngyuàn〈书〉名 传说中神仙居住的地方，诗文中常用来指宫苑。

13.2.3 四元标组

由四类标元组合起来附加在“指”前进行释义。共有4组，分列如下：

(1)BGDE 标组。标元按照 B 类、G 类、D 类和 E 类的顺序组合起来附加在“指”前进行释义。只有 1 种：“古代诗文里常用来指”。例如：

【蟾蜍】chánchú 名 ②传说月亮里面有三条腿的蟾蜍，因此，古代诗文里常用来指月亮。

(2)CFEA 标组。标元按照 C 类、F 类、E 类和 A 类的顺序组合起来附加在“指”前进行释义。只有 1 种：“后来也用来泛指”。例如：

【金口玉言】jīnkǒu-yùyán 极难得的可贵的话，封建社会多称皇帝讲的话，后来也用来泛指不能改变的话。

(3)DFEA 标组。标元按照 D 类、F 类、E 类和 A 类的顺序组合起来附加在“指”前进行释义。只有 1 种：“有时也用来借指”。例如：

【大盖帽】dàgàimà 名 军人、警察或某些执法机关人员戴的一种顶大而平的制式帽子，有时也用来借指戴这种帽子的执法人员。

(4)GGEA 标组。标元按照 G 类、G 类、E 类和 A 类的顺序组合起来附加在“指”前进行释义。只有 1 种：“五四运动前后有的文学作品中用‘伊’专指”。例如：

伊[2] yī 代 人称代词。他或她。注意：五四运动前后有的文学作品中用“伊”专指女性，后来改用“她”。

13.3 小　　结

“指”类释义法是一种重要释义范式。通过封闭考察《现代汉语词典》(第 5 版)，归结出四点“指”类释义法则：①“指”类释义主要用于名词、动词、形容词释义；②“指”可以无附标释义，也可以附标释义；③“指”类释义的标元共有八类：延标、源标、申标、频标、用标、联标、域标、断标；④有的“指”类释义标元能组合使用，形成二元标组、三元标组、四元标组。

第 14 章 释义句式“因……而……”

释义的基本要求是准确、简明、统一。释义一般要经过三个步骤：第一，确定词的意义要素；第二，确定用来释义的词；第三，确定释义的表述方式。第一步可以通过义位、义群的语义特征分析来完成，第二步可以通过释义基元词的筛选来完成，而第三步必须要选择适宜的释义句式才能完成。目前的释义研究在前两个方面已取得不少成果，比如不同词类义位的语义特征分析，释义基元词的研究等，而关于释义句式的研究还相当薄弱。

释义句式的研究会涉及三方面的问题：第一，释义句式有哪些？能否分出类别和层级来？第二，各种释义句式的释义功能是什么？第三，释义句式与口语表达和一般书面语表达句式比较有什么特点？

本书选择《现代汉语词典》(第 5 版)里的释义句式“因……而……”，考察其释义的使用情况，希望在释义句式方面做些有益的尝试和探索。

14.1 释命名理据

“因……而……”句式可用来解释命名理据，说明某一事物名称的理由和根据，常用格式“因……而得名”。根据理据性质的不同，又分五种。

14.1.1 以人名命名

因为这个人对该事物的发明、发现、发展等有重大贡献或为了纪念他，用此人的名字命名该事物。基本格式：“因某人发明 / 首先发现 / 首先提出 / 首先描述 / 制定等而得名”或“因纪念某人而得名”。例如：

【傅科摆】用来证明地球自转运动的天文仪器。一根长十几米或几十米的金属丝，一端系一个金属球，另一端悬挂在支架上。由于地球自转，在北半球摆动所形成扇状面按顺时针方向旋转，在南半球则按逆时针方向旋转。<u>因法国物理学家傅科发明而得名</u>。

【伦琴射线】X 射线。因德国物理学家伦琴首先发现而得名。

【恩格尔系数】统计学中指家庭食品支出与家庭消费总支出的比值。其数值越小说明生活越富裕，数值越大说明生活水平越低。因德国经济学家和统计学家恩格尔最先提出而得名。

【阿伏伽德罗常量】指 1 摩任何物质所含的分子数，约等于 6.022×1023。因纪念意大利化学家阿伏伽德罗 (Amdeo Avogadro) 而得名。

14.1.2　*以地名命名*

包括三种情况：

(1) 以文化发祥地命名。基本格式："因最早发现于某地而得名。"例如：

【河姆渡文化】因最早发现于浙江余姚河姆渡村而得名。

【龙山文化】因最早发现于山东济南附近龙山镇而得名。

【仰韶文化】因最早发现于河南渑池仰韶村而得名。

(2) 以事物的源产地命名。例如：

【汉堡包】因起源于德国海港城市汉堡而得名。

【香槟酒】因原产于法国香槟 (Champagne) 而得名。

(3) 以地理位置命名。

【河西走廊】因在黄河之西而得名。

14.1.3　*以事物特点命名*

又分七种情况：

(1) 以事物形状、模样命名。例如：

【面包车】指车厢外形略呈长方体的中小型载客汽车，因外形像面包而得名。

【战列舰】一种装备大口径火炮和厚装甲的大型军舰，主要用于远洋战斗活动，因炮战时排成单纵队的战列线而得名。

(2) 以颜色命名。例如：

【鸭黄】孵出不久的小鸭，因身上有淡黄色的毳毛而得名。

【黑匣子】指飞行数据记录仪，因装在座舱中的黑色金属盒里面而得名。

(3) 以声音命名。例如：

【知了】蚱蝉的通称，因叫的声音像"知了"而得名。

【几维鸟】无翼鸟，因常发出"几维"的声音而得名。

(4) 以材料、工具、凭借、依据命名。例如：

【驴皮影】皮影戏，因剧中人物剪影用驴皮做成而得名。

【渔鼓】②指道情，因用渔鼓伴奏而得名。

【贸易风】信风，因古代通商，在海上航行时主要借助信风而得名。

【华严宗】我国佛教宗派之一，因依《华严经》创立宗派而得名。

(5) 以标志性物件、动作命名。例如：

【青衣】③戏曲中旦角的一种，扮演中年或青年妇女，因穿青衫而得名。

【铜锤】戏曲中花脸的一种，偏重唱功。因《二进宫》中的徐延昭抱着铜锤而得名。

【响马】旧时称在路上抢劫旅客的强盗，因抢劫时先放响箭而得名。

(6) 以数量命名。例如：

【布尔什维克】列宁建立的苏联共产党用过的称号。意思是多数派。因在1903年俄国社会民主工党第二次全国代表大会选举党的领导机构时获得多数选票而得名。

(7) 以价值命名。例如：

【黄金分割】把一条线段分成两部分，使其中一部分与全长的比等于另一部分与这部分的比，比值为0.168……这种分割叫黄金分割，因这种比例在造型上比较美观而得名。

14.2　释分类

“因……而……”可用来解释分类，常用格式“因……不同而(产生的)不同……”。例如：

【国家所有制】生产资料归国家所有的制度，它的性质因社会制度的不同而不同。

【版本】①同一部书因编辑、传抄、刻版、排版或装订形式等不同而产生的不同的本子。

“而”后也可用“形成”、“分成”等，例如：

【派别】学术、宗教、政党等内部因主张不同而形成的分支或小团体。

【阶层】①指在同一个阶级中因社会经济地位不同而分成的层次。如农民阶级分成贫农、中农等。

14.3　释因果结构义

有的词的构成成分之间具有因果关系，可用“因……而……”句式来释义。

14.3.1　前因后果式

词前部表因，词后部表果，用“因……而……”句式来解释该词的因果结构义。

(1) 解释名词的前因后果结构义。所释名词“M”的前部“M_1”表示原因，后部“M_2”

表示结果，用格式“因 [M_1 义] 而 [M_2 义]”来解释名词的因果结构义。例如：

【血晕】中医指产后因失血过多而晕厥的病症。

由于“M_2”是结果，可在“而”后添加“产生”义词，形成“因 [M_1 义] 而产生的 [M_2 义]”格式。如：

【私愤】因个人利害关系而产生的愤恨。

【虫灾】因虫害较重而造成的灾害。

【碱荒】因盐碱化而形成的荒地。

【冻疮】局部皮肤因受低温损害而成的疮。

【饥色】因受饥饿而表现出来的营养不良的脸色。

【滞纳金】因逾期缴纳税款、保险费或水、电、煤气等费用而需额外缴纳的钱。

(2) 解释动词的前因后果结构义。所释动词“D”的前部“D_1”表示原因，后部“D_2”表示结果，用“因 [D_1 义] 而 [D_2 义]”句式解释动词的因果结构义。例如：

【干裂】因干燥而裂开。

【畏避】因畏惧而躲避。

【感激涕零】因感激而流泪，形容非常感激。

【怒发冲冠】因怒而头发直竖，把帽子都顶起来了，形容非常愤怒。

(3) 解释形容词的前因后果结构义。所释形容词“X”的前部“X_1”表示原因，后部“X_2”表示结果，用“因 [X_1 义] 而 [X_2 义]”句式来解释形容词的因果结构义。例如：

【干涩】因发干而显得不滑润或不润泽；苦涩。

【感伤】因有所感触而悲伤。

【恐慌】因担忧、害怕而慌张不安。

【荫凉】因太阳晒不着而凉爽。

14.3.2　前果后因式

(1) 前果后因式动词。动词前部“D_1”表示结果，动词后部“D_2”表示原因，往往是支配式动词，宾语是原因格，用“因 [D_2 义] 而 [D_1 义]”来解释其因果结构义。例如：

【逃荒】因遇灾荒而跑到外乡谋生。

【养伤】因受伤而休养。

【闹意见】因意见不合而彼此不满。

【物伤其类】指动物因同类遭到了不幸而感到悲伤，比喻人因同伙受到打击而

伤心 (多含贬义)。

【自惭形秽】原指因自己容貌举止不如别人而感到惭愧，后来泛指自愧不如别人。

(2) 有的形容词的前部“X_1”表示结果，形容词后部“X_2”表示原因，属于前果后因式结构，在解释的时候就用“因 [X_2 义] 而 [X_1 义]”句式来解释其因果结构义。例如：

【烦扰】因受搅扰而心烦。

【紧缺】(物资等) 因短缺而供应紧张。

14.4　释词为因

释词为因，就是把所解释的词“C”当作原因，并补充解释其结果，常用格式“因 [C 义] 而……”。有两种情况：

(1) 名词本身指称的是原因，在造词时用原因代结果。基本释义格式：“因 [M 义] 而产生 / 发生 / 引起的……”，中心语表示名词的类属。例如：

【嫌隙】因彼此不满或猜疑而发生的恶感。

【食积】中医指因饮食没有节制而引起的消化不良的病。症状是胸部、腹部胀满，吐酸水，便秘或腹泻。

(2) 名词所指称的是原因，用“因 [M 义] 而……”的格式对结果作补充说明。例如：

【不可抗力】法律上指在当时的条件下人力所不能抵抗的破坏力，如洪水、地震等。因不可抗力而发生的损害，不追究法律责任。

14.5　释词为果

释词为果，就是把所解释的词当作结果，并补充解释原因，常用格式“因……而 [C 义]”。

14.5.1　释名为果

把名词所指称的事物解释为结果，同时说明名词所指称事物的产生原因。又分两种情况：

(1)“因……而产生”作定语，形成格式：“因……而产生的 [M 义]。”例如：

【差价】同一商品因各种条件不同而产生的价格差别。

除了“产生”外，“而”后还可用其他表示发生或形成的词。

【洪水】河流因大雨或融雪而引起的暴涨的水流。

【乱码】计算机或通信系统中因出现某种错误而造成的内容、次序等混乱的编码或不能识别的字符。

【苦水】②因患某种疾病而从口中吐出的苦的液体。

【衍文】因缮写、刻版、排版错误而多出来的字句。

【空门】[2] 指某些球类比赛中因守门员离开而无人把守的球门。

【逃兵】②比喻因怕困难而脱离工作岗位的人。

(2)“因……而……”成句。例如：

【浮尘】②大量细小沙尘飘浮在空中，使天空变成土黄色的天气现象。这些飘浮的沙尘多因沙尘暴、扬沙而引起。

【红眼病】①病，因急性出血性结膜炎而眼白发红。

14.5.2 释动为果

把动词所表示的动作行为解释为结果，同时说明产生的原因。基本格式：“因……而 [D 义]。”又分两种情况：

(1) 说明动词表示的结果及其原因。例如：

【拾荒】因生活贫困等原因而拾取柴草、田地间遗留的谷物、别人扔掉的废品等。

【报废】设备、器物等因不能继续使用或不合格而作废。

【偏转】射线、磁针、仪表指针等因受力而改变方向或位置。

【遗漏】应该列入或提到的因疏忽而没有列入或提到。

【打寒战】因受冷或受惊而身体颤动。

【唉声叹气】因伤感、烦闷或痛苦而发出叹息的声音。

有时，动词所表示动作行为是出于某种目的而进行的，例如：

【开山】①因采石、筑路等目的而把山挖开或炸开。

【争风吃醋】只因追求同一异性而互相忌妒争斗。

(2) 用动词表示的结果来代原因。例如：

【垂涎】因想吃而流口水，比喻看见别人的好东西想得到。

【捏一把汗】因担心而手心出汗，形容心情极度紧张。

“垂涎”就是流口水，是结果现象，而词义的重心在于原因：想吃，想得到。“捏一把汗”是手心出汗的意思，是原因，而词义的重心是导致手心出汗的原因：担心，紧张。

14.5.3 释形为果

把形容词所表示的性状解释为结果，同时说明产生的原因。基本格式：“因……而 [X 义]。”例如：

【气短】①因疲劳、空气稀薄等原因而呼吸短促。

【销铄】②因久病而枯瘦。

14.6 释词的蕴含因果

有的词从结构上不是因果关系，但是整个词或词中成分含有因果关系，释义时把这种因果义表现出来，可用“因……而……”句式释义。

14.6.1 释整词的蕴含因果

整个词含有因果关系，用“因……而……”释义。例如：

【战战兢兢】状态词。形容因害怕而微微发抖的样子。

“战战兢兢”本身含有“因害怕、恐惧而微微发抖的样子”的意思。

14.6.2 释词成分的蕴涵因果

有的动词或形容词中成分含有因果关系，通过“因……而……”句式把这种因果关系表现出来。例如：

【赧颜】因害羞而脸红。

【谴谪】官吏因犯罪而遭贬谪。

【害羞】因胆怯、怕生或做错了事怕人嗤笑而心中不安；怕难为情。

“赧”本身就有“因害羞而脸红”的意思，“谴”本身就有“因罪过而遭贬降或谪戍”的意思，这两个词的释义都把语素含有的因果关系显示了出来，通俗易懂。“害羞”的“羞”本身就有“怕别人笑话的心理和表情”的意思。

14.7 其他用法

“因……而……”还可用来解释名词所指事物的性质、范围、用效、目的等。例如：

【冰川】在高山或两极地区，积雪由于自身的压力变成冰（或积雪融化，下渗冻结成冰），又因重力作用而沿着地面倾斜方向移动，这种移动的大冰块叫作冰川。

【霍乱】①急性肠道传染病，病原体是霍乱弧菌。症状是腹泻，呕吐，大便很稀，像米泔水，四肢痉挛冰冷，休克。患者因脱水而眼窝凹陷，手指、脚趾干瘪。

【质量】①表示物体惯性大小的物理量。数值上等于物体所受外力和它获得的加速度的比值。有时也指物体中所含物质的量。质量是常量，不因高度或纬度变化而改变。

以上三例“因……而……”句式解释名词所指事物的性质。

【保险】①集中分散的社会资金，补偿因自然灾害、意外事故或人身伤亡而造成的损失的方法。

【庇护权】国家对于因政治原因而来避难的外国人给以居留的权利。

以上二例“因……而……”句式对名词所指称事物的适用范围进行说明。

【车轮战】几个人轮流跟一个人打，或几群人轮流跟一群人打，使对方因疲乏而战败，这种战术叫车轮战。

这是用“因……而……”对“车轮战”的使用效果作说明。

【台阶】③比喻避免因僵持而受窘的途径或机会。

这里是在说明给某人一个“台阶”下的目的。

14.8 小　结

在《现代汉语词典》(第5版)中，“因……而……”句式除了用于名词、动词、形容词的释义外，还用在了量词、副词、拟声词的释义当中，但分别只用了1次。

景[1] ①(～儿)④量 剧本的一幕中因布景不同而划分的段落。

【绝口】②副因回避而不开口。

哓[哓哓]〈书〉拟声 ②形容鸟类因恐惧而发出的鸣叫声。

为了更直观地从量上观察“因……而……”句式在《现代汉语词典》(第5版)的释义情况，我们把这种句式用于名词、动词、形容词释义中的有关数据做了统计，请见表16。

表16 “因……而……”释义句式的释义情况

释义功能／词类	命名理据	分类	性质	范围等	因果结构义		词为因		词为果		蕴含因果	合计
					因—果	果—因	释因补果	以因代果	释果补因	以果代因		
名词	66	5	6	4	30		4	6	60			181
动词					68	11	6	2	116	2	12	217
形容词					13	3	1	5	20		6	48
合计	66	6	5	4	111	14	11	13	196	2	18	446

从上表的数据可以看出：

(1)“因……而……”句式释义的词类中，动词最多，其次是名词，再次是形容词；

(2)“因……而……”句式的释义功能中，最常见的是“释果补因”和解释“因—果”式结构义；

(2)“因……而……”句式在三种词类释义中有相同的功能，包括解释“因—果”式结构义、释为因、释果补因；

(3)“因……而……”句式在名词释义中有特定的功能，比如说明事物的命名理据、分类、性质、范围等；

(4)“因……而……”句式在动词、形容词释义中有特定的功能，包括解释“果—因”式结构义、解释蕴含因果；

(5)“因……而……”句式在形容词释义中有特定的功能，能反映以果代因。

据我们查检，“因……而……”句式是《现汉》因果释义句式中用得最多的一种，其他的因果释义句式还有：“因……”、“因为……”、“由于……”、“所以……”、“因而……”、“因此……”、“……而……”、“因为……而……”、“因……所以……”、“因为……所以……”、“由于……而……”等，这反映了释义句式的灵活多样。

在口语表达和一般书面语表达中，“因……而……”句式并不是因果句式中的优势句式[1]，而在辞书释义中却是强势句式。这说明，释义语言是较独立的语言使用域，值得重视和深入研究。

[1]　肖任飞：《现代汉语因果复句优先序列研究》，华中师范大学2009年博士学位论文，第41—48页。

第15章 “见”作补语的对外汉语教学

在对外汉语基础教材中，学生学习了“看、见、看见、听”等基本词汇，但在理解“听得见／听不见”时却出现误差，有留学生提出，如果“见”的意思为“看到”，“看得见”就是“能够看到”，据此推断“听得见”意思应该是“听到说话人声音并且能够看到说话人”，“听不见”意指“听到说话人声音，但看不到说话人。”产生这种错误理解的不仅有来自母语为英语的欧美国家的学生，也有来自日本等亚洲国家的学生。外国留学生对“看、听、见”这三个字都认识、都知道，但对于“V见”这种动补式结构表示什么意思，如果老师不告诉他们，他们是很难理解的，而且他们从现成的工具书中也不容易找到答案。这种理解误差源于两个问题：①不能理解“见”在此是做“听”的补语，而不是联合式的动词短语；②“见”与“看”同属视觉方面的动词，为什么能做听觉动词的补语呢？下面我们就从对外汉语教学的角度来回答学生的疑问。

15.1 为何产生误差

来华学习的留学生大都是接受过中高等教育的成年人，他们在习得第二语言时的一大特点，就是等同思维，也就是习惯采取类推法。以北京语言大学2003年出版的对外汉语本科系列教材为例，“见”出现于《汉语教程》（第一册上），译作“see”；“看”出现于《汉语教程》（第二册下），译作“see”、“look at”。因此，看见、看得见、看不见，他们很容易理解，依此类推，“找见”、“梦见”等都与视觉有关，“找见”意指看到了才意味着找到某物体；“梦见”即在梦中看到某物某人。然而类推法至“听见”便行不通，因此，便出现了文章开头留学生的理解。对于中国人来说是不大可能犯这样的错误的，因为我们自小耳濡目染，对“看见、听见”等词的理解已约定俗成。但对于来华学习汉语的留学生来说，这样的类推是极为可能的。在我们看来不成问题的问题，对于外国留学生来说可能就是难点。

15.2 在对外汉语教学中如何解释“见”

在《现代汉语规范词典》中注明，“见”是“动词，①看到；……⑧用在某些动词(多同视觉、听觉、嗅觉等有关)后面，表示感觉到，中间可插入‘得、不’”[1]，类似解释还见于《应用汉语词典》(商务印书馆2000年版)、《汉英双解新华词典》(商务印书馆国际有限公司2000年版)、《现代汉语八百词》(吕叔湘主编，商务印书馆2002年版)等重要辞书。

仅仅根据词典向学生解释“见”，做动结式第二成分，表示感觉到，多和视觉、听觉、嗅觉等有关，是远远不够的。他们或许能够强记下这样的搭配，但对于“见”的特殊用法却还是不能理解。或许还会有许多个“为什么”，我们不能每次都以“这是汉语的习惯”来回答。这样的回答往往使留学生无所适从，进而影响他们学习汉语的积极性，会让一些学生产生“汉语大概没有什么规律”的错误想法。那么，我们应该如何回答留学生关于“见”作动词补语这一问题呢？

15.2.1 实词虚化

“见”字的本义是“看见”。《说文解字》将“见”解释为“视”。如：

(1) 一日不见，如三秋兮。《诗经·王风·采葛》

在长期的使用过程中，“见”由“看见”发展出“听见”之义，因此，“见”还有一个义项是表示“听见”、“听说”，在《辞海》、《辞源》、和《汉语大词典》等大型辞书中，都有这一义项。例如：

(2) 从兹耳界应清净，免见啾啾毁誉声。(白居易《重题》)

(3) 君不见昔日蜀天子，化作杜鹃似老乌？(杜甫《杜鹃行》)

但在我们日常所用的辞书，如《现代汉语词典》、《应用汉语词典》、《汉英双解新华词典》等都未列出“见”的这一义项。留学生使用的一些双语词典更没有。这说明，即使是对于中国人，在日常用语中“见”表示“听”之义也是不太为人所知的，许多词典干脆忽略不提，而仅仅说明它可作感官动词的补语。如：听见、闻见、找见、梦见等。“见”作为一个补语性成分，和它前面的语素一起构成动补式的复合动词。在这些词当中，前面的语素是中心成分，“见”是附加成分，它的词汇意义很虚，主要用来说明它前面语素所表示的动作行为获得的结果。可以说，在这种情况下，“见”已没有“看”的意思，而是一种附加成分。因此，“听见、闻见、找见”在这里都可作“听到、闻到、找到”理解。

---

[1] 李行健：《现代汉语规范词典》，外语教学与研究出版社、语文出版社2004年版，第640页。

15.2.2 通　　感

“见”能由“看见”扩大为可表“听见”，是因为词义的“通感”引申，即不同的感官在所产生的感觉中有近似或关联之处，因而引申出新义，也就是我们常说的通感，又称感觉挪移、移觉。人们在交流思想的过程中，为了提高语言的表达效果、增强语言感染力，有意地把人的各种不同的感觉，如视觉、听觉、嗅觉、味觉、触觉等，互相沟通起来。“本来表示某种感觉的词语，由于经常被用来描述其他种类的感觉，以后便逐渐获得了表示其他感觉的意义，词义由此扩展、引申开来，最终形成固定的新义。”[1] 因此，“见”对其前面的动词是有选择性的，进入“V见”格式的V都是感觉行为动词或与感觉行为有关的动词。“见”最开始是表示视觉的词，与表示听觉的“听”连在一起，由视觉向听觉迁移，不再有看的意味，而只表示听的结果。因此，“听得见”表示“能够听到(声音)”，“听不见”表示“不能听到(声音)”。如：

(4) 我只听得见雨声，却看不见闪电。(航鹰《明姑娘》)

(5) 湖面很静，没有风，也听不见声音。(王瑞芸《戈登医生》)

同样，“闻见”，是视觉向嗅觉迁移，“闻得见”表示“能够闻到(气味)”，“闻不见”表示“不能闻到(气味)。”如：

(6) 我从小就不能吃鱼，闻见腥味就要吐，哎呀，你身上真腥！(王小波《绿毛水怪》)

(7) 烧油墨味儿飘出来，坐在教室里都闻得见。(汪曾祺《故人往事》)

(8) 现在什么味都闻不见，真是再好不过。(毕淑敏《转》)

(9) 八千岁坐在店堂里每天听得见左边煎炒烹炸的声音，闻得到鸡鸭鱼肉的香味，也闻得见右边传来的一阵一阵烧饼出炉时的香味。(汪曾祺《八千岁》)

通感在英语里叫作“synesthesia”，是一种描述类的修辞方式，广泛存在于世界各民族语言现象中。如英语的sweet music(悦耳的音乐)，a loud shirt(颜色花哨的衬衣)，soft heart(软心肠)。在对外语言教学的课本中，也存在着不少类似的词。如“甜”，见于《汉语教程》(第二册下)，在教学中我们可以说，“这块糖很甜”(味道甜美)。引申用法，“这个姑娘长得很甜”(样子美丽可爱的意思)，“她笑得很甜”(笑容可爱的意思)。

因此，我们在实际教学中，可以告诉学生，“见”和“看”不是等义词，“见”可单用表示看到之义，“见”又能做“看、听、闻”等感官动词的补语，表示完成的感知义或结果。这是汉语在长期使用过程中的一种演化，也是通感的一个实例。

[1] 岳守国：《“通感”引起的词义演变》，载《福建外语》1995年第5期。

15.3 小　结

“看、见”均属一级词，在讲授到动补式时，必然会有留学生犯类推的错误，这就需要我们对外汉语教师有针对性的教学。除了语法解释以外，还可以适当地告诉学生，在汉语中这样的用法是如何来的，以加深他们的理解。在对外汉语教学中，特别是在低年级的教学中，需要恰到好处地给学生一些汉语知识，但又不应该像对中国学生那样对他们大讲汉语知识，得采取随机教学、点拨式教学法。怎么掌握这个度？“这就要求从事对外汉语教学的老师不仅要善于发现并抓住学生在学习汉语过程中出现的带普遍性的语法错误，给以改正，而且要求汉语老师善于针对学生中出现的某种错误，利用已有的知识和研究成果来作出明确而又通俗的说明。”[1]在“见”字教学中，我们适当说明了汉语中词的虚化和通感，对学生而言，他们既理解了语法要点，丰富了词汇量，又感到一定的趣味性。对教师而言，这不仅完成一个“见”字的学习，而且也为后期的教学埋下好的伏笔。例如，到了汉语教学中级阶段，学习“苦笑”，苦是味觉词，但可以用来形容一个人笑容的沉重。再比如，学习句子，“这道汤的味道很重”，重是表示重量方面的词，但是可以用来形容味觉；也可以说，“对他的批评很重”，这就是严重的意思了。

在汉语教学中对通感作适当说明，可以让学生更直接生动地理解汉语特有的魅力。众所周知，进入汉语学习高级阶段以后，会有大量的名篇名句欣赏，其中不少会涉及汉语通感。例如，宋词名句“绿杨烟外晓寒轻，红杏枝头春意闹”(宋祁《玉楼春》)，一个“闹”字点染得极为生动，红杏灿烂开放，是视觉才能感受到的色彩，在诗人笔下，仿佛发出一片喧腾的闹声，这是用听觉来描绘视觉。整个春意盎然的图景就跃然于纸上，这样的说明也使学生较容易领略到这句诗的妙处。

汉语的魅力不仅在于其形，更在于它由形所传达出来的神，我们教授汉语，不仅要让学生能够说，能够理解，能够用，更要让他们感受这种语言的魅力。对外汉语教学是如此，针对海外华人社会团体的华语教学更是如此。华侨子弟不仅要会用华语，还需要从华语中体会到民族的文化认同感。所以，每一位汉语老师既是语言的教授者，又是文化的传播者。努力将汉语提升为世界的一种强势语言，依靠的是国家经济地位的提高，依靠的是传播者众多，也依靠汉语本身深厚的文化魅力。

---

[1]　陆俭明：《汉语教员应有的意识》，载《世界汉语教学》2005年第1期。

第16章　高级阶段对外汉语视听说课教法初探

来华学习汉语的外国留学生在升入高级阶段以后，对听、说、读、写等单项技能的训练应进入一个综合强化、横向拓宽的阶段。“对外汉语视听说课”是对汉语中级、高级班的留学生或者达到汉语水平考试中等或以上水平的学生进行训练听说能力的综合课程，具有即时、多样、实用等特点，在教学中很受学生欢迎。

16.1　高级视听说课研究的必要性

16.1.1　高级视听说课的现状

听说技能的专项训练，在初中级阶段得到相当的重视，但在高级阶段则相对薄弱。高级班的课程没有听力课，高级口语也是近两年才得到普遍的认可，但光靠一个口语课并不能完成高级阶段的技能训练任务。视听说课依靠多媒体教学，要求学生运用视觉、听觉两种不同的途径来接受语言、言语及文化信息，并运用这些信息来进行口语表达的练习，对于培养学生成段表达能力、传输历史文化知识具有独特作用。由于这是一门新兴的课程，相关研究刚刚起步，尤其是针对高级阶段的视听说课，很多方面还有待于进一步探讨。其中较突出的两大问题，一是受影像设备等硬件设施的限制，缺乏科学、权威的教材，开设该门课程的学校只能各行其是，任选或自编教材；二是对该课型的研发不够、目标不明，是以影像为辅、以口语为主，还是视、听、说三者并重，至今仍讨论不清。

16.1.2　对欣赏法的质疑

在高年级的教学中历来存在着一种“欣赏法”的倾向。其主要表现为：①文学欣赏法。选材以名家的文学作品为主；学生以理解和欣赏语言的艺术性为主。反映在高级视听说课则是，采取播放名片、名剧选段的形式来进行，或干脆就是“影视欣赏课”，原因是电影的趣味性、欣赏性很高，利于调动学生积极性。②旅游欣赏法。将介绍中国各地的山水风光、名胜古迹作为教学内容，以游览者的视角去接受语言文化知识，再配以精美的风景影像，“寓学于游”当中。

在语言教学中适当运用美学欣赏手段对激发学习兴趣有一定的作用，但是如果把这种作用过分夸大，以致把“影视欣赏”作为高年级视听说课训练的唯一手段和基本方法，就未免以偏概全、失之偏颇了。这样的教学只能使学生谈话资料贫乏，视野单一，听、说功能得不到良好的操练，在实际中难以提高他们的语言水平。以“欣赏”为基本手段的训练方法，对培养交际能力，尤其是对培养口头交际能力，是远远不够的。因此，在视听说的选材上首先要转变这一原则，由“欣赏”到“实用”，强调内容实用性、知识性强，语言真实自然、通俗易懂，生活场景生动丰富，力求通过视听说课的训练使学生的口头交际能够“走出课堂”，实现真正的语言交流。

16.1.3　时代的需要

随着国际政治经济形势的发展，我们与国际的交往空前繁荣。国际社会对汉语人才需求量的增加，大大提高了对质的更高的要求，即从需要“懂汉语”的人才转移到需要母语和汉语俱佳的“双语人才”，以便适应更频繁、更直接的进行全面的多层次交际的需要。高级视听说课除了培养学生的语言技能之外，还承担着一个重要任务——传输中国文化知识。它充分运用现代化教学技术手段，集语言、视觉图像、音响效果于一体，提高学生对多种信息的输入、接受和理解能力，将教学内容化繁为简、化抽象为直观，让学生更积极地去获得原本仅是书面文字的文化知识。甚至可通过教学软件的设计，以互动的方式来学习文化。因此，应把视听说教学作为高年级对外汉语教学尤其是本科教学的有机组成部分。

16.2　视听说课的课堂设计

贴合外国留学生的思维及学习特点，有针对性地开展教学，始终贯穿“学生为主体、教师为主导”的原则。

16.2.1　必须明确学生为主体

学习一种语言是一个非常艰难的过程，特别是当学生学习用目的语交流时，他们时断时续的模糊表达，以及他们所处的被动地位，使他们感觉又回到了小学。但是外国留学生大多是已接受过中、高等教育的成年人，这决定了他们的思维已经成人化，因此我们在教学当中绝不能采取幼儿教学的方式。这在视听说课上表现得尤为明显，首先，童话、寓言、成语故事等题材以及动画片等形式就很容易引起高级班留学生的反感，他们认为教师把他们当小孩，这就是忽视留学生成人化思维所造成的教学断层。其次，由于文化背景不同，特别是欧美学生的逆向性思维，常会与教师的课堂设计错位，即教师认为有趣的、有文化性的影像材料，在某些学生眼里可能就是反文化的，从而引起不必要的争执。因此，教师在选择视听说课的影像教材时，一定要考虑留学生学习的特殊性（成人化思维、文化差异、宗教信仰等），既要维护祖国利益，又要尊重他国习惯，慎重选择适合他们的教材内容和教学形式。

16.2.2 始终坚持教师为主导

在高级视听说课上，抓住留学生的思维和学习特点，就能有的放矢，采取适合他们的教学形式。然而最重要的还是教师的引导，如果说高级综合课上教师仍然承担着重要的讲解任务的话，视听说课的教师则更像一个主持人，不仅要简明扼要，循循善诱；更要善于控制课堂节奏，让学生能够视、听兼顾，并保证充分的口语训练和讨论。这一点看似简单实则很难。所谓成也萧何，败也萧何，视听说课以其生动的直观影像吸引学生，但另一方面也易导致学生一味地沉迷于情节画面之中，不用心记忆或不仔细听，从而达不到该课型的要求，而成为一种纯粹的消遣。这时候教师的作用尤显重要，既要充分利用教材的各种信息，又要使课堂有张有弛。简单地说就是要善于提问，以问题的形式控制教学节奏，使学生带着问题去“观看影像”，从而使整个课堂保持一种学习状态。

16.2.3 改良传统的电影播放

虽然最近已有较为规范的高级视听说课音像教材出版，但播放普通话标准、内容健康的中国电影，长期以来是许多学校高级视听说课的传统教法之一。但电影毕竟不是科学的教材，这就需要教师的“再设计”。首先，选择电影，必须强调“服务于教学”原则。如果仅是影视欣赏课程，大可以不受限制，古今中外均可入选。但是从视听说课的实际出发，应尽量选取反映现代生活的、倾向积极的电影，无论是语言还是国情，都必须有益于学生学习汉语知识和培养语感。在此基础上，同样是现代题材影片，笔者认为还应该选择那些情节性强、易于归纳总结的电影，即以板块式构成情节的影片。这是与以往不同的，就是我们在实际课堂教学中并不一定要将整部电影都播放完，而是择取相对独立的片段。如此一来，播放材料的时间可大大缩短并易于掌握，针对该影片的视、听、说可限制在一次课完成，从而保证了课堂教学的完整性。拿冯小刚执导的《甲方乙方》与张艺谋执导的《我的父亲母亲》作比较，从学生兴趣角度来看，恐怕不少人倾向于后者精美的艺术画面与导演的国际影响；但从实用性而言，前者包含了更多的当代社会信息，编排上也利于课堂教学。《甲方乙方》的好处在于，它是以独立的小故事进行，每个片段 10 分钟左右。我们以电影《甲方乙方》为例，对课堂教案的设计如下。

（一）电影简介（导演、制作时间、背景知识等）。

(二)词语及其解释(择取某一片段，主要是电影台词部分出现的关键词，采取学生自己解释老师纠正补充的方式)。

(三)练习。

(1) 就片段内容回答问题。检查学生对该片段内容的理解程度。

(2) 复述。提供有关剧照，复述电影情节，要求用上关键词，鼓励学生用自己的话复述。(以此检验学生的成段表达能力与虚拟情景操练能力。)

(3) 文化问题讨论。对典型的、关键性的中国化语言和行为进行整理，要求学生在掌握情节的基础上，从跨文化的角度进行对比、解释，强调多元化观点。

表17　电影《甲方乙方》练习

台词	讨论点	你的看法
——姚远跟你说了什么？ ——打死我也不说。 ——嗨，还真硬气，今儿不给你来真的你还不老实呢。 ——我冤枉，真的是打死我也不说。	1. 是否是真的英雄气概？何谓英雄气概？ 2. 语言在特定场合所造成的歧义。	

“回答问题”可检验学生的理解力，“复述”可检验学生的概括与成段表达能力。最后的“文化讨论”并非知识题，而是激发学生的创造力，鼓励他们各抒己见，问题的对错并不重要，目的是调动起留学生的求知积极性，鼓励他们多说，而且是“有理有据”地说。事实证明，学生在欣赏大约十分钟的电影片段后，正处于短时记忆的最佳点，回答问题与复述基本不存在太大困难，他们可以迅速树立起对这堂课的信心。再加上电影本身具有很强的可观性，因而在文化讨论中很容易调动起学生的兴奋点，从而顺利完成视听说的任务。

16.2.4　选取访谈类新闻节目

《新闻听力》是中级阶段对外汉语教学的一门选修课，旨在培养学生综合运用听力技能技巧的能力，但在高级阶段就缺乏类似的实用性课程。事实上，高级班的教学应该将初中级阶段的标准化课堂教学逐步向社会化教学转变，即让学生在掌握更系统精确的语法基础上，将“课堂”上的语言转变为活生生的交际语言。对于具有高级汉语水平的留学生来说，那种脱离现实生活的、很清楚标准的汉语声音已不能引起他们的兴趣。电影以高度艺术化的情节再现生活场景，容易调动他们的积极性。但从另一方面来看，以电影作为高级视听说的主要教材，具有很大的局限性，尤其是夸张的影视语言并不能完全代表现实语言。留学生在中国学习、生活以至工作，在社会上要接触各种人，自然要听到各种声音。基于此，我们的视听说课堂应该尽可能地再现社会，成为社会的一个缩影，在这个缩影里能够看到、听到、感受到各种场合、各种人物、各种类型的言语交际和言语表述。因此，选取电视台尤其是中央电视台的一些节目势在必行。当然，目前市面上公开发行的电视节目并不多，但是通过教师自己录像，完全可以找到很多很好的访谈节目。那些观点鲜明、切合社会(不涉及政治等敏感话题)的访谈类节目，如《东方时空》、《走遍中国》、《实话实说》等，哪怕是一些音乐类节目如《艺术人生》等，因其形式多样，贴近当代中国人生活而备受学生青睐。虽然这些电视节目都可以在课后让学生自己欣赏，但应记住“欣赏只是欣赏”，与有组织有目的地教学是截然不同的，效果也会大打折扣。一旦将这些节目引入课堂，教师就可以因势利导，通过优秀的电视节目来实现功能训练。例如，笔者曾采用《实话实说》的一期节目《硬气功》，由“银枪刺喉”、“铜头碎石”等传统技艺的精彩场面导入，请学生判断真假，各述理由分成两大阵营。随着片段中主持人崔永元与嘉宾谈话的层层深入，对于硬气功的两面性——生理科学与伪装技巧也层层展开，使整个课堂既围绕着中国传统技艺这一话题进行，又充分适应了高年级留学生善提问题、好辩论的特点，课堂气氛十分活跃。还有中央电视台4台推出的《走遍中国》系列，以城市为单位，以时间为轴，每一集以三大板块的形式讲述某城市的过去、现在、将来，涉及历史、政治、经济、文化科学乃至与世界的联系，历时仅半小时，可操作性很强，不失为一个很好的视听说教材。因其语速稍慢，可适用于高级视听说课的初期阶段。

16.3 突出视听说课的文化性

吕必松先生说过：“文化背景知识的教学在语言教学中的重要性已经引起了各国语言教学工作者的普遍重视。”(《关于教学内容与教学方法问题的思考》，载《语言教学与研究》1990年2期)高级阶段汉语教学的文化分量就远远比初中级阶段要重得多，与之相应，严格意义上的视听说课是一门融文化传授与语言技能训练为一体的综合性课型，“视”、“听”、“说”三者都是目的，同时它们又都是达到各自目的的主要途径。作为一门语言实践课，视听说课当然有必要对学生进行汉语语言功能项目的训练，这是不言而喻的。同时也应突出该门课程的文化性，即在完成一定的功能训练基础上，教师所选取的内容必须包含相当分量的文化因素，只有这样才能全面完成高级阶段教学任务。具有文化性的材料很多，如何选定呢？从横向上来讲，注意功能选择，即以话题为纲，纲目不必多，大到社会、经济、历史、民俗，小到衣食住行皆可，视情况而定。从纵向上来说，注意时间安排。厚今不薄古，历史题材与现代题材相比，应以现代题材为主，尤其是那些反映当代人生活面貌的影像，既能了解中国生活，又能了解中国人的思想。当然，古代题材也应选一部分，但不应是影片，而应是以现代汉语演示或讨论的古代风俗、历史事件为好。因为越来越多的留学生来华留学，是冲着中国文化来的，可以说他们对汉语最初的兴趣，是源于对古老中国璀璨文化的好奇之心。因此，我们应充分考虑这一点，选择那些富有特色的、宣传中国古代文明的影像，如《九州行》、《上下五千年》、《走遍中国》等。笔者曾在课堂上选放过川剧的变脸艺术、中药、中国相声等专题的介绍，因教材内容具有极高的文化性，解说语言规范，学生感兴趣又不难听懂，即使对于比较复杂、专业的片段也能依据画面进行猜测推理，因此在回答问题、复述等训练阶段能充分调动学生主观能动性和积极性，课堂效果很好。

16.4 小　结

高级视听说课虽是一门实用性很强的课程，但至今仍没有相对统一的、权威的教材，这不能不说是一种遗憾。要充分发挥该课程在高级阶段对外汉语教学的作用，必须要有以语言训练与社会文化并重的高级阶段汉语教材作保证，必须要有精心设计的、高质量的影像材料作保证，这需要全体对外汉语教师的共同努力，需要教育部门在人力和财力上的支持。

第 17 章　多元文化教育观下的新加坡留学生短期华语课程建设

——以华中师范大学—新加坡义安理工学院“浸儒”班为例

多元文化教育 (multicultural education) 是一种跨越文化边界的教育。20 世纪 60 年代伴随着欧美民权运动的兴起而产生、发展，反映了人们对社会文化变迁与教育发展轨迹的深刻认识与把握，经过半个多世纪的发展，逐渐成为当今国际社会一种更具现实意义的教育理念和教育改革运动。美国多元文化教育专家班克斯 (James A. Banks) 总结:“多元文化教育坚持这样一种理念，即所有学生，不管他们来自何种性别、社会阶层、种族或具有不同文化背景，应该在学校取得平等的学习机会。”在实践层面，国外多元文化教育主要表现出三种实施途径：课程开发、成就提升、群际教育。在教学领域，这三种途径往往集中表现为通过课程的改革及多元文化课程的开发这一核心途径，实现多元文化教育的目标。

17.1　对新加坡华语教学现状的分析

新加坡是一个典型多种族、多元文化的国家，全国有 208 个民族。截至 2011 年 12 月人口约 518 万，其中华人占 74%，马来人占 14%，印度人占 8%，此外还有一些少数民族。民族多元的现状促使语言呈现多元化状态分布。“为了尊重各种族的历史，弘扬各种族的文化，新加坡政府根据本国国情，推行了以英语为主，兼修母语的双语教育政策。”要求学生不仅要学好英语，还要学好母语。新加坡曾是英国的直辖殖民地，1965 年成为独立的新加坡共和国。英语是新加坡政府的官方语言。面对人口数量占绝对优势的华人，政府既要保证英语的继续存在，又要推行华语的普及。自 1979 年始新加坡政府倡导“讲华语运动”，1996 年又推出“浸儒计划”，在这种情况下，以多元文化教育观为指导的华语教学便成为新加坡教育体系中一个重要部分。

在多种族的文化背景下，学习华语的新加坡人层次复杂、需求不一，因此新加坡政府把华文教育分作3个层次：培养华文文化精英的华文课程，即“高级华文”；大部分华人所能够掌握的普通华文；强调读写能力的华文B课程。

尽管有如此细致具体的分类课程要求，但对于培养华文文化精英，即培养一批华族文化传统、历史、文学和艺术根基深厚的核心，使其成为华文教师、作家、新闻工作者、社区领袖、国会议员等，仅靠新加坡本国华语教学资源和师资力量，仍存在一定困难。

根据新加坡报业控股集团2004年的一项调查，新加坡有近八成的年轻华人自认华语能力“良好”，但实际情况是，许多人在日常沟通或到餐厅点菜时，使用中文一点儿都没困难，但面对电视访问或写作时，不少人的中文表达能力就显出有待加强的必要。因此，“调查结果虽然令人鼓舞，但这些自认中文流利的人，是否具备实在的用语能力还是个问题。”

面对这一华语学习现状，新加坡不少高校、教育机构积极寻求与中国内地高校合作，以期更有效地提高新加坡华语教育。新加坡义安理工学院即是这样积极行动的院校之一，该学院中文系响应新加坡政府提出的“华语教育计划”，致力培养华文文化精英，其专业毕业的学生有2个就业方向，一是做中小学华文教师，一是从事与华语有关的非教师行业工作，如新闻工作者、出版社编辑、公司文案等，此外有深造要求的学生可继续申请到新加坡相应大学或中国合作院校学习，获得文学学士学位。其中，华中师范大学是义安理工学院的中方合作院校之一。义安理工学院中文系为三年制，60%的课程以中文教授，其他课程以英文教授，体现新加坡的双语教学特点。即便中文课程比重相对较大，但对于中文系学生来说仍不够，该系积极与华中师范大学合作。在第三学年的上学期，安排中文系学生到华中师范大学国际文化交流学院进行一个学期的“浸儒”学习，实地浸入中文学习氛围。该项目从2008年开始，至今已连续合作6年共10个班。该校中文系同学通过在华中师范大学一个学期的“浸儒”学习，有力补充在新加坡学习华文时先天的“短板”，进行系统的华语教育，即深层次的文化浸润，如价值观念、思维方式、审美情趣、学术思想理论等。

17.2　华师—义安[1]“浸儒”课程要求和教学内容

华中师范大学国际文化交流学院重视与新加坡义安理工学院中文系的“浸儒”合作项目，积极进行课程研发活动。根据义安“浸儒”班在新加坡前2学年已学课程，

[1]　“华师—义安”，即“华中师范大学—新加坡义安理工学院”的简称，本书以下以此简称。

避免重复，着重突出中国中文系课程优势，从华中师范大学具有良好教学传统和教学效果的中文系课程材料中选择合适的成分并加以改进，并联合历史学院、管理学院、计算机学院的教师对相关课程进行选择、补充、拓展、加深、整合等，形成以整合式为基础、以扩展式为主的“浸儒”多元文化课程开发模式。

17.2.1 华师—义安“浸儒”课程要求

“浸儒”课程实行标准化的教学要求。在一学期中，义安“浸儒”班共开设6门课程，所有课程均须按照新加坡课程设置要求。任课教师需事先安排好一学期的周教学进度表，每门课程每周安排讲堂课与辅导课各1次(2个课时)，讲堂为主，辅导为辅。若学生人数超过20人，则需分批安排2次辅导课，以保证教学质量。每次讲堂课的教学内容、教法必须清晰，每次辅导课目标必须明确。6门课程均要求教学内容饱满，分布合理，使学生能循序渐进地深入学习。对于学生的考核，既有个人作业，又有集体的小组呈现(presentation)，并有期末考试。每次个人作业、小组呈现具体呈交时间都需在学期初全部安排好，做到开学初就让学生清楚一学期的学习安排。完整严密的课程计划和课程要求，既保证了教师的教学规范性，又使初到异国学习的新加坡留学生做到心中有数，提高学习效率。

17.2.2 华师—义安“浸儒”课程的教学内容

第一，以“儒学教育”为基础，重视国学。根据新加坡教育部2005年致力推出的“中华通识课程与双文化课程”计划，实现其目标——培养对中国人文和当代中国有较为深入理解的双文化精英。华师—义安“浸儒”课程首先强调了国学的重要性，开设《国学典籍》。主要介绍各个时期的代表人物和思想，包括孔子、孟子、荀子、董仲舒、朱熹、王阳明等；重点解读儒家“五经”，包括：《诗经》、《尚书》、《礼记》、《周易》、《春秋》。通过儒家代表性经典篇目讲解，让新加坡留学生了解儒学的思想精髓，培养他们借助注释阅读中国古代典籍的基本能力。同时也能让年轻的学生们从华夏文明古籍汲取宝贵思想，培养健康人格。

第二，突出文化多元性。在学好中华国学的基础上，注重培养学生的文化多元观，开设《民俗学》与《楚文化》。民俗学作为人类文化的重要组成部分，在全球化的国际环境下，文化需要的是多元色彩，而民俗恰恰是构成多元文化的主体部分。新加坡有着208个民族，在这样一个典型的多民族、多文化国家，平等对话的“民俗观”是新加坡留学生需要持有的一种治学态度。“民俗学”注重理论性与实践性相结合，既介绍民俗学的基础理论，又进行中国民俗通览，介绍中国丰富多彩的民俗内容，诸如饮食民俗、服饰民俗、婚姻民俗、丧葬民俗等。这门课不仅让学生对中华文明的多样性有所了解，开阔眼界，同时也指导他们自行观照、对比新加坡丰富的民俗，做到学以致用。《楚文化》是《民俗学》的延伸，充分利用湖北武汉的地域文化优势，呈现出楚文化的发展脉络和重要特点，展现楚文化作为中华文明重要组成部分的独特风貌。这门课程既是对以儒家文化为基础的《国学典籍》的补充，又是《民俗学》理论、方法和个案通览的具体延伸，充分体现了多元文化教育观的理念——“多元文化课程作为文化的反映在发挥文化传播功能的同时，反映文化的深层价值观念，探知文化价值”。

第三，关注当代，抓好中文系基本功。华师—义安“浸儒”班的学生们有着新加坡留学生的学习特点，口语表达能力较强，文字书写能力相对较弱。作为中文系学生，若将来从事与华语相关的教学、文字编辑等工作，“写”的基本功仍需加强。鉴于该班学生在新加坡已学习中国现当代文学史，但学习时间仅有1年，对文学史尤其是当代代表作家作品了解不够，也并未开设专门的写作课程。根据这一情况，华师—义安“浸儒”课程特开设《写作与欣赏》。通过重点介绍中国大陆现当代重要作家作品，现代文学如鲁迅《狂人日记》、沈从文《边城》……当代文学如莫言《红高粱》、贾平凹的散文、朦胧派诗歌等，提高学生写作的理解力和审美鉴赏力，使他们能熟练运用写作理论，准确把握不同文体的特点与文学名篇的优点所在。由于每届义安“浸儒”班中均有部分学生是大陆、台湾、马来移民等，因此专门有章节介绍新移民文学，如严歌苓、查建英等的作品。移民文学在中国传统文学史课程中比重很小，但由于新加坡为移民国家，华语移民文学的介绍与学习引起学生极大的共鸣和兴趣，促使留学生们有动笔写的热情。在文学作品赏析的基础上，辅以相应文体的写作训练，提高新加坡学生动手写的能力，为改变新加坡中文系学生“语强文弱”的情况发挥作用。

第四，立足现实，加强实用性。随着中国综合实力的逐步提升，华语在世界的地位越来越高。作文中文系学生，除了必需的文化、文学素养，还应与社会发展需要结合，抓好“经济”和“网络”两个点。开设《国际商务文化沟通》和《网络多媒体技术》。《国际商务文化沟通》立足中国商务，介绍在国际商务沟通中应当掌握的技巧。包括理解文化差异，了解社会系统，学习国际商务的经济学基础知识，熟练运用国际商务中的语言、非语言及商务函电等沟通方式，掌握国际商务礼仪，了解国际商务谈判的风格与策略，并对国际营销有个初步的概念。这门课程有利于新加坡留学生了解中国当代社会，便于他们与中国当地人交往，对将来可能从事对华文化交流、商务合作等工作具有现实指导意义。《网络多媒体技术》主要介绍静态网页设计、静态图片处理、视频编辑技术、音频处理技术。模块不多但实用性高，因为留学生回新加坡毕业后或从事中小学华语教师工作，或从事文字报道、编辑工作，要求掌握基本的多媒体制作技术。虽然相关技术课程学生们在新加坡接触或初步学习过，但都是用英语教授。因此中文教授的网络多媒体技术课程有利于学生进一步了解相关操作的中文术语，既提高了学生的多媒体技术，又在实用环境中学习、巩固华语，更具有实用性。华中师范大学的网络多媒体技术课程着重考虑了新加坡留学生以后多从事中小学教学、中文编辑等工作的实用性、美观性及艺术性需要。

总之，《国学典籍》、《民俗学》、《楚文化》、《写作与欣赏》、《国际商务文化沟通》、《网络多媒体技术》6门课程兼顾了文化、文学、社会、网络等各方面，兼具传统与现代性，互相呼应、互相配合，在一学期内很好地为新加坡留学生提供一个立体化的“浸儒”熏陶与培养。

17.3 华师—义安“浸儒”课程的教学策略

新加坡留学生学习自律性较强，有着良好的学习基础和习惯。但在一个学期内让第一次来异国的留学生们尽可能地学习、感受中华文化，提高华语技能，仍具有一定困难，必须在具体课程的安排和教学过程设计上有一定的策略。

17.3.1 以点带面，因材施教

由于新加坡学生生源多样化，华语水平参差不齐。除部分中国移民学生华语水平较好以外，新加坡本土学生大都有“语强文弱”的特点，即口语表达较流畅，但书写能力普遍较弱，学习困难的学生甚至会不时写错字，对古文的理解也较吃力。因此在具体教学过程中，需要任课教师根据学生水平及性格特点，因材施教，尤其在每周的辅导课上有侧重地帮扶，使整个“浸儒”班的学习水平保持稳定。既要保证教学内容的完成，又要保证教学质量。

17.3.2 与当地实际紧密结合，发挥地域文化优势

新加坡留学生千里迢迢来到中国武汉学习，目的就是为了更好地体验中国社会、文化。我们充分利用湖北武汉“楚文化发源地”、“九省通衢”等地域优势，开设《楚文化》、《民俗学》课程，带领学生实地考察长江三峡、荆州古城等，激发学生的学习兴趣。在《写作与欣赏》课上，对“汉派”作家池莉、方方等作品的介绍，让同学们对学习生活半年的武汉有了更深的感情和兴趣。课程与地域文化结合，使得传统的课堂教学得到有益延伸，显性课堂与隐性课堂得到有机结合，真正实现了“浸儒”的目的。

17.3.3 文化与道德培养相结合

“浸儒”学习之价值，不仅在于知识层面，更体现在道德、精神层面。除严谨、细致的课程教学外，我们还组织丰富的活动，让“浸儒”班学生尽可能融入到华中

师范大学中国学生、社区居民和城市文化中去。如结合中文系的特点，组织学生参加湖北省“楚天杯”作文竞赛，多名学生习作获奖，极大地增强了他们的自信心；组织学生参与当地“希望小学”支教活动，帮助聋哑孩子；鼓励学生参加华中师范大学国际文化节，大方展示自我；利用《网络多媒体技术》课上所学知识，参加新浪微电影大赛等。

17.4　华师—义安“浸儒”课程的教学反馈

华师—义安“浸儒”学习项目至今已进行了6年共10个班，从学生的教学反馈来看，效果良好。学生们反映，通过为期4个多月的“浸儒”学习，华语水平得到提高，这尤其表现在书面写作和口语交际方面。原来仅停留在课本上的中华文化学习，在浸儒之旅中得到了生动立体的展示和浸润，也对当代中国社会状况有了直观的了解。另一方面，新加坡留学生们反映，华师—义安“浸儒”学习很大程度上提高了他们的独立能力，这表现在生活能力和学习能力的独立，大部分学生都是第一次离开祖国在异国独立生活这么长时间。“浸儒”班的学习不仅让他们在文化知识上得到提升，也为即将到来的毕业生活做了一个很好的铺垫。

在对“浸儒”课程进行积极评价的同时，学生们也提出了很好的改进意见。如某些课程要求过高，学生在短时间内完成有一定难度；希望再多增加社会实践活动时间，但同时又得兼顾学习时间的完整性等。这些问题都有待我们进一步调整解决，更好地实现“浸儒”课程的意义。

17.5　小　　结

多元文化教育 (multicultural education) 源于美国，经过半个多世纪的发展，逐渐成为当今国际社会一种更具现实意义的教育理念和教育改革运动。新加坡是一个典型多种族、多元文化的国家，多元文化教育观在其华语教学中表现得尤为突出。为加大华语教学的力度，新加坡政府提出了“浸儒计划”，旨在让学生亲身体验中国文化及发展情景，迅速提升华文水平。为更好地进行中华文化国际传播，拓宽传播途径及形式，华中师范大学结合新加坡“浸儒计划”，与新加坡义安理工学院中文系合作，开发了一套适合新加坡留学生来华短期华语教学课程，从课程设置、具体的教学内容、教学策略等都进行了精心设计，既与留学生在新加坡的学习有衔接、关联，又突出了中国中文国际教育及地域文化教育的优势及特点，在实践中取得良好效果，为推动华语合作教育进行了有益探索。

第 18 章　贴合语言实践　提高综合素质

——留学生汉语言本科毕业论文选题研究

跨入 21 世纪以来，随着中国经济的快速发展和综合国力的增强，越来越多的国家掀起了前所未有的“汉语热”，来华学习的留学生人数逐年攀升。据教育部统计，2012 年共计有来自 200 个国家和地区的 328 330 名各类外国留学人员分布在全国 31 个省、自治区、直辖市的 690 所高等院校、科研院所和其他教学机构中学习，比 2011 年增加了 35 719 人。这其中，接受学历教育的留学生总计 133 509 人，占来华生总人数的 40.66%，人数比 2011 年增加了 14 672 人。这说明，我国面向留学生的学历教育事业越来越壮大，正在走向一个新的发展高峰。然而，在留学生数量节节攀升的同时，相关专业学历教育的质量是否也能随之跟上、提高，则是目前教育部、各高校以及留学生们十分关注的重要问题，这关系到我国留学生学历教育在国际上的信誉，进而决定这一事业发展的可持续性。因此，目前我国在大力发展留学生教育事业的同时，非常重视本科留学生的教育质量。

汉语言本科专业，是我国留学生本科发展较早的一个专业。自 1976 年教育部正式批准在北京语言大学设立以留学生为对象的现代汉语专业以来，课程设置、专业教育等各方面都日趋成熟。促进和检验本科教育质量的工作是一个包含了许多有机环节和措施的系统工程，在这其中，本科毕业论文是重要的一环。对攻读汉语言专业的本科留学生而言，毕业论文是他们在毕业之前最重要的学习任务和综合性的实践环节，是对学生的汉语实践技能、汉语知识及其他相关学科知识、全面素质、研究与创新能力进行检验考核的重要手段。《高等学校外国留学生汉语言专业教学大纲》中明确指出，该专业的留学生需具备“撰写 5 000 字以上的毕业论文的能力，能做到选题恰当、观点明确、材料翔实、条理清晰，语言流畅”，同时还必须进行毕业答辩。可见，汉语言专业本科毕业论文是对汉语言专业留学生学士学位资格认证的重要依据，是衡量、评估高校留学生汉语言专业教学质量与水平的重要内容之一。然而，虽然这一专业在我国发展较早、运作较成熟，但从目前情况来看，该专业留学生毕业论文选题存在诸多问题，比如：专业方向不明、题目范畴过大、题目雷同现象较多、题目不够新颖、题目表达模糊等。而与此同时，学界对这一块关注不够，有关留学生汉语言专业本科毕业论文选题的研究文章少而又少，与此形成鲜明对比的是，关于中国学生本科毕业论文选题的研究则深入得多，专业涵盖经管、医学、法律等，尤其以英语专业的研究居多。同样是第二语言习得，我们对留学生的毕业论文选题关注度远远小于对本国学生的指导，因此迫切需要加强。

18.1　毕业论文的选题问题

关于论文选题是否具有研究的可行性，美国哥伦比亚大学的 Carole Slade 教授提出以下几个原则：第一，就时间、资源、语料收集而言，该题目研究是否可行？第二，研究者个人是否对该题目感兴趣，以保证整个研究过程中给予研究足够的重视？第三，该研究成果是否能够引起他人 (如其他研究者，各类研究机构) 的兴趣？以此为参照系，考察留学生汉语言本科专业毕业论文选题，可看出目前主要存在以下问题：

18.1.1　选题与所学专业关联不大

留学生攻读汉语言本科学位，在毕业论文写作时较易存在一个误区，即只要以汉语完成的论文即可答辩，因而通常喜欢选择以自己在中国的学习体会或遇到的问题为切入口，由此阐发作为论文选题，而忽视与所学专业的联系。如“格鲁吉亚学生在中国的学习困难”、“老挝与中国的节日对比”、“佛得角人移民美国和中国人移民美国比较”等，题目明显不属于汉语言专业研究范畴，虽然有跨学科的因子在内，但也难以划入教育学、社会学或跨学科等研究领域，论文不符合汉语言本科专业的特点。

18.1.2　选题笼统，范围过大

由于汉语不像英语那样在国际通行，因此攻读汉语言专业的留学生来到中国学习时大都从零起点开始。在短短 4 年时间内，由一句汉语也不会说的外国人，培养成具备良好综合素质，“熟悉中国国情和社会文化，掌握文献检索、资料查询的基本方法，具有初步的科学研究与实际工作能力”的汉语专门人才，确实有较大难度。因此留学生的毕业论文选题，普遍存在题目范畴过大的现象。如：语言类如“来华留学生的汉字教学”、“汉语和哈萨克语中谚语互译比较”、“汉韩外来词比较”、“汉俄成语对比研究”，文学类如“中越古代文学中的诗歌对比”等。由于留学生来自五湖四海，都有自己的母语，自然而然喜欢将母语与所学习的汉语进行对比研究，

但是不知从细节入手，选题太大，很难在一篇5000—8000字左右的本科学位论文中把问题谈清楚，把论题论证透彻。研究能力的缺乏，又使得留学生难以对有意向的研究论题进行细分，即使指导老师明确告知有问题，他们也难以理解研究“需从小处着手”的可行性。选题范畴过大、范围过宽，直接导致论文写作流于形式，仅仅只是语料、统计数字的罗列，停留在现象的机械描述上，从而造成留学生本科毕业论文质量普遍不高，有些甚至都难以达到申请本科学位应有的学术资格。

18.1.3 选题过于集中，雷同无新意

受汉语言专业字面理解所限，本专业留学生毕业论文选题大都集中在语言比较领域。以华中师范大学汉语言专业2009—2010级留学生毕业论文选题为例，共80个选题，关于语言学的59篇，关于二语习得与教学的15篇，关于文学的3篇，其他类如跨文化适应性等2篇。在59篇语言学类选题中，又大都集中在将本国母语与汉语的成语、谚语、颜色词、委婉语、外来词对比研究上，其中关于两种语言中的动物成语比较是出现频率最高的论文选题。从纵向上看，几乎每年都有毕业生选择这一选题；从横向上看，同年当中会出现好几个国家的学生都写这一选题，只不过比较的母语不同而已。如“汉韩动物成语比较”、“土汉动物成语对比研究”、“汉越成语中的动物形象对比研究”、“汉语与波斯语中‘牛’字成语比较”等。以上数据仅是反映一校几年中汉语言专业留学生的毕业论文选题情况，放至全国范围内考察，选题过于集中的现象也同样存在于其他高校。留学生选择相近甚至相同的论题，必定会出现论点相似、论述雷同、参考文献重合等问题，即使作者来自不同的国家，比较的母语不同，但每年都做相似主题的论文，论文本身也毫无新意可言。长此以往，留学生论文选题多集中几个大类别题目之下，没有创新意识，只是在重复陈词滥调，这不仅对提高留学生的综合素质不利，更与我们现在蒸蒸日上的留学生学历教育事业不相符。

18.1.4 选题题目不规范

在留学生毕业论文选题中，题目措辞不规范也是一个突出现象。首先表现在题目表意不清，如“马汉谚语研究”，光看题目不知所云，学生实际想要表达的是“马其顿语和汉语的谚语对比研究”。其次题目过长，如“在华韩国3—5岁儿童学习‘不’、‘没’的偏误调查、分析和对策”、“初、中级阶段土库曼斯坦学生学习现代汉语副词‘才’和‘就’的偏误分析和调查”等。此类标题过于复杂，字数较多，作者不懂使用主、副标题来陈述内容。有些学生在标题中使用逗号、句号等标点，如“汉语，越南语中带‘花’字成语对比”，不符合汉语学位论文规范。

18.2　毕业论文选题问题的原因

从以上分析可看出，尽管留学生汉语言专业蓬勃发展，越来越重视实践能力，但最能体现他们综合实践能力的毕业论文，却在选题上存在不少问题，流于形式，造成以上问题的原因是多方面的。

18.2.1　从学生角度来说，汉语言专业留学生的学习时间有限

与经管、法律等本科专业相比，该专业毕业论文对汉语的要求较高。留学生来自五湖四海，语言种类逾百，汉语作为本专业本科学生的第二语言，对于某些国家学生来说有可能是第三、第四语言，掌握难度尤其大。因此留学生来中国学习汉语，大都从零起点开始，整个本科学习时间只有4年，即使在本国已有汉语基础的，如某些院校的“2＋2”、“1＋3”模式学生(即在母国高校学习汉语1—2年，再转入中国合作院校攻读汉语言本科学位3—2年)，整个学习过程仍然比较短，尤其是零起点学生在听、说、读、写、译五个方面达到熟练掌握的要求确实有难度，远不能和中国学生自小学始花费10多年来学习英语相比。因此，这样的语言学习状态导致学生很难在四年级时能够自主选出感兴趣同时具有研究意义的毕业选题。

18.2.2　从论文本身来说，毕业选题对语言实践、理论和研究方法的要求较高

由于汉语言专业留学生大都为零起点或初级基础学生，所以入学后的大部分时间是在解决语言问题，强化语言技能的操练，相对而言文化方面比重很小，语言实践不够。而毕业论文选题要求的理论修养，正是留学生的软肋，诸如种种都对他们的毕业选题造成困难。众所周知，作毕业论文需要翔实、准确的一手资料，身处异国的留学生在面对如何获取第一手资料时显得束手无策，无论是获取汉语材料还是获取母国材料，都存在技术和知识的局限性，学生往往陷入“闭门造车”的困境。另外，毕业论文对研究方法要求较高，调查法、实证法、跨学科研究法、定量分析法等都需要有一定实践以后才会运用的，而留学生缺乏此方面知识与实践的系统学习，因此在撰写毕业选题时，往往流于对论题的机械描述，提不出有针对性的研究方法，从而无法形成一个有研究意义的选题。

18.2.3　从课程设置角度，教学大纲未对“学术论文写作课”的开设做出明确规定

因此各高校也是根据教学情况自行决定。要么不开设这门课，留学生面对毕业论文可能出现“一头雾水”或“一知半解”的情况，论文格式、选题不明；部分学校开设“学位论文指导”课或讲座，但由于没有统一的权威教材，因此任课教师自

己准备讲义、自行决定教学内容。但学位论文是一种考核性论文，在结构、体例等都有着严格的规定，同时学位论文也是一个对学生综合能力的考察。因此，仅依靠授课教师自行准备教学内容，难以做到全面、系统性的培养。按照教学大纲规定，汉语言专业从初级到高级均需开设写作课程，但此类型的写作课是对各文体写作方法、写作技巧的训练，没有专门涉及论文写作方面的知识，仅在教授议论文写作时，对论证方法、常用句式、句群进行普泛性的介绍。从课程安排可知，留学生在本科阶段的学习，对毕业论文写作的学习与实践很有限。因此学生深感选题困难，在写作第一步就开始有畏难情绪，从而影响后继一系列工作（资料收集、论证、写作、修改、答辩等）。

18.3 毕业论文的选题对策

毕业论文选题对学生的知识面有着较高的要求，而当今国际的学科发展趋势是朝着综合型方向发展，所以汉语言专业传统学位论文中只注重语言比较、文学比较的选题方向将逐渐向跨学科方向发展。这就要求学生对语言学、文学、母语与汉语比较、翻译乃至心理学、教育学等各方面都应有一定的了解。“如果仅限于一门学科进行单一的研究，其研究的角度会受到限制，其研究成果的影响可能会较弱。如果对某一学科的某内容进行多角度思考，进行学科的交叉研究这样的选题比较具有吸引力。”为进一步提高留学生毕业论文选题质量，建议从以下几方面加强：

18.3.1 开设学术论文写作课，选题准备提前

依据《高等学校外国留学生汉语言专业教学大纲》中课程设置安排，学士学位论文的撰写安排在四年级下学期，并未明确规定毕业生选题开始时间。按国内高校的惯例，大多安排在本科学习的第四年。早则安排在上学期末，晚则在下学期初。从目前形势来，要想提高留学生的学位论文质量，减少毕业压力。开设专门的学术论文写作课至关重要，而且不能泛泛而上，应系统化、规范化，有权威性，必须从论文资料收集途径、论文的构成要素及各个要素的写作方法，专题毕业论文的写作（如文学、语言、语言与文化、汉语教学法、翻译等）、毕业论文的开题报告、文献综述的写作方法、参考文献格式等各方面进行教学。

建议在四年级上学期开设，学生在学习这门课的同时，就着手考虑自己感兴趣的论文题目。到课程中后期，学生基本明确自己感兴趣的选题类别。这样，毕业学生的开题时间提前至四年级上学期的中后期完成，在随后的寒假以及四年级下学期即可专心撰写论文。

18.3.2　拓宽选题领域

(1) 提倡跨类、跨学科选题。就是指打破“语言、文学、教学、翻译、跨文化交际”分类的框框，选出不囿于一个研究类别的题目。如“越南留学生在武汉的跨文化适应性现状研究”，就融合了语言学、心理学、社会学的知识加以探讨。再如，有一些留学生本来就是本国的语言教师，他们可以把在本国学到的“语言学”、“教育学”理论与教学实践利用起来，结合自身在中国的学习经验，就可以选出“阿语母语者汉语状语习得研究”的题目。对留学生而言，跨国学习、研究的体验对他们的论文选题有着非常有利的影响，“跨国比较”是留学生汉语言专业毕业论文选题的优势和长处，我们应充分利用这一优势，引导学生有意识地对某一个或几个相关学科的某内容展开多角度思考，进行学科的交叉研究，进行跨国、跨地区的比较研究。作为汉语言专业本科毕业生，应该学会有选择地把语言学、文学、翻译学、心理学、文化学等结合起来，进行交叉研究，或对上述学科进行某种类型的比较，寻找一个突破口，提出自己独特的选题。

(2) 大胆尝试新领域选题。汉语言专业留学生多集中选取语言类选题，这符合专业特性，值得肯定。但传统语言类选题一般都是关于语音、语法、词汇、语境、语用、汉字等，形成了一定的思维定式。在信息技术高速发展的今天，留学生可以将关注视野放远放宽，转向红红火火的网络领域。例如网络语言、网络文学、电子商务语言、电子购物语言、网络远程学习等。在现实生活中，留学生对中国商品青睐有加，喜欢网上购物，浏览广告，那么选题可是“留学生对汉语网络广告的理解接受”等。总之，同类学科在新的领域也能发掘出丰富的选题。

18.3.3　密切联系语言实践

目前，国家越来越重视留学生的素质教育，在教学中提高实践比重。《教学大纲》中明确指出：留学生“除课堂教学外，要安排一定量的语言实践活动”。过往教学经验显示，留学生的课堂汉语掌握纯熟，并不代表能在实践中如鱼得水。在接触真正的中国社会中，他们的言语交际能力才能得到真正的发挥和锻炼。从课外学习、工作和生活入手，生动的语言实践会激发留学生建立起更多自己感兴趣且具有实践性意义的选题。比如学生在博物馆做讲解员，对讲解性语言发生兴趣，就可以选出“汉语与……语讲解性词汇对比”的题目。

18.3.4　以教师为主导，充分利用现代化信息技术

现代科技快速发展，大大方便了资料检索功能。互联网信息量大且时效性强，新时代的留学生应该充分利用互联网进行资料的查询与收集，这样才能够全面把握

科研主题的动态以及未来的研究方向。为方便老师、学生的科研，许多高校购买了数据库，比如中国期刊网、万方数据库、北语 HSK 动态作文语料库等。这时应充分发挥指导老师的主导作用，耐心细致地向留学生介绍各数据库的使用方法。需要注意的是，虽然目前世界互联网发达，但对于某些来自贫困国家、落后地区的留学生来说，数据库的正确使用仍然是个难题。即使对于那些电脑操作较为熟练的留学生，在面对浩瀚的数据库时，也往往因对汉语语义理解不清而导致关键词搜索有偏差。比如在做“汉越‘花’字成语对比”这一题目的前期资料准备时，学生使用数据库可能就只会在“关键词”一栏输入“花”、“成语”，而不知将关键词细化，搜索“关于‘花’的成语”或“‘花’字成语”等。可见，关键词搜索不对，就有可能得出相差很远的检索资料，从而影响选题。对于学生而言，“接触、阅读的相关资料越多，就对所想研究的方向了解越透，更快捷确定自己的选题方向。”因此一定要充分发挥指导教师的主导作用，让留学生尽可能地用上国内已研制出来的数据库，充分利用这一难得资源大量搜集与自己研究相关的文献。

综上所述，留学生汉语言专业开设较早，发展较成熟，关键的毕业论文选题指导要做好，从写作指导、收集材料、选题研究到论文完成等各个环节方面都需要加强，切实提高汉语言专业留学生的综合素质，为进一步提高我国学历生教育质量打下更坚实的基础。

18.4 小　结

汉语言专业本科毕业论文是对汉语言专业留学生学士学位资格认证的重要依据，是衡量、评估高校留学生汉语言专业教学质量与水平的重要内容之一。目前，留学生本科毕业论文选题存在诸多问题，包括选题与所学专业关联不大，选题笼统、范围过大，选题过于集中，选题题目不规范等。这些选题问题的根源来自于学生、论文和课程设置等方面。笔者提出了解决本科论文选题问题的主要对策：一是开设学术论文写作课，选题准备提前；二是拓宽选题领域；三是密切联系语言实践；四是以教师为主导，充分利用现代化信息技术。

参考文献

安华林：《现代汉语释义基元词研究》，中国社会科学出版社 2005 年版。

北京大学中文系 1955、1957 级语言班编：《现代汉语虚词例释》，商务印书馆 1982 年版。

蔡文兰：《带非名词性宾语的动词》，载《中国语文》1986 年第 4 期。

陈平：《试论汉语中三种句子成分与语义成分的配位原则》，载《中国语文》1994 年第 3 期。

陈若君：《“要不(要不然)”的篇章连接功能》，载《语言教学与研究》2000 年第 3 期。

储泽祥：《语气兼容与句末点号连用》，载《语文建设》1998 年第 1 期。

楚明锟主编：《逻辑学》，河南大学出版社 2002 年版。

丁声树等：《现代汉语语法讲话》，商务印书馆 1961 年版。

方梅：《自然口语中弱化连词的话语标记功能》，载《中国语文》2000 年第 5 期。

符淮青：《词义的分析和描写》，外语教学与研究出版社 2006 年版。

高更生、王红旗等：《汉语教学语法研究》，语文出版社 1996 年版。

高增霞：《疑问祈使句》，载《语文学刊》1998 第 4 期。

郭锐：《论表述功能的类型及相关问题》，载《语言学论丛》第 19 辑，商务印书馆 1997 年版。

郭锐：《现代汉语词类研究》，商务印书馆 2002 年版。

国家对外汉语教学领导小组办公室教学业务部：《中高级对外汉语教学论文选》，北京语言学院 1991 年版。

国家语言资源监测与研究中心：《中国语言生活状况报告》(2005)，商务印书馆 2006 年版。

黄宗植：《西方多元文化教育理论及其实践对我国少数民族教育的启示》，载《民族教育研究》2004 年第 6 期。

景士俊：《也析“否则句”》，载《内蒙古师大学报》(哲学社会科学版)1992年第3期。

黎锦熙：《新著国语文法》，商务印书馆1924年版。

李尔钢：《词义与辞典释义》，上海辞书出版社2006年版。

李润：《试论实词虚化与句法结构的关系——从“见”字的演变谈起》，载《四川师范学院学报》(哲学社会科学版)1995年第4期。

李先焜：《论思维的严密性和自然语言表述的灵活性》，载《湖北大学学报(哲学社会科学版)》1981年第2期。

李行健主编：《现代汉语规范词典》，外语教学与研究出版社、语文出版社2004年版。

李杨主编：《对外汉语教学课程研究》，北京语言文化大学出版社1997年版。

林裕文：《偏正复句》，载《汉语知识讲话(5)》，上海教育出版社1987年版。

刘板：《“否则”表达的判断和推理》，载《黄山学院学报》2008年第1期。

刘丹青：《语序类型学与介词理论》，商务印书馆2003年版。

刘丽平、雒力蓉：《新加坡华语教学本土化探索——聚焦〈中华通识课程〉与〈双文化课程〉》，载《当代教育与文化》2013年第3期。

卢付林：《和“除非”相关的几个句式的研究》，载《邵阳师专学报》1999年第4期。

陆丙甫：《语序优势的认知解释：论可别度对语序的普遍影响》，载《当代语言学》2005年第1、2期。

陆俭明：《关于词的兼类问题》，载《中国语文》1994年第1期。

陆俭明：《汉语教员应有的意识》，载《世界汉语教学》2005年第1期。

吕必松：《关于教学内容与教学方法问题的思考》，载《语言教学与研究》1990年第2期。

吕叔湘：《关于汉语词类的一些原则性问题》，载《中国语文》1954年第6期。

吕叔湘：《中国文法要略》，商务印书馆1982年版。

马庆株：《汉语语义语法范畴问题》，北京语言文化大学出版社1998年版。

孟琮等编：《动词用法词典》，上海辞书出版社1987年版。

孟凡丽：《国外多元文化课程开发模式的演进及其启示》，载《比较教育研究》2003年第2期。

孟建安：《“否则”句中“否则”后的成份》，载《语文学刊》1996年第1期。

彭利贞：《现代汉语情态研究》，中国社会科学出版社2007年版。

沈家煊：《复句三域“行、知、言”》，载《中国语文》2003 年第 3 期。

盛言：《语言教学原理》，重庆出版社 1990 年版。

苏宝荣：《词义研究与辞书释义》，商务印书馆 2000 年版。

苏培成：《现代汉字学纲要》，北京大学出版社 1994 年版。

苏新春：《汉语释义元语言研究》，上海教育出版社 2005 年版。

孙玉洁：《“除非……不”与“除非……才”之异同》，载《绥化师专学报》1995 年第 1 期。

谭敬训：《“见”作“看”和“听”的补语》，载《学汉语》1995 年第 5 期。

陶原珂：《词位与释义》，高等教育出版社 2004 年版。

涂元玲：《论班克斯多元文化课程改革的途径及启示》，载《比较教育研究》2003 年第 2 期。

王力：《中国语法理论》，中华书局 1954 年版。

王灿龙：《“否则”的篇章衔接功能及其词性问题》，载《汉语学习》2008 年第 4 期。

王惠：《从及物性系统看现代汉语句式》，载《语言学论丛》第 19 辑，商务印书馆 1997 年版。

王力：《汉语语法史》，商务印书馆 1989 年版。

王敏：《新中国常用字问题研究概述》，载《语言文字应用》2007 年第 2 期。

王维贤等：《现代汉语复句新解》，华东师范大学出版社 1994 年版。

王维贤等：《现代汉语复句新解》，华东师范大学出版社 1994 年版。

王元祥：《试说“否则”前后的结构关系》，载《遵义师院学报》(哲学社会科学版)2000 年第 1 期。

王兆银：《“否则”作用的确定》，载《淮阴师院学报》(哲学社会科学版)1995 年第 1 期。

王志红：《通感隐喻的认知阐释》，载《修辞学习》2005 年第 3 期。

韦世林：《汉语—逻辑相应相异研究》，云南教育出版社 2000 年版。

吴为章：《与非名词性宾语有关的几个问题》，载《中国语文》1981 年第 1 期。

伍依兰：《说“见”作补语》，载《云南师范大学学报》2006 年第 5 期。

伍依兰：《说“是否是”》，载《现代语文》(语言研究版)2007 年第 2 期。

伍依兰：《说“有 X 于”》，载《现代语文》2006 年第 4 期。

邢福义、刘培玉、曾常年、朱斌：《汉语句法机制验察》，生活 • 读书 • 新知三联书店 2004 年版。

邢福义：《词类辨难》(修订本)，商务印书馆 2003 年版。

邢福义：《汉语复句研究》，商务印书馆 2001 年版。

邢福义：《试论“A，否则 B”句式》，载《中国语文》1983 年第 6 期。

邢福义：《小句中枢说》，载《中国语文》1996 年第 5 期。

熊玉珍：《基于网上资源利用的“对外汉语视听说”教改试验研究》，载《电化教育研究》2005 年第 5 期。

徐晶凝：《现代汉语话语情态研究》，昆仑出版社 2008 年版。

徐俊霞：《“V 见”之“见”的语法化过程》，载《黄河科技大学学报》2003 年第 1 期。

徐莲：《通感式词义引申的规律及其扩展》，载《解放军外国语学院学报》2004 年第 5 期。

徐阳春：《现代汉语复句句式研究》，中国社会科学出版社 2002 年版。

徐宗才、应俊玲：《俗语词典》(修订本)，商务印书馆 2004 年版。

许嘉璐、傅永和主编：《中文信息处理现代汉语词汇研究》，广东教育出版社 2006 年版。

杨成凯：《广义谓词性宾语的类型研究》，载《中国语文》1992 年第 1 期。

杨成凯：《汉语语法理论研究》，辽宁教育出版社 1996 年版。

杨锡彭：《粘宾动词初探》，载《南京大学学报》1992 年第 4 期。

杨元兴、何桂金、徐继旺编：《英语句型大全》，上海外语教育出版社 2007 年版。

于屏方：《动作义位释义的框架模式研究》，中国社会科学出版社 2007 年版。

语文出版社编：《语言文字规范手册》，语文出版社 1997 年版。

袁杰、夏允贻：《虚义动词纵横谈》，载《语言研究》1984 年第 2 期。

袁毓林：《词类范畴的家族相似性》，载《中国社会科学》1995 年第 1 期。

袁毓林：《汉语语法研究的认知视野》，商务印书馆 2004 年版。

袁毓林：《现代汉语祈使句研究》，北京大学出版社 1993 年版。

岳守国：《“通感”引起的词义演变》，载《福建外语》1995 年第 5 期。

张道真编：《实用英语语法》(第三版)，外语教学与研究出版社 2007 年版。

张佳音：《“除非”及其句式的语义分析》，载《河北大学学报》(哲学社会科学版)2003 年第 2 期。

张敏：《认知语言学与汉语名词短语》，中国社会科学出版社 1998 年版。

张振兴：《现代汉语方言语序问题的考察》，载《方言》2003 年第 2 期。

张志毅、张庆云：《词汇语义学》，商务印书馆 2005 年版。

章振邦编：《新编英语语法》，上海译文出版社 1989 年版。

赵立江：《中高级汉语视听说课有关问题的调查分析与构想》，载《世界汉语教学》1997 年第 3 期。

赵嚚：《“除非、莫非、若非、无非”的英译拾零》，载《大学英语》1994 年第 4 期。

赵元任：《赵元任语言学论文集》，商务印书馆 2002 年版。

中国社会科学院语言研究所词典编辑室编：《现代汉语词典》(第 5 版)，商务印书馆 2005 年版。

周刚：《关联成分的套用及其省略机制》，载《汉语学习》2001 年第 6 期。

周刚：《形式动词次分类》，载《汉语学习》1987 年第 1 期。

周清海：《双语或多语环境里华人的华语文教学问题》，载《世界汉语教学》1989 年第 2 期。

周有光：《汉字和文化问题》，辽宁人民出版社 2000 年版。

周聿峨：《新加坡华文教育的机遇与困惑》，载《暨南大学华文学院学报》2001 年第 1 期。

朱斌、伍依兰、郑郁汀：《释义句式“因……而……”》，载《辞书研究》2014 年第 3 期。

朱斌、伍依兰：《“否则”的隐省规律》，载《语言研究》2012 年第 2 期。.

朱斌、伍依兰：《“祈使＋陈述”型因果复句》，载《汉语学报》2008 年第 3 期。

朱斌、伍依兰：《句联层构与“否则”焦点投射》，载《汉语学报》2012 年第 4 期。

朱斌、伍依兰：《说“句序”研究》，载《社会科学论坛》2010 年第 6 期。

朱斌、伍依兰：《谓宾动词带谓宾的距离象似性》，载《社会科学论坛》(学术研究卷)2009 年第 12 期。

朱斌、伍依兰：《现代汉语小句类型联结研究》，华中师范大学出版社 2009 年版。

朱斌：《“如果 A，那么 B，否则 C”的语义关联及其“否”的辖域》，载《世界汉语教学》2011 年第 4 期。

朱斌：《现代汉语“是”字句然否类型联结研究》，华中师范大学出版社 2008 年版。

朱德熙：《现代书面汉语里的虚化动词和名动词》，载《北京大学学报》1985 年第 5 期。

朱德熙：《语法讲义》，商务印书馆 1982 年版。

Behagel, Otte, *Deutsche Syntax Vol. IV*, Carl Winter, 1932.

Givón, T., *Syntax: A Functional-Typological Introduction Vol.2*, John Benjamins, 1990.

Haiman, John, "Iconic and Economic Motivation", *Language* Vol.59, No.4 (1983): 781-819.

Ivana, Kruijff-Korbayová and Bonnie Lynn Webber, Information Structure and the Interpretation of 'Otherwise', In *ESSLLI 2001 Workshop on Information Structure, Discourse Structure and Discourse Semantics*.

Jesperson, Otto, *The Philosophy of Grammar*, George Allen & Unwin Ltd.,1924. 汉译本《语法哲学》由何勇等译，语文出版社 1988 年出版。

Palmer, F.R., *Mood and Modality*(*Second edition*), Cambridge University Press, 2001.

后　记

2002年，我留校工作，走上了对外汉语教学的工作岗位。边工作，边学习，边研究，慢慢也就有了一些教学经验和研究成果的积累。今年，适逢世界图书出版广东有限公司武汉学术出版中心策划出版一套《华语研究与国际教育书系》，拙著忝列其中作为第一本著作出版，深感荣幸。

本书的内容包括汉语的本体研究和对外汉语教学两大部分，两者相互促动。语言的本体，重视多层级多维度考察，研究实体包括汉字、词语、小句、句联、释义语等方面。通过对俗语的用字调查，提出常用字的选字建议。全面考察《现代汉语词典》，定量分析兼类词的类型与优先序列。词语和句式的用法，强调入句观察，并从句法、语义、语用和认知等角度考察。句联的研究，重视句联关系标记、句类、句型、句序、层构、焦点与认知等的综合研究以及汉英的对比研究。释义语研究，通过释义词语和释义句式的研究，探究释义语域的语言特点。

本书还重视对外汉语教学的研究，包括二语习得的个案研究，高级阶段视听说教法研究，倡导多元文化教育观下的国际华语课程建设，在留学生毕业论文选题上强调贴近语言实践与提高综合素质相结合。

本书的出版，我要感谢出版社，感谢孔令钢编辑，感谢华中师范大学国际文化交流学院的领导和同事，感谢我的家人。

伍依兰

2015年1月9日于武汉桂子山